科研机构研究生教育与典型案例

王 颖 主编

科学出版社

北 京

内 容 简 介

科研机构的研究生教育是我国研究生教育的重要组成部分，对推动我国研究生教育发展发挥了重大作用。本书分为主题篇和案例篇两部分，主题篇总结了国内外科研机构研究生教育的发展历程和教育模式，并对我国科研机构研究生教育数据进行了分析；案例篇从思政与综合素质教育、招生选拔、培养模式、培养质量、学科发展、科教融合、教学管理、国际交流八个方面，分别遴选我国科研机构研究生培养的典型案例，介绍案例背景、主要举措、工作成效等，以期为我国科研机构研究生教育提供有益参考。

本书可为研究生培养单位、教育同行和社会公众了解科研机构研究生教育情况提供参考。

图书在版编目（CIP）数据

科研机构研究生教育与典型案例 / 王颖主编. 北京：科学出版社，2024.11. --
ISBN 978-7-03-079803-9

Ⅰ. G643

中国国家版本馆 CIP 数据核字第 2024N3X936 号

责任编辑：张 菊 杨逢渤 祁惠惠 / 责任校对：樊雅琼
责任印制：赵 博 / 封面设计：无极书装

科 学 出 版 社 出版

北京东黄城根北街 16 号
邮政编码：100717
http://www.sciencep.com

北京中科印刷有限公司印刷
科学出版社发行 各地新华书店经销
*
2024 年 11 月第 一 版 开本：787×1092 1/16
2025 年 6 月第二次印刷 印张：13 1/4
字数：320 000
定价：178.00 元
（如有印装质量问题，我社负责调换）

本书编委会

主　　编：王　颖

副主编：刘怡君　刁丽颖　苗海霞　马　宁

编　　委：李倩倩　王红兵　杜红荣　侯晓霞

　　　　　李　琳　柳爱平　邵　欣　宋玉环

　　　　　王新昕　范佳萍　任开颜　靳晓锟

前　　言

研究生教育是高等教育体系的最高端，承担着高层次人才供给和科学技术创新的双重使命，是实施创新驱动发展战略和人才强国战略的重要基础。改革开放以来，我国的研究生教育得到快速发展，研究生规模从小到大，自主培养体系逐步完善，人才供给能力持续增强，国际影响力显著扩大，我国已成为世界研究生教育大国。从我国正式建立学位制度起，科研机构就与高等院校共同承担研究生培养工作，科研机构以国家战略和社会发展需求为导向的研究生培养目标，以及特色鲜明的研究生培养方式，为我国高层次人才的培养做出了不可替代的贡献，已经成为我国研究生教育的重要力量。当今世界正处于百年未有之大变局，新科技革命和产业变革不断走向深入，对高层次科技创新人才的需求也更加迫切。在新形势下，如何充分发挥我国科研机构在研究生教育方面的作用和优势，成为研究生教育工作者最为关注的话题之一。

本书分为主题篇和案例篇两大部分。主题篇共分四章，第一章梳理国内外科研机构研究生教育的发展历程；第二章总结国内外科研机构研究生教育的主要模式；第三章以我国科研机构研究生教育数据资料为基础，分析我国科研机构研究生教育的发展情况；第四章以中国科学院为例，对中国科学院研究生教育的发展历史、主要举措和发展态势进行分析。案例篇共分八章，分别从思政与综合素质教育、招生选拔、培养模式、培养质量、学科发展、科教融合、教学管理、国际交流八个方面，遴选了中国科学院、中国农业科学院、中国林业科学研究院等所属培养单位作为典型案例，详细介绍各个案例背景、主要举措、工作成效等，以期为我国科研机构研究生教育提供参考借鉴。本书得到中国科学院"基础前沿领域和教育发展战略研究"项目和"中国学位与研究生教育学会科研机构研究生教育工作委员会"经费支持。

由于时间紧迫、编者水平有限，书中难免有不妥之处，敬请教育同仁与社会各界学者不吝赐教，谢谢！

编　者

2024 年 11 月

目　　录

第一部分

主 题 篇

第一章　科研机构研究生教育发展

第一节　科研机构研究生教育的发展

一、国际视角

传统上，大学一直是进行知识传播，为社会培养各个领域高水平人才的建制化机构。1810 年德国著名教育家威廉·冯·洪堡（Wilhelm von Humboldt）最早提出"科研与教学统一"的理念，其创办的德国柏林大学（现柏林洪堡大学）标志着传统教育的革新和现代大学的开端。随后，英国教育思想家约翰·亨利·纽曼（John Henry Newman）提出的"大学的理想"影响最为深远（Newman，1853），该思想为丹尼尔·吉尔曼（Danie Gilman）在 1876 年建设约翰·霍普金斯大学研究生院模式提供了理论基础（Geiger，1986）。通过在本科阶段之上设立研究生院的制度安排，约翰·霍普金斯大学确立了研究生这一青年高端科研、学术人才群体的培养主体地位。

20 世纪 60 年代以来，以电子、信息为代表的新一轮科技革命和产业革命蓬勃兴起，进入 21 世纪后，创新成为驱动各国经济和社会发展的核心动力，青年高端科技创新人才也成为支撑创新的国家核心战略资源。由于大学擅长基础研究的特性以及高水平研究型大学的稀缺性，单纯依靠研究型大学的研究生培养不足以满足社会对高级创新人才，特别是面向未来科技的创新领军人才的巨大需求。作为对这一态势的有效回应，大学体系之外的另一类知识密集型组织——科研机构，开始突破原有功能边界，美国、德国、日本、韩国等科技发达国家均有国内顶级科研机构凭借自身知识创造的天然优势，充分发挥知识传播潜能，以"科教融合""寓教于研"的方式培养高水平研究生的实践，在世界范围内掀起了一场高端创新人才培养的供给侧改革。

科研机构研究生教育发展与国家战略需求密切相关。例如，第二次世界大战期间，美国国家战略主要围绕国家安全进行部署，美国的研究型大学在政府的资助下通过新建实验室或发展已有实验室，积极开展基础性和战略性科研任务，解决事关国家安全发展全局的重大科技问题。第二次世界大战结束后，美国国家战略由以国家安全为主转向以经济发展为主，这类实验室并入国家实验室系统，开始面向国家需求和社会发展的多领域开展研究，同时积极参与研究型大学的研究生教育工作。德国、法国、日本等国家从国家机构设置、政策出台、计划制定等方面指导并强化科研机构和大学的科研合作及协同育人。例如，1994年，德国联邦教育及研究部由研究技术部和教育科学部改组而成。德国在大学发起"精英计划"，通过加大对大学和科研机构合作的支持强度和密度，引导科研机构结合各自战略定位参与到"精英计划"中，加强与大学的合作，更好地培养高层次人才。2001年，日本文部科学省由原本的文部省与科学技术厅合并改组成立，其职能主要为统筹协调全国范围内科学研究、教育文化等多方面事务。2004年，法国成立国民教育、高等教育与研究部。通过这些机构宏观统筹和规划协调，从国家层面引导和推动，可避免因分属不同职能管理部门而引起的组织障碍。

伴随大科学时代的到来，世界各国均涌现出一批顶级科研机构，这些科研机构汇集大批学术精英人员，配置先进的实验室和仪器装备，承担国家重大项目，从事尖端科技创新和知识创造，代表世界科技最高水平，客观上奠定了承担高水平研究生教育的深厚基础。青年研究生在高级科研人员的指导下，依托优良的科研条件进行探索性科研实践，既对现有知识进行验证、加深理解，又能进一步开拓新知，形成科学研究和人才培养的互动强化机制，发挥协同联动效应，有助于实现先进科研成果和高端创新人才联合产出的最大化。因此，充分发挥自身智力、财力、物力优势开展研究生培养已经成为各国顶级科研机构的共识。

二、国内视角

在我国研究生教育制度初创和恢复期，科研机构起到探索者和引领者的作用，具有不可替代的地位。中华人民共和国成立之初，中共中央做出组建中国科学院的战略决策，开启了自主发展科学技术的新征程。1951年，为了培养中国科学院所属各科研机构的科研人员和教育部所属各高等院校的师资，中国科学院与教育部联合发布了《一九五一年暑期招收研究实习员、研究生办法》，决定在全国范围内以及海外华裔学者中广揽人才，重视选拔优秀青年学子作为科研机构研究实习员和高等院校研究生，制定了明确的培养目标和具体措施。由此拉开了中国研究生教育事业的序幕。

据统计，1951年国家计划招收研究生、研究实习员500名，实际招收276名，其中中国科学院招收95名研究实习员，占全国研究生与研究实习员招生总数的34.4%。1955年，国务院全体会议第十七次会议通过《中国科学院研究生暂行条例》，正式建立了国家科研机构的研究生教育制度。据统计，1955～1965年中国科学院累计招收培养了1518名研究实习员，占全国研究生、研究实习员招生总数的11.2%，作为研究生培养的替代途径，研究实习员的培养卓有成效，为中国研究生教育和学位制度建设积累了经验，奠定了基础。这些研究实习员毕业后留在科研机构、高等院校、其他部委，尤其是原子能和航天技术等相关部门，成为中国科技发展的重要力量。

1977年，教育部和中国科学院联合发出《关于1977年招收研究生的通知》。1978年3月，中国科学院成立中国科学技术大学研究生院（北京），开启了我国研究生院制度建设的历程；同年 10 月，中共中央正式转发《1978—1985 年全国科学技术发展规划纲要》，指出中国科学院、高等学校，特别是重点大学要逐步扩大研究生的比例。与此同时，1977 年，经党中央批准，在中国科学院哲学社会科学部基础上组建中国社会科学院。1978 年，中国社会科学院研究生院成立，成为我国第一所人文哲学社会科学研究生院，其主要任务是培养人文哲学社会科学各学科博士和硕士研究生。1979 年，中国农业科学院研究生院成立，同年招收首批硕士研究生 46 人。

1980 年，我国首部教育类法律《中华人民共和国学位条例》经全国人民代表大会常务委员会审议通过，以立法形式进一步明确高等学校和科研机构在研究生培养中的主体地位。经过 1981 年、1983 年、1986 年三批次学位授权审核工作，全国共有博士学位授予单位 238 个，其中科研机构 49 个（占比 21%）；硕士学位授予单位 545 个，其中科研机构 149 个（占比 27%）。

20 世纪 80 年代中期以来，随着我国经济体制、科技体制和教育体制的重大改革，我国的研究生教育也进入了调整改革与发展期。这一时期，我国的研究生教育主要服务于国家经济社会发展，培养各行各业所需的专业人才，强调规模与质量并重，学术学位与专业学位并重。科研机构和高校的定位与发展方向进一步明确，学位体系逐渐倾向于以高校为主。相比之下，全国科研机构培养研究生的优势逐渐减弱。因此，国内部分拥有雄厚科研实力的科研机构开始主动谋划研究生教育的改革发展，其研究生教育开始呈现新的发展态势。尤其是在启动机构改革的大背景下，一部分行业部委的科研机构被调整或转制。通过分类改革、企业化转制，科研机构充分调动内生动力，不断提升产业创新能力。但这类改革政策使科研机构研究生教育面临上级主管部门缺失、机构发展方向调整、对研究生教育缺少支持等一系列问题。

研究生教育进入深改期后，针对研究生培养，更强调高质量、内涵式发展，更加突出科教结合和产学结合，探索联合培养拔尖创新人才新模式。例如，教育部与中国科学院联合实施"科教结合协同育人行动计划"，与中国工程院积极推动高等学校与工程研究院所联合培养博士生试点等，积极探索科研机构与高校协同育人的新机制，基础训练与自主研究实践并重，切实培养研究生创新精神和实践能力，提升人才培养质量。随着科研机构研发任务总量和研究生教育规模的迅速扩张，科研机构研究生教育由过去"自给自足"式培养少量后备科研人员，转向为各行各业提供高素质的研究队伍和技术人员，这是顺应社会需求和时代要求的重要转变。

第二节　科研机构研究生教育的特点

一、优质的科研条件

科研在研究生教育中占有重要地位，研究生参与高水平科研项目可以在培养独立科研能力、掌握论文写作基本规范、申请科研项目等方面得到锻炼和提升，科研条件是提高研究生培养质量的重要支撑。因此，作为研究生教育系统的要素之一，科研条件（如科研队伍、科研项目、科研经费、科研设施等）是影响研究生教育质量的关键因素之一。

国外的高水平科研机构具有雄厚的科研实力，如劳伦斯伯克利国家实验室（Lawrence Berkeley National Laboratory，LBNL）具有良好的科研设施、充足的研究经费和强大的科研队伍，具有发展研究生教育的科技资源和人力资源。该实验室通过与加利福尼亚大学伯克利分校（University of California，Berkeley，UCB）共同设置学生科研项目来培养研究生，促进师生共同研究，激发学生主动思考，使其思维能力、科研能力和创新实践能力得到明显提升。美国国家实验室通常会将近五分之一的研究工作以合作协议或研究基金方式转由大学负责，使大学的科研能力和水平也得到显著提升。与此同时，这种培养模式，往往会赋予大学师生更多机会参与到大型科研项目中。法国国家科学研究中心（Centre National de la Recherche Scientifique，CNRS）与大学通过共建混合研究单位（UMR）和协作研究单位（URA）这种紧密联系，让科研机构的科研人员、科研设施以及科研项目融入大学环境中，为研究生培养创造优质的创新平台与氛围。

在我国，以中国科学院为例，中国科学院承担了一大批国家重大科研任务，建设运行了约 60% 的国家重大科技基础设施。这些大项目、大平台，为研究生提供了高水平科技创新的实践土壤。以人均研发经费为例，2022 年高校人均研发经费 15.9 万元，科研机构人均研发经费 68.2 万元，企业人均研发经费约 33.5 万元（图 1-1）（国家统计局社会科技和文化产业统计司和科学技术部战略规划司，2023）。

图 1-1　我国高校、科研机构和企业人均研发经费情况
数据来源：历年《中国科技统计年鉴》

二、高水平师资队伍

教师作为研究生教育系统的要素之一，包括授课教师和指导教师（简称导师）。

高水平科研人员作为授课教师直接参与研究生授课，将最新的科研问题、科研进展和科研成果带到课堂，有助于研究生快速了解和掌握科技前沿信息，为其打下良好的科研基础；导师对研究生科研实践和学术论文进行指导的同时，其学术水平和思想以及科研态度等都会对研究生的成长产生潜移默化的影响。因此，师资队伍的水平能力对研究生教育质量有着重要的影响。

国际上，美国贝尔实验室、IBM公司等知名企业多年来与大学合作培养应用型人才，企业中的专家积极参与研究生的课程设置和专业课教学，使学生培养与企业需求得到紧密结合。德国马克斯·普朗克科学促进协会（简称马普学会）积极参与德国大学的"卓越计划"，双方联合培养青年科研人员、聘任科研人员为教授或名誉教授等。这些灵活的举措吸引了约80%的马普学会高水平科研人员到大学任教，参加研究生培养。国内，中国科学院院属高校的"双聘"制度，即聘请研究所高水平科研人员为大学的"岗位教师"，承担专业课教学、教材编写等任务，将学识渊博、学术造诣精深，在科研、教学和指导研究生工作中担当中坚骨干力量的优秀科学家充实到所属高校的师资队伍中。

在研究生导师方面，对比科研机构与高校的导师情况，普通高校研究生导师与在读研究生的生师比为5.99，科研机构为1.68，科研机构在研究生培养方面具有明显的导师资源优势（表1-1）。

表1-1　我国研究生导师与在读研究生情况（2022年）

项目	普通高校	科研机构	示意图
研究生导师数/人	603 847	21 214	
在校研究生数/人	3 618 049	35 564	
生师比	5.99	1.68	

资料来源：《中国教育统计年鉴 2022》

三、优秀研究生生源

学生作为研究生教育系统的要素之一，也是研究生培养的"源头"。研究生的生源质量既关系到研究生的学习创新和科研潜力，对新知识的学习和接受能力，也关系到研究生对基本理论知识和专业知识掌握的扎实程度，生源质量好坏与研究生最终的培养质量高低有着显著的相关性。因此，生源质量也是影响研究生教育质量的关键因素之一。例如，美国洛克菲勒大学（Rockefeller University）设有面向大学生的各种项目，为招收优秀的学生奠定了基础；还有面向博士后的合作伙伴项目，为招收优秀的科研人员提供了制度保障。马普学会国际研究院始终面向世界各地招收研究生，其招考标准严格、录取率低，保证了生源质量，吸引了优秀学生。

从近年来中国科学院部分研究所的推免生①生源来看，2021 年中国科学院自动化研究所共有 185 名同学拟录取，其中 141 名（占比 76%）来自 985 高校，39 名（占比 21%）来自 211 高校，5 名（占比 3%）来自双非院校，整体生源质量很高。2022 年，中国科学院计算技术研究所推免生主要来自中国科学院大学（37 人），清华大学次之（31 人）；此外，还包括北京大学、北京航空航天大学等。2023 年，中国科学院软件研究所共招收推免生 112 人，其中 82 人来自"双一流"建设高校，24 人来自一流学科建设高校，录取人数最多的生源高校前三位为北京航空航天大学、清华大学和北京大学，生源质量优势显著提升，吸引了许多优秀本科生来研究所深造。

四、国际化办学水平

研究生教育的国际化就是通过国际交流与合作，把跨国界、跨文化、跨学科的优秀教育理念融入教育过程中，在学生生源、课程体系、科研项目等方面相互借鉴与彼此融合，是开阔研究生的国际视野和提升其创新实践能力的重要途径。因此，研究生教育的国际化对科研机构研究生教育质量有着重要影响。

吸引世界各国优秀人才，在科学研究领域和人才培养方面加强国际交流与合作，已经成为西方高等教育强国的共同选择。例如，马普学会国际研究院每年吸引来自世界多个国家近 3000 多名研究生前来开展学习，并为研究生提供良好的科研资源和人力资源。这些国外年轻科研人才的加入，一方面有助于马普学会引入其他国家的先进知识和经验；另一方面在国际研究院学习的研究生，处在多学科、多元化的环境中，其创新能力、眼界及合作的能力也得到了更好的提升。法国国家科学研究中心与大学和其他科研机构等共建联合实验室，其中最重要的是混合研究单位和协作研究单位，其国际化表现为国际联合单位数量的快速增加，截至 2022 年已建立 37 个国际联合单位。人员招募数量也表现出国际化趋势，通过确保海外优秀人才，努力确保国际地位。以法国国家科学研究中心名义发表的论文中，近 60% 是外国研究者或与外国共同研究小组共同撰写的。在其终身制雇佣的研究人员中，17% 是外国人，另外，在读博士中，外国人约占 1/3，来自世界 80 多个国家。

---

① 推免生为获得推荐免试资格的学生。

第二章　科研机构研究生教育模式

第一节　德国、法国、英国科研机构的研究生教育模式

以德国、法国、英国为代表的欧洲大陆国家，在科研方面，科研机构与研究型大学的地位相当，侧重点有所不同，从而形成了功能互补的体系。但是在研究生教育方面，科研机构不能独立地承担研究生教育的职责，大部分的科研机构通过与大学合作培养研究生；也有少数科研机构通过与大学合并重构成新的研究型大学进行人才培养。例如，通过国家层面设立协调机构，如法国的国民教育、高等教育与研究部，德国成立的类似的联邦教育与研究部等，完善共同研究体制，从机构设置和政策制度上保证大学与科研机构在合作过程中能充分发挥各自的优势和特点，使人力、资金等资源得到合理的配置和利用，发挥更大的效益，避免双方合作流于形式，真正形成互补共赢的局面（张菊，2003）。

一、科研机构与大学共建科研单元参与研究生培养

科研机构与大学通过共同成立研究所或实验室等科研单元，在科研过程中开展人才培养工作（夏清泉，2013）。虽在某种程度上得益于政府宏观指导，但这种培养模式主要还是依托科研机构与大学双方从各自的实际需求出发，开展优势互补、互利共赢的科教协作。大学在教育和学科方面的经验与优势，可以帮助科研机构提升其研究生教育的规范性和专业性；科研机构在科研平台、科研项目及科研人才方面的领先优势，将为提升大学的创新能力和国际竞争力注入新动能。

以德国马普学会为例，作为德国最重要的基础研究机构，其下设 80 个研究所，主要开展自然科学、生物科学、社会科学和人文科学等基础研究。马普学会是在原威廉皇家科学会基础上组建起来的一个公益性实体科研自治组织，有独立的法人地位，有固定的资金来源渠道。尽管马普学会大部分的科研经费来自联邦政府及州政府，但是其属于非政府机构。因此，在确定研究方向和项目时，马普学会完全不受政府干预。马普学会目前下辖的各研究所都无法人资格，这从组织上保证了其研究工作的非营利特征和科研经费的客观使用。

马普学会历来重视与高等学校保持紧密合作关系，包括参与学术交流与指导、与高等学校联合任命教授和荣誉教授、联合培养青年科学家和研究人员、共建研究中心和科学家小组、联合资助重点研究项目与特殊研究领域等。马普学会下属的研究所大约有90%的所长在高等学校中担任教授职务，其中至少有30%的研究人员在高等学校担任全职。21世纪以来，马普学会与高等学校之间还就以下四个主要方面展开了合作。

（1）**参与高等学校的"卓越倡议"**。2005年，德国为建设世界一流大学启动了"卓越倡议"计划。该计划并非简单地推选德国最好的大学，而是要重点发展研究生院、精英集群以及未来概念这三个领域。在"卓越倡议"计划下，马普学会与高等学校进一步深化相互间的合作，据统计，马普学会已与德国约50%的研究生院、70%的精英集群以及多所高水平大学展开了深入而广泛的合作。

（2）**实施"客座研究员计划"**。马普学会还与高等学校共同推出"客座研究员计划"。该计划允许高等学校的教学科研人员通过申请成为马普客座研究员，进而带领马普学会研究所相关研究小组开展工作。该计划还资助有成就的高等学校退休人员在马普学会研究所继续从事研究工作。客座研究员一般都有时间期限，如前者通常最长时间为五年，后者为三年。目前，马普学会下属研究所超过80%的所长和室主任都在大学担任兼职教授，常年保有4000名左右的青年学子开展科研工作，每年有800~900名博士研究生顺利完成学业。

（3）**合作创建"国际研究院"**。青年科学家对一个国家的科技发展与科技进步起着至关重要的作用。2000年，马普学会与德国大学联盟和其他高等教育组织联合创建了马普学会国际研究院，将原本只培养博士研究生的政策改变成培养硕士研究生和博士研究生并重的战略。马普学会国际研究院尤其重视国际合作，外国留学生可占学生总数的2/3。虽然研究生录取率较低，但却能保证国际研究院的优质生源。国际研究院为在此学习的研究生提供最优越的学习环境，外国留学生学成毕业时可以选择在德高等学校进行博士学位论文答辩，也可以选择回到本国高等学校进行答辩。马普学会国际研究院使马普学会成功争取到了杰出青年科研人才，特别是国外的青年科技人才源源不断地流入，将世界的知识和经验带入，不仅满足了马普学会不断创新与发展的需要，高等学校还成功地借助马普学会的国际影响力提升了国际知名度和竞争力。

（4）**联合建立美因茨马普研究生中心**。为进一步深化与高等学校合作，马普学会于2008年与美茵茨约翰内斯·古腾堡大学联合建立美因茨马普研究生中心。该中心为拥有独立财政预算的股份有限公司，马普学会和美因茨大学双方各占50%的股份。虽然最终的博士学位仍由美因茨大学授予，但对于马普学会而言，却是第一次在博士学位授予委员会中拥有与合作高校同样的席位，这意味着马普学会与高等学校在共同培养博士研究生的过程中拥有了更多的权力。例如，在考试方面，美因茨马普研究生中心的导师将被赋予充分的决定权，而在此之前其只是负责高等学校授课工作；又如在博士研究生培养方面，马普学会的科学家将直接参与到培养全过程，且比以前力度更大、程度更深。美因茨马普研究生中心培养的博士毕业生将获得印有美因茨大学校徽、马普学会标志，以及中心管理部门署名的博士学位证书。

法国政府采取共同研究体制的措施，引导科研机构与大学合作培养学生。例如，法国国家级公共科研机构——国家科学研究中心（CNRS）通过与大学共建联合实验室[大部分为协作研究单位（URA）和混合研究单位（UMR）]的形式，深化科学研究和人才培养工作。国家科学研究中心与法国国民教育、高等教育与研究部、大学通过三方合作协议的方式明确各自的人才培养职责，共同参与科研计划的制定，并由法国国民教育、高等教育与研究部负责相应科研经费的匹配和协调；联合实验室往往建于研究型大学内部，实验室人员由大学与国家科学研究中心双方人员共同构成；双方的紧密合作不仅促使双方共享各自的科研设施和文献资料等科研资源，同时教师的科研工作也依托双方的合作资源得以顺利进行。在这一合作体系下，经大学注册后的国家科学研究中心科研人员可作为教师参与研究生的人才培养工作（蒋文娟，2018）。法国的欧洲分子生物学实验室（European Molecular Biology Laboratory，EMBL）的国际博士课程提供高度协作的跨学科环境，其中研究和数据服务紧密结合，被该项目录取的博士生将在剑桥大学注册入学，学生在接受博士课程训练的同时，可以充分参与大学生活，EMBL 博士项目学生也获得剑桥大学学位[1]。

二、科研机构与大学合并组建成新大学开展研究生培养

德国于 2005 年启动"精英计划"，旨在改善整体科研环境，增强大学的国际竞争力。通过资助研究型大学和科研机构，引导两者共建科研和人才培养的协同平台，共同开展高水平科学研究和人才培养，进而提升研究型大学和科研机构的国际影响力和竞争力（赵英伟等，2017）。在该计划的影响下，2006 年，德国最古老的卡尔斯鲁厄大学与亥姆霍兹联合会所属的卡尔斯鲁厄研究中心合并，成立卡尔斯鲁厄理工学院（Karlsruher Institut für Technologie，KIT），并成功入选德国首批"精英大学"。双方机构彻底融合，成为一所独立的新高等学校，具有完整的管理架构体系。KIT 也是德国唯一一所将悠久的大学传统与大规模的国家研究机构相结合的卓越大学。

（1）教学、科研和创新应用使命。卡尔斯鲁厄理工学院肩负着教学、科研和创新应用三大使命，不仅瞄准一流研究和卓越教育，还致力于成为为科学家和研究人员提供终身教育的基地。卡尔斯鲁厄理工学院拥有大量的科研项目和科研设施，使研究生有更多的机会参与到科研项目中。同时，学校设立针对研究生的科研资助计划，鼓励并支持学生积极参与到科研实践中，提升学生的创新实践能力。

---

① 法国欧洲分子生物学实验室官方网站[EB/OL]. https://www.ebi.ac.uk/research/eipp[2023-06-30].

（2）比较彻底的一体化整合重构。卡尔斯鲁厄大学与卡尔斯鲁厄研究中心地理位置及发展目标较近，具有深厚的合作基础，二者的合并成为科教机构合作的创举，是比较彻底的一体化整合重构。卡尔斯鲁厄理工学院打破了固有研究体制的界限，促进教学、科研和创新应用的无缝衔接；同时，实现了科研机构与大学这两种不同文化的深度融合，为科研机构与大学合作提供了新模式。

（3）多元的博士研究生培养模式。卡尔斯鲁厄理工学院有约 3000 名博士研究生，其中 30%为留学生，其博士学位包括四种类型：①Individual Doctorate，由一名可以担任导师的大学成员对博士研究人员进行一对一的监督，由联邦教育及研究部支持的青年人才促进组织为博士研究人员提供个人奖学金；②Doctorate in Structured Doctoral Program，卡尔斯鲁厄理工学院提供 20 多个结构化培训课程，课程的重点是培养博士研究人员从事有前途的研究课题；③External Doctorate，不区分博士类型，可以在校外研究机构和民营企业/公司进行研究，攻读博士学位的人员通常直接受聘于研究机构或公司；④Binational Doctorate，由不同国家的两所大学联合授予的博士学位，在相关国家和大学法律框架允许的条件下，KIT 允许和国外大学一起授予博士学位。

法国巴黎科学艺术人文大学（PSL）是 2010 年经法国教育部批准，由巴黎地区高校及研究所合并组成的，现已成为一所享誉世界的国际一流研究型大学。巴黎科学艺术人文大学约有 2900 名教研人员和 17 000 名在校学生，其中约 2/3 为硕士研究生或博士研究生，1/5 为国际学生[①]。2019～2023 年，巴黎科学艺术人文大学连续五年在 QS 世界大学排名中位列法国第一位。截至 2023 年，巴黎科学艺术人文大学共有 11 所成员院校[②]和 3 个研究中心[③]。巴黎科学艺术人文大学致力于促进科研和高等教育的协同发展，其中的合作研究单元为研究生提供了丰富的研究机会。

三、科教与产教融合并重的实验室发展模式

英国的卡文迪许实验室于 1874 年 6 月 16 日正式启用，由当时剑桥大学校长威廉·卡文迪许（William Cavendish）私人捐款兴建，既是剑桥大学的物理系，又是研究实验室。该实验室的建立顺应了 19 世纪后半叶工业技术对科学发展的要求，促进了科学技术的发展，很快便成为世界科学研究中心之一。卡文迪许实验室开创了电磁理论和实验、气体放电和原子结构、核物理、分子生物学、射电天文学、非晶

---

① 巴黎科学艺术人文大学官方网站. https://psl.eu/en/university/sapere-aude[2024-10-15].
② 巴黎科学艺术人文大学 11 所成员院校：巴黎高等师范学院、巴黎第九大学、巴黎国立高等矿业学校、巴黎高等物理化工学院、巴黎国立高等化学学院、国立文献学院、高等研究实践学院、国立高等戏剧艺术学院、巴黎天文台、法兰西公学院、居里研究所。
③ 巴黎科学艺术人文大学 3 个研究实体：法国国家科学研究中心、法国国家信息与自动化研究中心、法国国立健康与医学研究中心。

半导体、凝聚态物理和有机聚合物半导体等重要的科学领域,培养了众多著名大师和一流的科研与教学方面的专家,截至 2023 年产生了 30 个诺贝尔科学奖的获得者,在世界近现代的科研机构中,可谓是历史最长、最著名和影响最大的基础科学研究与教学机构。

(1)**坚持教学和科研相结合**。科研机构发展到一定阶段,教学就成为其中一个重要元素。如何处理科研与教学的关系,是大学科研和研究机构科研的一个重要课题。第一任主任詹姆斯·麦克斯韦(James Maxwell)致力于通过实验演示和研究,帮助学生将理论知识具体化,使学生能深刻理解并掌握这些知识,同时能够将知识和实践结合起来,完成相应的实验研究。

(2)**促进理论与实验良性互动**。第二任主任瑞利男爵三世(John Strutt, 3rd Baron Rayleigh)将其在理论研究中追求系统和严谨的作风发挥到实验室管理工作中,其所建立的系统实验课程是剑桥大学第一个以教授和培养学生实验技能为目的的课程,被称为物理教学历史上的一个里程碑。第六任主任内维尔·莫特(Neville Mott)以学科组的方式让理论科学家与实验科学家进行协同研究,充分调动学科组成员的优势和团队智慧,在头脑风暴中集思广益,在开展实验中遵循规律,理论与实验相结合相互补,更有效地促进了实验室科学研究的创新。

(3)**鼓励跨学科研究**。卡文迪许实验室诺贝尔奖获得者,包括物理学奖,还有化学奖、生理学或医学奖。卡文迪许实验室除了将核物理作为主要研究方向之外,还支持无线电探测、高强度电磁场和蛋白质晶体结构等研究,取得了一系列重要发现,并奠定了分子生物学的基础。第五任主任威廉·劳伦斯·布拉格(William Lawrence Bragg)在主持实验室期间,积极鼓励将量子力学、分子遗传学、有机化学和晶体物理学等学科进行交叉与渗透,利用 X 射线晶体衍射技术分析生物大分子结构,使研究方向逐渐转向蛋白质结构和生物分子学的研究,成功地实现了物理学和生物学的交叉。

(4)**注重科学技术产业化**。为了保持实验室始终居于世界物理中心的地位,卡文迪许实验室在近几十年从理论物理走向实验物理,然后再由实验物理走向与企业联手,最后形成"理论—实验—高技术研发"路径,使理论与实践、科学与应用密切结合。第九任主任理查德·弗伦德(Richard Friend)带领实验室在剑桥科学园成立了显像技术公司。公司由弗伦德兼任顾问,运用最新半导体技术生产了第一批产品,并将其推向了市场。这表明英国威望最高的卡文迪许实验室的教授由"象牙塔"开始步入企业的科技研发,标志着英国科学在产业界激发了新的活力。与此同时,卡文迪许实验室还与东芝公司和日立公司保持着紧密的合作。

(5)**成立企业校园实验室**。1989 年,日立剑桥实验室在卡文迪许实验室微电子研究中心的帮助下建立起来,揭开了剑桥大学与日立公司之间合作研究的序幕。1991年,东芝成立了剑桥研究实验室,在低维半导体器件领域展开基础研究。

第二节   美国科研机构的研究生教育模式

美国的科研体系主要是由高等院校、国家实验室、工业界和非营利机构四个主要部分组成，除此之外，还包括国家和地方政府，以及在美国以外地区或国家进行研究的机构。其中，高等院校是美国开展基础科学研究最重要的机构，承担了约50%的基础研究任务；国家实验室主要隶属于国防部、能源部、国家航空航天局和农业部等政府部门，主要从事基础性研究、前沿技术开发和高新技术转移等工作，承担了约30%的基础研究任务；工业界是美国研发活动的主要投资者，在增加基础研究投入的同时，承担了近20%的基础研究任务，工业界进行基础研究的目的是为其自身产品开发服务，通常是填补政府资助的研究与其开发所需知识间的空隙；非营利机构是指各种私有非营利研究所或公司、博物馆和私人基金会等，虽然其仅占美国基础研究总体的 7%，但却具有资助灵活、便捷等优势，可以有效对前沿交叉学科领域进行资助[①]。

一、科研机构通过与研究型大学相融合参与研究生培养

第二次世界大战期间，在美国联邦政府的资助下，美国的研究型大学通过新建实验室或发展已有实验室，围绕国家使命，积极开展基础性和战略性科研任务，以解决事关国家安全的重大科技问题。第二次世界大战结束后，这类实验室并入国家实验室系统，开始面向国家需求和社会发展的多领域开展研究，实行联邦政府所有、大学代管的管理模式。国家实验室为大学提供良好的发展机会，能够得到政府下拨的管理经费和使用经费，优先使用实验室一流科研仪器，承担许多实验室综合性的科研项目等，有助于提升大学的科研水平。

在管理体制方面，美国国家实验室由国家相关部门和高等院校共同管理，具有独立运行的能力，除了核心的研发部门以外，人力资源、财务管理、后勤保障、设施管理、技术转移等相关支持部门一应俱全。在具体合作方面，国家实验室能够为大学发展提供良好的平台。美国大学作为国家实验室的合同管理方，能够得到政府下拨的管理经费和研究经费，大幅改善了大学的研究设施，能在完成联邦实验室任务的前提下优先使用实验室的一流设备，同时，大学的老师和学生也能有更多机会参与联邦实验室的大型综合性科研项目。据统计，美国联邦实验室设施的用户构成

---

① National Science Foundation. National Center for Science and Engineering Statistics. Federal obligations for basic research, by performer: FYs 1967-2022. [EB/OL]. https://ncses.nsf.gov/pubs/nsf24309/assets/data-tables/tables/nsf24309-tab086.pdf[2024-10-15].

是：联邦实验室占比 18%，大学占比 49%，国外研发机构和美国工业界占 33%。此外，美国国家实验室通常会将近 20% 的工作以研究基金或合作协议方式委托给大学等机构承担，对于提升大学研究水平作用显著。另外，美国大学为国家实验室的发展提供了人才和后勤保障。国家实验室内的各个研究组负责人多数由大学的教授担任（并且都是某个学术领域的顶尖人物），而实验室培养的学生也来自这些大学。国家实验室依托大学的声望树立了国家实验室的威望。在研究生培养方面，国家实验室作为大学的重要科研平台，与所在大学融合发展，深度参与到大学的研究生教育中，实验室的科研人员同时也是大学的教师，在授课的同时也带领学生参与到实验室的科研项目中，为研究生提供科研实践；大学为学生开设各学科的基础课程及选修课程，拓展学生的知识面，为学生打下坚实的理论基础。

例如，劳伦斯伯克利国家实验室（LBNL），其成立于 1931 年，早期专注于高能物理领域的研究；第二次世界大战期间，在涉及原子弹的关键技术上取得突破性进展；第二次世界大战结束后，实验室并入原子能委员会国家实验室系统，受能源部委托，由加利福尼亚大学伯克利分校（UCB）管理（李雨晨等，2018）。实验室主任由加利福尼亚大学理事会任命，并向加利福尼亚大学校长汇报（图 2-1）。两个机构在人员上高度融合，通过设置学生科研项目和对教师实施科教融合的激励政策等方式共同培养研究生，有超过 200 名劳伦斯伯克利国家实验室研究人员同时也是加利福尼亚大学伯克利分校的老师，每年有超过 500 名加利福尼亚大学伯克利分校研究生在劳伦斯伯克利国家实验室从事研究工作。

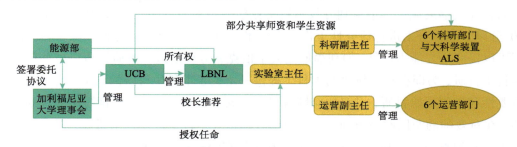

图 2-1　劳伦斯伯克利国家实验室与加利福尼亚大学伯克利分校管理架构

劳伦斯伯克利国家实验室与加利福尼亚大学伯克利分校科教融合发展具有以下特点。

（1）人员和地理位置融合。劳伦斯伯克利国家实验室位于加利福尼亚大学的伯克利山上，有 76 栋建筑（土地属于加利福尼亚大学，建筑属于能源部）。实验室总共有 4000 名加利福尼亚大学的雇员，其中 800 名为学生，每年接纳超过 3000 名访问学者前来进行科研。实验室主任由加利福尼亚大学理事会任命，并向加利福尼亚大学校长汇报。两者之间人员高度融合，超过 200 名劳伦斯伯克利国家实验室的研究人员同时也是加利福尼亚大学伯克利分校的雇员，超过 500 名加利福尼亚大学伯克利分校研究生在劳伦斯伯克利国家实验室从事研究工作。

（2）**以科研项目为融合渠道**。劳伦斯伯克利国家实验室设置了 10 余项学生科研项目。加利福尼亚大学伯克利分校为本科生提供实践学习机会和全国性的竞争奖学金，包括本科生科研学徒计划（Undergraduate Research Apprentice Program，URAP）、哈斯学者计划（Haas Scholars Program，HSP）和夏季本科生研究奖学金（Summer Undergraduate Research Fellowships，SURF）等①。其主要举措之一是资助学生参与科研活动，项目经费来源之一即加利福尼亚大学系统管理的国家实验室，包括劳伦斯伯克利国家实验室。20 世纪 90 年代，加利福尼亚大学伯克利分校成立了专门的办公室，为本科生的研究提供服务，采取了众多措施促进本科生参与研究项目的训练，形成了著名的"伯克利模式"。

伯克利大学学生科研项目的资金主要来自三个方面：一是学校、院系以及其他跨学科研究领域提供的研究资金；二是加利福尼亚大学系统管理的国家实验室提供的研究资金；三是校外提供的研究资金，包括美国国家科学基金会提供的研究资金和私人基金会提供的研究资金。

（3）**激励政策**。在对学生的激励政策方面，为了鼓励学生发表自己的学术见解，促进学生之间的学术性对话和交流，加利福尼亚大学伯克利分校创办了 *Berkeley Undergraduate Journal*②和 *Berkeley Scientific Journal*③等杂志，发表学生的科学研究成果。此外，学校还为学生发表文章提供版面费支持，为学生参加学术会议宣读论文提供旅费支持，也积极为他们组织学术讲座和论文报告会。在研究性课程的设置方面，加利福尼亚大学伯克利分校本科毕业学分要求为 120 学分，其中学生可以用 20 分以上的学分来进行研究性工作。在学术研讨班和咨询活动方面，除了相关的课程可以提高研究能力以外，加利福尼亚大学伯克利分校通过学术研讨班讲授如何开始本科生科研，为即将从事科研的本科生提供一个关于本科生科研的概览；讲解科研的重要性和如何开始科研；讲解如何撰写研究计划申请书，主要讲授撰写研究计划的技巧。在对教师的激励政策方面，为了鼓励教师指导本科生进行科学研究，对于指导本科生科研的教师，加利福尼亚大学伯克利分校在经费和工作评定上均予以倾斜。

二、有实力的科研机构演变成研究型大学开展研究生培养

随着美国联邦政府对学位授予的管理越来越严格，同时为了保持自身的科研活力与动力，一些有实力的科研机构为深入开展研究生教育，逐步发展演变成为相对独立的研究型大学或学院。这类大学比较重视跨学科交叉及人才引进与培养。例如，

---

① UC Berkeley. Berkeley Undergraduate Research & Scholarships. [EB/OL]. https://research.berkeley.edu/#[2024-10-15].
② Berkeley Undergraduate Journal. https://buj.studentorg.berkeley.edu/[2024-10-15].
③ Berkeley Scientific Journal. https://bsj.studentorg.berkeley.edu/[2024-10-15].

美国洛克菲勒大学（Rockefeller University）前身是创建于 1901 年的洛克菲勒医学研究所。为了寻求更好的发展，洛克菲勒医学研究所开始扩展自身使命定位，除科学研究外，积极探索人才培养的相关工作，并于 1955 年开始招收第一批研究生，1965 年正式更名为洛克菲勒大学，成为美国第一所生物医学方面的研究型大学，也是世界著名的生物医学教育与研究中心，只招收博士研究生和博士后，不招收本科生和硕士研究生。学校内未设有院系，只成立独立的实验室以及医院部门，各实验室之间的合作便利，突破"学科式"培养的局限，促进学科之间的交流。洛克菲勒大学拥有雄厚的经费支持，支持科学家和研究生自由地探索科学问题；通过科研实践培养高层次人才，强调问题导向的学习，科研工作不仅是为了发表科研论文，最主要是为人类解决各种科学难题。这样先进的教育理念和独特的人才培养方式，助力洛克菲勒大学培养了一批拔尖创新人才，截至 2020 年，共有近 70 位科学家荣获诺贝尔奖、拉斯克奖等国际知名科学奖项[①]。

三、企业研发机构多种形式参与研究生培养

美国企业的研发机构占有非常重要的地位，其任务主要是结合企业发展战略开展应用研究和技术开发，同时也从事与某些技术相关的前沿基础研究工作。企业研发经费占美国研究与试验发展（R&D）投入总经费的 60%以上，大约 3/4 的 R&D 工作是企业部门完成的（殷朝晖，2005）。企业与大学共同建立"企业-大学"联合中心，通过项目委托、人才交流等方式将企业技术与人才培养紧密结合，逐步建立起以企业为主体，侧重应用人才培养的研究生教育模式（许硕和李靖，2015），这种培养模式得到了国家政策和资金方面的支持。企业为研究生提供实践平台，提升研究生的创新实践能力和创业能力；而大学既可获得国家经费资助，也为企业提供技术服务和技术准备，并向企业输送专业人才。例如，贝尔实验室、IBM 公司、波音公司等知名企业及其研发机构都通过与大学建立"企业-大学"联合中心的模式参与研究生培养。同时，贝尔实验室还参与制定研究生培养计划，实验室的专家积极参与研究生的课程设置和专业课教学。

第三节　日本、韩国科研机构的研究生教育模式

一、科研机构联合建立研究型大学模式

为了应对不断变化的科技发展和劳动力市场的新需求，日本、韩国和沙特阿拉

---

① 洛克菲勒大学官方网站[EB/OL]. http://www.rockefeller.edu/[2023-08-30].

伯王国等国家在传统大学的基本组织体系外，通过联合研究所或者新建跨学科研究院来创建新型的研究生院大学，仅培养硕士或博士研究生，倡导科研与教育相结合，在高水平科研过程中培养高水平的创新人才，开启了拔尖创新人才培养的新模式（王颖，2011）。

日本和韩国在国家的相关政策或制度的引导下，大学与科研机构联合建立研究生院，后又相继成立了由多家研究所联合组建的新型研究型大学。新组建的大学负责研究生教育的总体规划和宏观管理，具有学位授予权；参与的研究所既是科研机构的法人，也是研究生培养单位；大学的教师同时是研究所的科研人员，而研究所的科研人员也是该校的教师。大学充分利用科研机构的人才队伍、科研设备和科研数据等优势资源开展研究生培养和学术研究。

20世纪70～80年代，日本政府成立共同利用共同研究基地（Joint Usage/Research Center），各类科研机构通过共同利用共同研究基地积极参与研究生培养（丁建洋，2015）。1988年，日本修改《国立学校设置法》，从法律层面上，"大学共同利用机构"与大学均具有招收研究生和授予学位权。同年，依托多所高水平研究机构，综合研究大学院大学（简称综合研大）成立，这也是日本首家国立研究生院大学。综合研大拥有众多大型研究设施、高水平实验设备、种类齐全的专业研究资料以及高水平的科研人员。综合研大作为国立大学法人，负责总体管理，统筹全校教学科研任务、日常管理以及学位授予；各组成单位既是独立的研究机构法人，也是综合研大的一个科系，履行着研究生培养的义务，负责组织开设专业课并对研究生进行专业指导（姜红，2006）。日本综合研大组织架构如图2-2所示。除综合研大外，日本相继成立多家如北陆先端科学技术大学院大学等由研究所整合成立的研究型大学（表2-1），开展研究生教育。

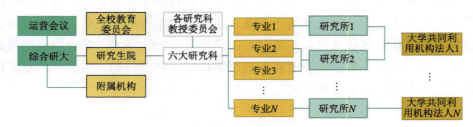

图 2-2　日本综合研大组织架构

表 2-1　日本主要研究型大学

大学	成立年份	学校性质	培养层次
日本综合研究大学院大学	1988	国立	博士
北陆先端科学技术大学院大学	1990	国立	硕士、博士
奈良先端科学技术大学院大学	1991	国立	硕士、博士
国际佛教学大学院大学	1996	私立	博士

续表

大学	成立年份	学校性质	培养层次
政策研究大学院大学	1997	国立	硕士、博士
情报科学艺术大学院大学	2001	公立	硕士
大宫法科大学院大学	2004	私立	硕士
情报安全大学院大学	2004	私立	硕士、博士
京都情报大学院大学	2004	私立	硕士
产业技术大学院大学	2006	公立	硕士

二、国家科研机构联合建立研究生院大学

韩国科学技术研究院（Korea Institute of Science and Technology，KIST）设立于 1966 年，是韩国中央政府设立的第一所也是最大的专业性科研机构，主要承担国家大型、长期、跨学科的研发项目，包括基础及应用科学研究和原创技术开发。韩国科学技术研究院及随后设立的一系列政府资助科研机构（Government-funded Research Institutes，GRIs）得到了大量的政府科技资助和研发项目，总体科研实力高于大学系统。

韩国政府为了规避制度障碍，赋予科研机构教育自主权，致力于创办以科研机构为依托，只培养博士、硕士研究生层次的大学院（研究生院）大学。由于大部分政府科研机构隶属于不同部委，综合性不足，单独依靠某一家或几家不足以支撑起一所综合性大学，所以韩国政府整合了多个部委下属、以科学技术研究院为首的 32 家政府资助研究机构于 2003 年成立了科学技术联合大学院大学（University of Science and Technology，UST）。

科学技术联合大学院大学的使命是：整合政府资助研究机构，培养创造未来价值的科技人才。科学技术联合大学院大学主要负责研究生招生、课程设置、学位授予等。在课程安排上尽量缩减课堂授课，对科研实践赋予学分，鼓励学生积极参与科研活动；同时，实行实验室轮转项目，使研究生能在不同研究领域获取科研经验。

综合来看，日本和韩国的研究生院大学的组织架构类似，但培养目标与定位各不相同。日本的综合研究大学院大学目的是创造出世界最高水准的学习环境，培养能够在下一个时代担任科学技术创造的指导性人才。韩国的科学技术联合大学院大学则实施以科学实践为导向的教学，培养科研创新型及实用型人才。

第四节　我国科研机构的研究生教育模式

一、研究所联合建校（院）模式

具有多个学科优势、良好的办学和科研条件的科研机构，组建以研究生教育为

主的大学或研究生院，这些科研机构既是独立的法人单位，又是大学（研究生院）的研究生培养单位，在独立开展科学研究的同时，承担研究生的培养任务，我国的中国科学院大学、中国社会科学院大学、中国农业科学院研究生院、中国林业科学研究院研究生部等就属于这种模式。

例如，中国科学院作为博士生培养规模最大的单位，是我国研究生培养的重要力量，研究生教育发展经历了三个阶段的演变，即研究所个性化培养阶段（1977～1999 年）、研究生院规范化培养阶段（2000～2011 年）以及科教融合内涵式发展阶段（2012 年至今）（王颖等，2020）。培养模式从最初各研究所的分散培养，逐步发展为"两段式"培养，即在集中教学园区完成为期一年的课程学习，再进入研究所开展课题研究。2012 年，经教育部批准，中国科学院研究生院更名成立中国科学院大学。中国科学院研究制定了一系列加强科教融合的措施，现在中国科学院所属研究所的研究生教育也由原来统一由中国科学院研究生院管理，调整为由其所属的两所大学，即中国科学技术大学和中国科学院大学，分别归口管理。现阶段中国科学院研究生教育在宏观统一与规范管理基础上，在大学的教育框架下，将学科建设和研究生教育的重心由校部移至各研究所，深挖研究所的优势特色与各学科的内涵、注重内涵式发展，推出了由研究所承办科教融合学院、实行大学与研究所人才"双聘"制度等一系列举措，构建以质量为核心的科教融合育人模式。

二、科研机构与大学合并成立新大学模式

为满足经济社会发展的需要，学科领域相近的科研机构与高校进行合并，演变成科教一体化的研究型大学，在高水平的科研活动中培养高水平的创新人才。具体包括：北京协和医学院与中国医学科学院实行院校合一的管理体制；西北农业大学、西北林学院、中国科学院水利部水土保持研究所、水利部西北水利科学研究所、陕西省农业科学院、陕西省林业科学研究院、陕西省中国科学院西北植物研究所 7 所科教单位，在 1999 年获准正式合并组建西北农林科技大学；齐鲁工业大学与山东省科学院合并为齐鲁工业大学（山东省科学院）；山西农业大学和山西省农业科学院进行合署改革，合署后单位名称为"山西农业大学"；等等。

例如，2017 年 5 月，山东省政府决定正式整合齐鲁工业大学与山东省科学院。整合之前，齐鲁工业大学是国家"产教融合"项目首批建设高校，山东省科学院是山东省最大的综合性自然科学研究机构。在整合过程中，二者建制被一并撤销，其编制、人员、资产债权债务被整体划入新成立单位，但事业费和基本建设经费保持原渠道不变，且保留山东省科学院的牌子。由此，新学校正式称为"齐鲁工业大学（山东省科学院）"。整合后，大学探索重基础、宽领域、学科交叉的人才培养"新模式"，普遍采用"2+2""3+1"的培养模式，前两年学习专业基础课，后两年直

接到科研院所或校内企业跟随导师进行实践学习和课题研究。同时，深化科教、产教、校地融合，不断增强服务地方发展能力，与地方政府、企业联合设立了一批院地产学研协同创新基金，解决企业遇到的实际技术难题。

2019年10月，山西农业大学和山西省农业科学院进行合署改革，合署后单位名称为"山西农业大学"，同时保留山西省农业科学院的牌子。合并之后，山西农业大学的7个学院与山西省农业科学院的9个研究所（中心）整合为10个新学院，人才、学科、研究所、实验室各种资源实现共享。

三、科研机构与大学共建科教单元模式

科研机构与大学通过共建联合实验室、科教协同创新中心、菁英班等形式，发挥科研机构和大学双方的优势，着重培养满足不同行业领域发展要求的创新型、复合型、应用型人才。

中国科学院和大学合作联合培养本科生有着悠久的历史。例如，1958年，中国科学技术大学成立，数学家华罗庚创导了"一条龙"教学法（将所有基础课放在一起连续教三年），形成中国现代数学教育史上的一个创举。随后，在中国科学技术大学数学系整个办学过程中，中国科学院数学研究所（现中国科学院数学与系统科学研究院）给予了大力支持，据统计，1958～1966年，先后有45位研究人员去中国科学技术大学兼职授课，中国科学院数学研究所与中国科学技术大学数学系开创了院所合作办数学教学之先河。2009年，中国科学院贯彻落实《国家中长期教育改革和发展规划纲要（2010-2020年）》的要求，实施基础学科拔尖学生培养计划，数学与系统科学研究院和中国科学技术大学联合创办"华罗庚数学科技英才班"，实行本科生培养计划。该班采取"3+1"培养模式（即前三年在中国科学技术大学接受基础课程学习，第四年到数学与系统科学研究院学习高年级专业课，并在导师指导下完成毕业论文），培养具有国际视野、创新精神、实践能力的一流科学家和其他领域的杰出人才。

例如，中国科学院所属研究所与高校联合培养本科生计划于2012年全面实施，在合作高校设立菁英班，探索本科阶段高水平创新创业人才培养的新模式，提供高质量研究生生源力量。菁英班的学生培养方案和课程教学大纲由高校和研究所的专家学者共同研讨制定，强调学生创新能力培养，既注重加强导论类和前沿类课程，又着重强调探究性课程、研讨班课程和科研项目实践，通过多种课程及研讨班培养学生的创新精神和实践能力。菁英班的学生前期在高校学习基础课及专业基础课，中国科学院派专家学者参与教学工作；后期学生到研究所学习部分专业课，并跟随导师开展科研实践，完成本科毕业设计。

四、产学研联合培养研究生模式

为应对科技革命和产业变革的迅速发展，高校与科研机构、企业之间建立了创建实体联合培养、共建研究生实践基地、支持学生创业孵化等研究生联合培养模式。通过企业、科研机构和高校之间的协同合作，研究生培养单位可以迅速从企业方了解社会发展对人才的最新需求，进而不断调整课程体系及教学内容，使教学内容与社会实际紧密联系；企业可以不断地从高校和科研机构处获得优质的人力资源和研究平台，弥补自身科研能力不足、信息渠道不畅等问题，推动自身自主创新，在提升经济效益的同时缩短衔接时间，最终达到企业、科研机构和高校三方合作共赢。

例如，中国科学院上海药物研究所牵头，联合长三角区域内外知名医药大学、重点医药企业，共建"长三角药物高等研究院"，下设高等工程学院，专门负责园区内产学研三方联合培养人才工作。此外，我国有些企业在内部设立学院，与大学联合培养研究生，华大基因科技有限公司设立"华大基因学院"，依托国家基因库的强大科研平台，与丹麦哥本哈根大学、中国科学院大学、华南理工大学等合作，致力于培养生物领域科研和产业发展的创新拔尖人才。

2016年以来，中国科学技术大学微电子学院开展校企联培模式，与包括中芯国际集成电路制造有限公司、武汉新芯集成电路股份有限公司在内的企业合作启动首批企业定制班，多名企业定制班学生获得校级、国家、中国科学院奖学金及荣誉。此外，微电子学院与10余家骨干企业合作共建校企联合培养工程实践基地。该基地聘请多名来自中芯国际集成电路制造有限公司、武汉新芯集成电路股份有限公司、江苏长电科技股份有限公司、株洲南车时代电气股份有限公司等的业界人才担任企业导师；与美国加利福尼亚大学洛杉矶分校联合培养研究生。

第三章　我国科研机构研究生教育情况

根据教育部官方网站公布的历年全国教育事业统计数据[①]和我国历年《中国教育统计年鉴》，对我国具备研究生培养资格的科研机构数、科研机构培养研究生整体情况、科研机构分学科培养研究生数等相关数据进行统计分析，并将科研机构与普通高校研究生培养情况进行对比，以全面了解我国科研机构研究生教育情况。

第一节　研究生培养科研机构数量

一、具备研究生培养资格的科研机构数量

在国家机构改革、国家创新体系建设等战略部署之下，一些行业部委被撤销，部委所属的科研机构进行了系统调整，部分科研机构在转设为企业过程中进行股份制改革并陆续上市（王顶明和谢梦，2021），逐渐退出研究生教育角色。从具备研究生培养资格的科研机构数量来看，2010～2022年整体呈现下降趋势，其中2010～2011年和2013～2014年下降幅度较大，分别由2010年的316所下降至2011年的274所（减少约13.3%）、由2013年的282所下降至2014年的217所（减少约23.0%）。截至2022年，我国具备研究生培养资格的科研机构数量为234所。

相比之下，普通高校的数量一直呈上升趋势，2010～2014年增长幅度较大，2014年后增长速度放缓。截至2022年，普通高校数量为596所，约为同年科研机构的2.55倍（图3-1）。

---

① 中华人民共和国教育部官网. http://www.moe.gov.cn/jyb_sjzl/moe_560/2021/[2023-08-30].

图 3-1　2010～2022 年科研机构及高校数量变化趋势

二、具备研究生培养资格的科研机构组成

　　我国的研究生培养单位按机构类型可分为普通高校和科研机构两大类；按举办者类型可分为中央和地方政府两类，具体举办者包括教育部、国家其他部委、地方教育部门、地方其他部门、民办高校、地方企业、民企和独立法人中外合作办学机构等。

　　2022 年，在具备研究生培养资格的 234 所科研机构中，隶属于中央的科研机构共 191 所，约占整体的 82%；隶属于地方的科研机构共 43 所，约占整体的 18%（图 3-2）。

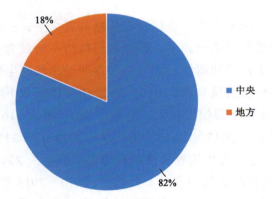

图 3-2　2022 年科研机构的组成情况

　　从各类科研机构的年度变化趋势来看，2010～2022 年，隶属于地方的科研机构数量变化较小，主要变动发生在隶属于中央的科研机构数量（图 3-3）。

图 3-3　2010～2022 年科研机构按举办者归属统计情况

根据培养机构归属的上级主管单位类型，隶属于中央的科研机构数量由 2010年的 276 所减少至 2022 年的 191 所，降幅约 30.8%；隶属于地方的科研机构数量由 2010 年的 40 所增加至 2022 年的 43 所，增幅约 7.5%（图 3-3）。2011 年、2016 年和 2018 年分别新增了 1 所地方企业、1 所民营企业的科研机构和 1 所独立法人中外合作办学机构开展研究生人才培养工作（杨明等，2023），科研水平、人才质量与教育层次较高的多种类型科研机构的研究生教育资质得到了认可。

第二节　科研机构研究生培养规模

一、研究生招生规模

随着科研机构的管理体制改革，特别是中国科学院研究生院组建中国科学院大学、中国社会科学院研究生院组建中国社会科学院大学以来，我国科研机构的研究生规模逐年减少。

具体来看，2010～2022 年，我国研究生招生数和毕（结）业生数总体呈现下降趋势，尤其是在科研机构总数大幅下降的 2013～2014 年，招生数由 2013 年的 15 013人下降至 2014 年的 8171 人，毕（结）业生数由 2013 年的 11 200 人下降至 2014 年的 7066 人，但 2019～2022 年存在扩招趋势（图 3-4）。其中，2022 年科研机构研究生毕（结）业生 8788 人、授予学位 7155 个、在校生 35 564 人、招生数 12 070人，分别占十年前（2012 年）同类数据的 84.2%、70.2%、86.3%、84.8%。

从 2010～2022 年科研机构研究生毕（结）业生数及招生数差距来看，2010 年差距最大，招生数比毕（结）业生数多 5197 人；2015 年差距最小，招生数仅比毕（结）业生数多 799 人。

图 3-4　2010～2022 年科研机构研究生毕（结）业生数及招生数变化

从 2010～2022 年普通高校与科研机构招生数的变化趋势来看（图 3-5），普通高校的研究生招生数为 40 万～130 万人，而科研机构的研究生招生数为 8000～20 000 人，存在明显差异。

图 3-5　2010～2022 年普通高校与科研机构研究生招生数变化趋势

2012～2022 年，普通高校与科研机构的研究生招生数差额以及差额的涨幅情况见图 3-6，两类培养机构之间的研究生招生数差额一直呈正增长趋势。其中，2012 年普通高校研究生招生数比科研机构多 56 万余人，2022 年差额增长到 121 万余人。具体差额涨幅虽存在一定波动，但对差额的整体情况影响不大。

图 3-6　2012～2022 年普通高校与科研机构研究生招生数差额及差额的涨幅情况

二、研究生组成结构

（一）性别比例

2022 年，科研机构的 35 564 名在校生中包含男生 19 018 名（占比 53%）、女生 16 546 名（占比 47%），男女比为 1.1494，较 10 年前的 1.6378 降低 29.8%（图 3-7）。

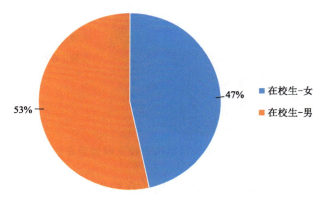

图 3-7　2022 年科研机构在校生性别比例情况

从 2010～2022 年普通高校与科研机构在校生性别比例变化来看（图 3-8），普通高校与科研机构的在校生男女比在这期间均表现出下降的趋势。普通高校的在校生男女比从 2010 年的 1.0465 下降至 2022 年的 0.9506，在 2019 年以后普通高校在校生中女生数量已稳定高于男生。科研机构的在校生男女比也从 2010 年的 1.7934 下降至 2022 年的 1.1494，科研机构在校生从男生数量明显高于女生数量发展为男女生数量基本持平。

图 3-8　2010～2022 年普通高校与科研机构在校生男女比变化趋势

（二）硕博比例

2022 年，科研机构的 35 564 名在校生中包含博士研究生 8742 名（占比 25%）、硕士研究生 26 822 名（占比 75%），硕博比为 3.0682，较 10 年前的 1.9192 增加 59.87%（图 3-9）。

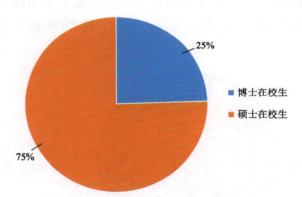

图 3-9　2022 年科研机构在校生硕博分布情况

对比 2010～2022 年普通高校与科研机构在校生硕博比的变化（图 3-10），可以看出，科研机构硕博比整体呈上升趋势，从 2010 年的 1.3858 上升至 2020 年的 4.9567，然后在 2022 年回落至 3.0682。普通高校的在校生硕博比变化不大，最高点为 2017 年的 6.3689，最低点为 2016 年的 4.8498，说明普通高校的培养侧重点未发生明显变化，而科研机构由最开始的专注于博士研究生培养发展到增加了对硕士研究生的培养。但整体来看，科研机构的硕博比始终低于普通高校，2022 年科研机构硕博比仅为普通高校的 54.7%，说明科研机构的博士研究生占比更高。

图 3-10　2010~2022 年普通高校与科研机构在校生硕博比变化趋势

（三）专业学位/学术学位比例

研究生学位分为专业学位与学术学位。专业学位与学术学位处于同一层次，培养规格各有侧重，在培养目标上有明显差异。其中，学术学位以培养教学和科研人才为主，专业学位则是相对于学术学位而言的学位类型，其目的是培养具有扎实理论基础，并适应特定行业或职业实际工作需要的应用型高层次专门人才。

2011~2022 年，普通高校与科研机构的学术学位在校生数量与专业学位在校生数量之比（学专比）均呈现下降趋势（图 3-11）。普通高校的在校生学专比从 2011 年的 2.43 下降至 2022 年的 0.73，不仅数量下降，甚至实现了专业学位在校生数量的反超。科研机构的学专比从 2011 年的 7.66 下降至 2022 年的 2.67，下降超 65%。

图 3-11　2011~2022 年普通高校与科研机构在校生学专比变化趋势

三、分地区毕（结）业生数

2022 年全国科研机构毕（结）业生数中，北京科研机构的毕（结）业生共 5728

人，占全国总数的 65.2%，远高于其他省份，可以看出北京科研机构的培养能力在全国处于绝对领先地位。其余地区科研机构毕（结）业生数量均较少，毕（结）业生数为 300～1000 人的地区有上海、黑龙江、四川、湖北；毕（结）业生数为 150～300 人的地区有江苏、陕西；毕（结）业生数在 150 人以下的地区有天津、河北、山西、内蒙古、辽宁、吉林、浙江、安徽、福建、江西、山东、河南、湖南、广东、重庆、贵州、云南、甘肃等（图 3-12）。

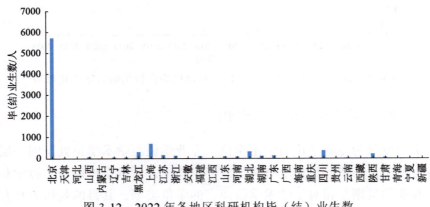

图 3-12　2022 年各地区科研机构毕（结）业生数

第三节　分学科培养研究生情况

一、不同学科研究生数

2022 年，科研机构中在校生合计数量最多的是工学（12 786 人），其次是农学（4649 人）及医学（4525 人），在教育学和交叉学科方面，科研机构暂无在校生（图 3-13）。

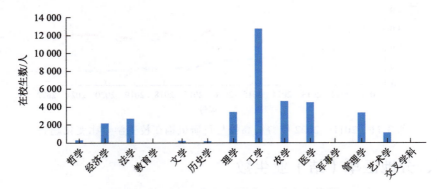

图 3-13　2022 年科研机构各学科在校生数

从历年各学科在校生数来看（图3-14），2010～2013年科研机构的在校生中，以工学和理学占比较大，管理学、医学、农学、法学以及经济学也占据一定的比例，哲学、文学、历史学、军事学、艺术学等学科的在校生数量过低。从变化趋势来看，2014年后理学占比大幅降低，由2013年的28.78%下降至2014年的8.48%，并一直保持在低于10%的水平。

图3-14 2010～2022年科研机构分学科在校生情况

从各学科毕（结）业生数来看（图3-15），2022年科研机构中预计毕（结）业生数最多的学科为工学（4395人），其次是管理学（1638人）及农学（1541人）。

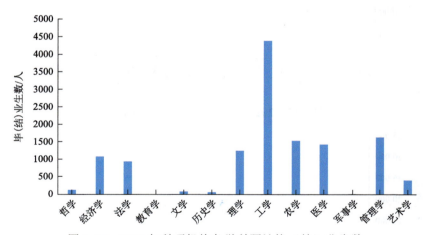

图3-15 2022年科研机构各学科预计毕（结）业生数

2010～2022年科研机构分学科预计毕（结）业生情况和同期在校生情况大致相同（图3-16）。

图 3-16　2010～2022 年科研机构分学科预计毕（结）业生情况

从 2022 年科研机构各学科招生数量来看，最多的是工学（2852 人），其次是农学（1325 人）及管理学（1046 人）（图 3-17）。另外，2010～2022 年科研机构分学科招生情况如图 3-18 所示。

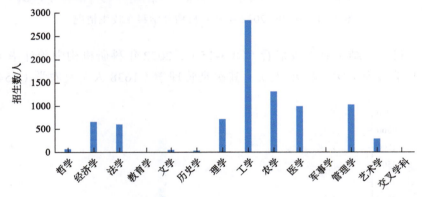

图 3-17　2022 年科研机构各学科招生数

图 3-18　2010～2022 年科研机构分学科招生情况

二、不同学科的硕博比

从 2022 年科研机构各学科的硕士研究生和博士研究生数量来看，文学、历史学的在校生中仅包含硕士研究生，尚无博士研究生；科研机构在教育学、交叉学科两学科尚无在校生；科研机构在其他学科门类均有培养硕士研究生和博士研究生（图 3-19）。

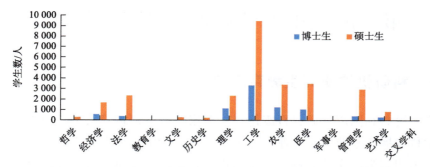

图 3-19　2022 年科研机构各学科在校硕士、博士研究生数量

2022 年，科研机构中管理学的硕博比是所有学科中最高的一项，理学的硕博比最低，仅为 1.99。从 2012～2022 年科研机构管理学和理学的硕博比变化趋势来看，管理学硕博比在所有学科中稳定在较高的水平，理学硕博比则稳定在较低的水平（图 3-20）。

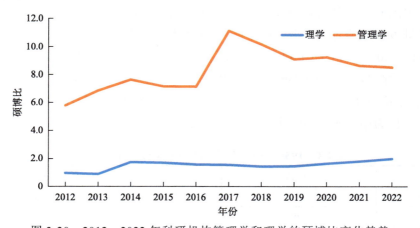

图 3-20　2012～2022 年科研机构管理学和理学的硕博比变化趋势

第四章　中国科学院研究生教育发展

第一节　中国科学院研究生教育发展历史

一、科研机构研究生教育序幕

中华人民共和国成立后，百废待兴，国家建设亟须培养大量科技人才。但当时我国各学科发展非常薄弱，专业人才十分匮乏。以中国科学院为代表的科研机构与高校一同承担起为国家培养科技人才的重任，积极参与我国研究生教育工作。1951年，中国科学院和教育部共同发布《1951年暑期招收研究实习员、研究生办法》，拉开了中国科研机构开展研究生教育的序幕。1955年，国务院全体会议第十七次会议审议通过《中国科学院研究生暂行条例》，代表着我国科研机构研究生教育制度的正式建立。这一时期，以中国科学院为代表的科研机构，在我国研究生教育建设的各方面主动探索，积累了宝贵的经验。

随着中国研究生教育的逐渐发展和科研机构的不断壮大，参与研究生教育的科研机构数量也逐渐增加。截至1965年，全国参与研究生培养的单位共有234个，其中科研机构100个，占全国42.7%；中国科学院81家，占全国34.6%。1955~1965年，中国科学院从第一届（1955年）招收72名研究生，占全国招生数的4.1%，发展到1965年招收157名研究生，占全国招生数的10.8%（表4-1）。这些研究生毕业后迅速成长为中国教育和科技工作的中坚力量。

表 4-1　1955~1965 年中国科学院研究生招生情况

年份	中国科学院招生数/人	全国招生数/人	占全国招生数比例%
1955	72	1 751	4.1
1956	249	2 235	11.1
1957	20	334	6.0
1958	0	275	0
1959	0	1 345	0
1960、1961	352	4 473	7.9
1962	213	1 287	16.6
1963	193	781	24.7

续表

年份	中国科学院招生数/人	全国招生数/人	占全国招生数比例%
1964	261	1 240	21.0
1965	157	1 456	10.8
合计	1 517	15 177	10.0

二、建立中国第一所研究生院

　　随着党的十一届三中全会和全国科学大会的召开，我国迎来了科学和教育事业的春天。1977 年 9 月 10 日，中国科学院向国务院报送《关于招收研究生的请示报告》，旨在解决科研人员数量少、水平不高的问题。同年 9 月底，国务院决定在中国科学院所属的 66 个研究所和 4 所大学恢复研究生招生。重新招收研究生为我国学位制度建立和发展奠定了基础。1978 年，经国务院批准，中国科学院在北京成立了中国科学技术大学研究生院（北京），开启了我国研究生院建设进程，为其他高校和科研机构开办研究生院探索了路径。1978 年 8 月，中国社会科学院研究生院成立，首届招录 448 名研究生；1979 年，中国农业科学院研究生院、中国林业科学研究院成立。1980 年，《中华人民共和国学位条例》颁布，正式确立高校和科研机构在研究生培养和学位授予过程中的主体地位。1981 年，鉴于全国普遍缺乏授予学位的经验，为了保证高质量的标准，中国科学院决定对国务院学位委员会批准有权授予学位的中国科学院各研究所暂不开展学位授予工作，而是由中国科学院 5 个学部授予学位。1982 年 6 月，中国科学院开展我国博士学位论文答辩试点工作。1983 年 5 月，全国首批授予博士学位 18 人，其中 6 人在中国科学院下属研究所培养，占全国 1/3。

　　总体来说，这一阶段全国研究生，包括科研机构研究生培养规模不大，但科研机构高度重视研究生教育工作，以中国科学院各研究所为例，各研究所开展的研究生培养各有特色，如探索先入学后确定专业和导师，避免盲目性；开设特色课程、编著特色教材；建立分流淘汰机制；以及开放合作等举措，对我国的研究生教育制度进行了有益的探索。在培养过程中，始终坚持严格的标准，确保研究生的培养质量，这一时期培养的研究生，后来大部分都成为我国科技工作和科研机构的重要骨干。

三、研究生教育规模化发展

　　20 世纪 90 年代，知识经济全球化和信息化发展深刻影响我国的战略转型。1998 年，中国科学院全面开启"知识创新工程"试点工作，研究生教育改革是重要组成部分。为了适应时代发展的需要，2000 年 12 月，经国务院学位委员会、教育部批准，中国科学院将当时全院 100 余个研究所的研究生教育，进行体制机制改革和科教资源整合，在中国科学技术大学研究生院（北京）的基础上，更名组建中国科学院研究生院。重新组建的中国科学院研究生院是由京区教学园区（3个）、京外教育基地（5个）和分布全国研究生培养单位（百余家）组成的分布式大学[①]，实行"统一招生管理、统一教育管理、统一学位授予"，总体上形成了"两段式"培养模式，第一阶段在集中教学园区完成为期一年的基础课程学习；第二阶段再进入研究所开展课题研究实践。这一阶段，尤其是中国科学院研究生院的成立，有力地支撑了中国科学院研究生教育的规模化发展，研究生招生规模从 2000 年的 5807 人（其中博士研究生占 45%）增加到 2011 年的 16 851 人（其中博士研究生占 38%），总招生规模增长了 1.9 倍（图 4-1）。与此同时，中国科学院研究生院从研究生教育的招生入口、教学管理、培养过程、学位出口以及导师管理等关键环节，全面加强了对各研究所研究生教育的规范化管理，实现了在规模化发展的同时，保证育人质量。

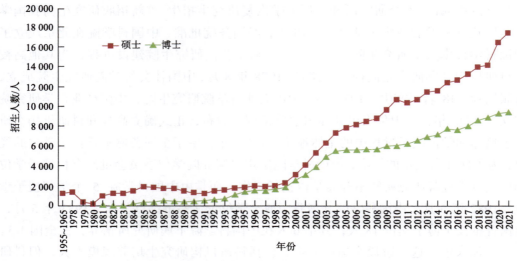

图 4-1 1955～2021 年中国科学院硕士、博士研究生招生情况

四、进一步深化科教融合工作

2012 年，经教育部正式批准"中国科学院研究生院"更名，成立"中国科学院大学"。2014 年，中国科学院大学开始招收本科生，正式作为大学建制建设发展。根据"率先行动"计划的总体要求[②]，中国科学院研究制定了进一步加强科教融合的若干措施，将中国科学院所属研究所的研究生教育也由原来统一由中国科学院研究生院管理，调整为由其所属的两所大学，即中国科学技术大学和中国科学院大学，分别归口管理。中国科学技术大学坚持"全院办校、所系结合"的办学方针，根据

① 白春礼，邓勇. 服务国家 科教结合 培养高层次创新创业人才[N]. 光明日报，2009-09-27（10）.
② 中华人民共和国中央人民政府. 中科院发布"率先行动"计划组织实施方案[EB/OL]. https://www.gov.cn/xinwen/2014-12/03/content_2785974.htm（2014-12-03）[2020-08-01].

学校学科建设发展需要，与少数地域相近或学科互补的中国科学院所属科研机构深度融合；中国科学院大学秉持"科教融合、育人为本、协同创新、服务国家"的办学理念，主要服务于中国科学院所属科研机构的人才培养工作，与各研究院所在管理体制、师资队伍、培养体系、科研工作等方面高度融合。这一阶段，中国科学院研究生教育在宏观统一与规范管理基础上，深挖研究所的优势与特色，注重内涵式发展，更加注重研究生的思想政治工作，推出了由研究所承办科教融合学院、实行大学与研究所人才的"双聘"制度、促进课程与科研相结合、营造校园文化氛围以及与国内高校合作协同育人等一系列举措。同时，进一步强调院属研究所是研究生培养的责任主体，要求各研究所加强研究生教育的规范管理，包括设立独立的教育管理机构、加强和完善教育干部配置、重视研究生教育工作的规划、管理培养过程和建设教育质量保障体系等，确保人才培养质量的不断提升。

中国科学院发挥集科研院所、学部、教育机构于一体的整体优势，坚持科教融合，科研与教育并举，出成果与出人才并重，在高水平创新实践中培养造就高层次创新创业人才。中国科学院已建立起以院属高校为核心、以研究所为基础、以研究生培养为主体、与科技创新紧密结合的教育体系。中国科学院在高水平科研实践中培养高层次人才的科教融合培养方式，为我国高层次人才的培养做出了积极有益的探索，对中国乃至世界高等教育事业都具有开拓和创新意义。

第二节　中国科学院研究生教育主要举措

作为中国最早从事研究生教育的部门之一，中国科学院始终坚持"科研与教育并举，出成果与出人才并重"，瞄准国际科技前沿和国家战略需求，将教育与科研实践紧密结合，以院属高校为核心，依托百余家院属科研院所，培养出大批活跃在我国科技、教育、经济、国防等重要领域的领军人物和中坚力量。同时，作为教育改革发展的开拓者和引领者，中国科学院不断深化体制机制改革，探索形成独具特色的科教融合协同育人新模式，在我国研究生教育改革和发展中起到了重要的示范带动作用。

一、加强科教融合的顶层设计

2013 年，习近平总书记对中国科学院提出"率先建成国家创新人才高地"的要求，中国科学院发挥"三位一体"优势，将科教融合培养高层次创新人才，作为实施"率先行动"计划、建设国家创新人才高地的重要任务之一。2024 年，中国科学院开启了科教融合 3.0 新阶段，成立了科教融合工作推进领导小组，加强全院教育工作的顶层设计和统筹推进，促进科教深度融合发展。

　　自"率先行动"计划实施以来，中国科学院支持院属高校依托科研机构建设科教融合学院，全面推进科教深度融合。科教融合学院由高水平研究所承办，成建制、有组织地推进院属高校师资队伍、学科、课程和质量保障体系建设，促进院属高校与科研院所在教育教学、科研平台、科研任务和国际交流合作等方面的资源共享。目前，中国科学院大学组建科教融合学院40个，其中京内24个、京外16个；中国科学技术大学与相关研究所共建科教融合学院8个，形成了与研究所统筹布局、协同发展的良好态势。

二、搭建具有科教融合特色的组织架构

　　科教融合学院是中国科学院深化科教融合的战略枢纽，也是院属高校科教融合工作的基础单元。学院由中国科学院高水平研究所主承办，其他相关研究所参与承办，牵头的研究所作为学院建设的第一责任单位，学院院长由其法定代表人或资深科学家兼任。学院一般为二级（"学院-教研室"）或三级（"学院-系-教研室"）组织架构，依托科研实力最强的实验室建设教研室，既激发了研究所参与科教融合办学的自主权和积极性，也促进了优质科研资源及时高效向教育资源转化。通过建立科教融合学院，明确主承办和参与承办研究所的办学主体责任，明确院属高校与研究所的责权利关系，建立科教资源整合和共享机制，从组织和治理结构上保障科教融合落地，为拔尖创新人才培养奠定坚实的制度基础。

　　除此之外，中国科学院大学将科教融合专任教师和研究生导师纳入学位评定委员会、学术委员会、教学委员会，其组成人员具有丰富的人才培养和科教管理经验，在学术领导、学位评定、教学指导、学科建设等方面发挥了重要作用。中国科学技术大学设立"全院办校、所系结合"工作委员会办公室，校长、书记任双主任，下设办公室，对科教融合工作进行全面统筹和科学规划。以"全院办校、所系结合"工作委员会、科教融合学院、学位评定分委会三大组织有机运行保障决策科学、举措有力，实现组织链协同。

三、强化科教融合师资队伍建设

　　师资队伍包括负责授课的专任教师和指导科研的导师，均是人才培养活动的实施主体，高素质的师资队伍是培养高层次创新人才的关键，是实现科教融合协同育人的核心力量。院属高校充分发挥科教融合的优势，在全院范围内汇聚一大批院士和优秀科学家，打造一支结构合理、素质精良、富于创新的高水平师资队伍。采取"双向双聘"的方式，聘请研究所内科研水平高且教育教学经验丰富的科研人员作为"岗位

教师"承担教学工作,科学家将最新科研成果带到课堂,注重课堂教学与前沿科技的有机结合,有助于学生更多了解科技前沿并提升研究兴趣,为其打下良好的科研基础。科学家导师在指导学生科研实践和学术论文时,其家国情怀、科研态度以及学术思想等都会对研究生的成长成才产生潜移默化的影响,往往能坚定他们走上学术研究道路的决心,也能帮助他们更快进入研究前沿。截至 2022 年,中国科学院大学专任教师 3000 余人,其中两院院士 175 人,国家杰出青年科学基金获得者(简称杰青)540 人、"国家优秀青年科学基金项目"获得者(简称优青)157 人;在岗研究生导师共有 12 859 人,大部分为研究所的一线科研人员(董军社,2022)。中国科学技术大学专任教师 2000 余人,研究生导师 3212 人,其中来自研究所的有 736 人。

此外,院属高校不断完善师资队伍建设的制度机制,制定科教融合中的授课教师、导师的管理办法,如设立研究生授课教师的遴选标准与程序、规范导师选聘流程、严格导师招生资格年度审核等;加强导师的岗前培训,强化思想政治素质和师德师风建设;加强科教融合学院辅导员队伍管理,做好学生"三全育人"培养工作;建立促进科教融合的制度激励体系,激发每个个体的创新活力。

四、以重点任务带动学科建设

科学发展离不开创新人才,人才培养的关键在于学科建设。中国科学院作为国家战略科技力量主力军,始终围绕国家战略需求和经济社会发展,开展重大科学研究,承担了从"两弹一星"到载人航天和探月工程以及载人深潜、深渊科考,从北京正负电子对撞机到上海光源、"中国天眼"(FAST)等在内的一系列重大任务和科研平台建设,产生了许多开创性科技成果,奠定了中国的主要学科基础,形成了以重大任务为牵引,建制化开展科研攻关和人才培养的特色优势,开创了一条"以任务带学科,以学科促任务"的科研学科互动发展的新路径。

中国科学院大学紧密围绕中国科学院战略部署,在已有学科体系和学科群建制的基础上,不断优化调整学科布局。一方面,依托科教融合的办学模式,发挥中国科学院"以学科建所"的历史积淀,重点建设数学、物理学、化学、生物学、天文学、地理学、地质学、地球物理学等传统优势基础学科;另一方面,在专业设置、学科类型、层次结构等方面推行学科联动,加强前沿交叉学科、新兴学科建设,布局网络空间安全、基础医学、再生医学、行星科学、集成电路科学与工程、纳米科学与工程等一批满足国家社会发展需要的学科和专业学位。同时,加强整合校所科教资源,于 2016 年率先成立了全国第一个未来技术学院,后续又先后成立了网络空间安全学院、人工智能学院、应急管理科学与工程学院、密码学院等一批多学科交叉的科教融合学院。中国科学院大学充分发挥"所系结合、科教融合"的优势,以学科共建为核心,以主体学科带动相关支撑学科为重点,加强校所合作与交流,持续巩固学校优势学科的地位，促进潜力学科的提升，推动战略新兴学科的发展，形成"基础学科率先一流，新工科跨越发展、新医学融合发展，管理与人文特色发展"的一流学科体系。

第三节　中国科学院研究生教育数据分析

回首几十年，中国科学院在高等教育改革与发展实践中，率先提出并实施了一系列富有前瞻性和创新精神的重大改革举措，探索出具有中国特色的科教融合培养创新人才之路，并在高层次人才培养中取得了显著的成绩，为国家培养了一大批高水平创新创业人才，为实施人才强国战略发挥了重要作用。截至 2022 年底，中国科学院为国家培养了约 27 万名硕士和博士研究生、约 5 万名本科生，其中 170 余名校友成为两院院士，他们在我国科技、教育、经济、国防等重要领域，成长为领军人物和中坚力量。

中国科学院师生主持或参与的重大原创性成果不断涌现。在中国科学院优势科研资源有力支撑下，充分发挥科教融合和多学科优势，院属高校取得了一批高水平科研成果，其中研究生和导师主持或参与的多项成果在党的十九大报告、党的二十大报告，以及习近平总书记的新年献词中均有提及。同时，研究生作为科技创新的生力军，一直以来都是中国科学院创新队伍的重要组成部分。2018～2022 年，中国科学院大学学生发表论文 9.6 万余篇，其中 SCI 论文 5.9 万余篇，以第一作者身份在 *Nature*、*Science*、*Cell* 国际顶级期刊上发表论文 155 篇。

中国科学院的办学声誉和国际影响力日益提升。在全国第五轮学科评估中，中国科学技术大学有 18 个学科被评为 A 类（其中 A+学科 9 个）；中国科学院大学有 36 个学科被评为 A 类（其中 A+学科 19 个）。截至 2023 年 7 月，中国科学技术大学在 ESI 全球大学排名中位列第 116 位，在国内高校排名中位列第 9 位，有 2 个学科进入 ESI 前万分之一；中国科学院大学在 ESI 全球大学排名中位列第 29 位，在国内高校排名中位列第 1 位，有 3 个学科进入 ESI 前万分之一。截至 2023 年 8 月，自然指数（Nature Index）发布的全球大学/科研机构排名中，中国科学院大学、中国科学技术大学分别位列第 5 位、第 6 位，在国内高校排名中分别位列第 1 位、第 2 位。

中国科学院长期坚持并践行的科教融合办学模式，与国际上依托高水平的科研机构培养人才的大趋势完全一致，未来有能力在高层次创新创业人才培养方面做出更多更大贡献。

一、研究生培养专业方向

研究生教育是中国科学院大学人才培养的主体，植根于强大的中国科学院研究所群体，以科教融合为特色，以培养高层次、高素质创新创业人才为目标。

中国科学院大学的研究生教育依托分布全国的 117 个研究所的面向国家战略需求、面向世界科技前沿的大科学工程、服务社会各行业进步发展的丰富科研项目、国家级、院级重点实验室等科研平台，以及由院士、杰青等组成的高水平师资队伍，通过集中教学园区的课程教学和研究所科研实践的"两段式"培养模式，实行"统一招生管理、统一教育管理、统一学位授予"和"院所融合的领导体制、师资队伍、管理制度、培养体系"。学术学位研究生培养覆盖了理学、工学、农学、医学、管理学、哲学、经济学、法学、教育学和文学 10 个学科门类的 39 个博士一级学科、54 个硕士一级学科；专业学位研究生培养覆盖了工程（包括 22 个工程领域）、工商管理、应用心理、应用统计、翻译、药学、农业推广、工程管理、公共管理、金融 10 个类别。

（一）硕士研究生招生专业方向

从硕士研究生招生的学科门类来看（图 4-2），招生数量从多到少依次是理学、工学、管理学等。其中，理学和管理学的招生数量变化幅度不大，工学招生数量总体呈增长趋势。从理学招生情况看（图 4-3a），主要集中在生物学、化学、物理学，招生数量变化趋势平稳，占理学招生总数的比例超 66%；从工学招生情况看（图 4-3b），主要集中在计算机科学与技术、电子科学与技术、材料科学与工程，招生数量占工学招生总数的比例近 44%。其中，2018 年以来，电子科学与技术招生人数显著增加。从管理学招生情况看（图 4-3c），主要集中在工商管理、公共管理、管理科学与工程，占管理学招生总数的比例超 91%。

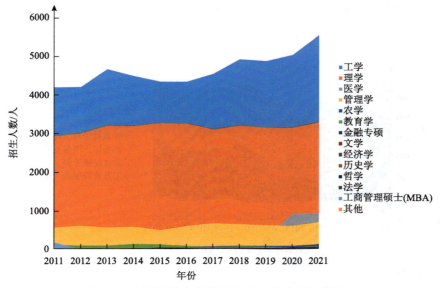

图 4-2 中国科学院大学硕士研究生学科门类情况

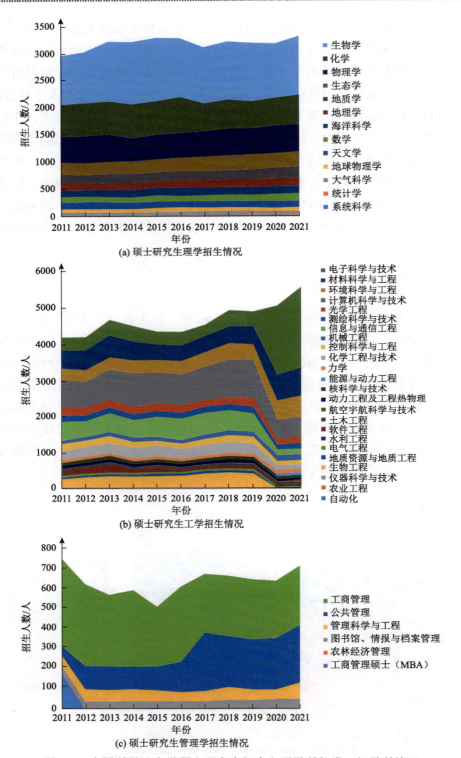

图 4-3 中国科学院大学硕士研究生招生主要学科门类一级学科情况

（二）博士研究生招生专业方向

　　从中国科学院大学博士招生学科门类来看（图 4-4），招生数量主要集中在理学和工学，占招生总数的比例近 94%。理学招生数量变化整体比较稳定，略有增幅；工学招生数量呈增长趋势。从理学招生情况来看（图 4-5a），主要集中在生物学、化学和物理学，招生数占理学招生总数的比例近 65%，近年来略有增长，总体变化趋势平稳。从工学招生情况来看（图 4-5b），主要集中在计算机科学与技术、环境科学与工程、材料科学与工程，招生数呈增长趋势，占工学招生总数的比例约 42%。

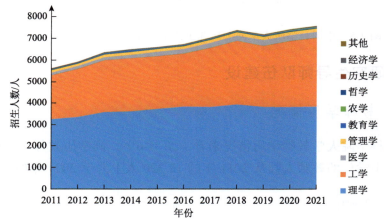

图 4-4　中国科学院大学博士研究生学科门类情况

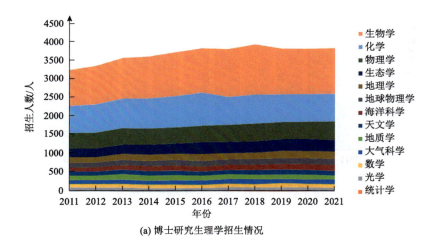

(a) 博士研究生理学招生情况

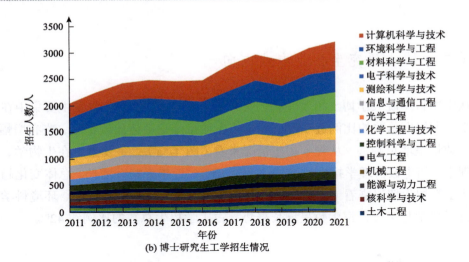

(b) 博士研究生工学招生情况

图 4-5　中国科学院大学博士研究生招生主要学科门类一级学科情况

二、研究生导师队伍建设

（一）教师学历情况

从中国科学院大学教师学历情况来看（图 4-6），高学历教师比例逐年上升。其中具有博士学位的教师人数从 2011 年的 12 320 人上升至 2021 年的 17 551 人。

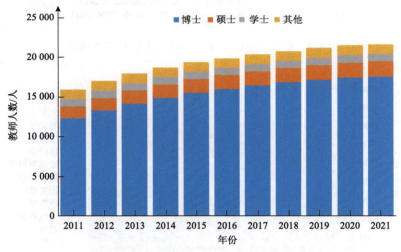

图 4-6　中国科学院大学教师学历情况

（二）硕博导师情况

从中国科学院大学教师担任导师情况来看（图 4-7），2021 年硕士研究生导师

（简称硕导）和博士研究生导师（简称博导）共计 18 194 人，约占全国 4%。中国科学院大学导师占全部教师的比例约为 84%，远远超过全国的平均占比。担任博导的教师比例略高于担任硕导的教师比例，其中担任博导的教师比例逐年略有下降，担任硕导的教师比例逐年略有增加。

图 4-7 中国科学院大学教师担任导师情况

（三）教师获奖情况

中国科学院大学教师中，获得青年类奖项的教师最多，主要包括国家有突出贡献中青年专家、国家杰出青年科学基金获得者等；其次为省部级奖项获得者，主要包括人力资源和社会保障部"百千万人才工程国家级人选"、省部级专家等；再次为享受政府特殊津贴教师 1424 人，以及中国科学院院士 316 人、外国科学院院士 93 人、中国工程院院士 82 人（图 4-8）。

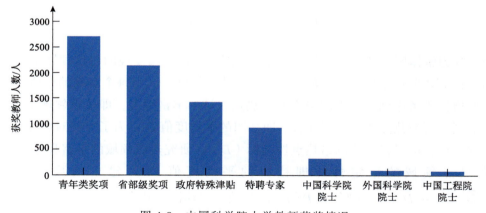

图 4-8 中国科学院大学教师获奖情况

三、研究生培养前沿方向

（一）研究生培养前沿方向测度指标与测度方法

研究前沿通常被定义为科学发现和科学热点的汇聚，新的科学发现和科学热点通过吸引更多的科研主体对此产生兴趣，并在此基础上产生新的科研成果，这些研究成果的汇聚形成了研究前沿。研究前沿的产生过程表现在围绕关键科学发现、核心理论体系、新兴技术方法的高被引论文集群的出现。学术成果是衡量研究生培养质量的主要指标，主要表现形式为学术论文、科技著作、研究报告等文本数据。通过对学术成果研究主题的分析与评价，可以直接或间接反映研究生培养的前沿方向。

本研究基于博士毕业论文摘要等文本数据，利用复杂网络这一工具构建文本网络，对学术成果研究主题的热点性与学科交叉性进行定量测度。其中，以单篇文本为节点，以不同节点之间的文本相似度为边的权重，构成文本网络。从图论的分类来看，文本网络属于带权无向简单图，文本网络邻接矩阵如下：

$$\theta = \begin{pmatrix} 0 & \theta_{12} & \theta_{1n} \\ \theta_{21} & 0 & \theta_{2n} \\ \theta_{n1} & \theta_{n2} & 0 \end{pmatrix} \tag{4-1}$$

不同的热门理论和方法的大量使用形成了网络的社团结构，不同的社团对应着不同的研究热点。文本网络中的社团数量代表研究热点领域的丰富程度，社团数量越多，热点领域越丰富，同时社团内部节点的平均稠密程度代表该社团热点性指标的稳定性，社团内部节点的稠密程度越高，热点性指标越稳定。

整体网络热点性指标（D）的计算方法如下：

$$D = \sum_{i=1}^{S} \overline{D_i} \quad \overline{D_i} = \frac{1}{m} \sum_{i=1}^{m} w_i \tag{4-2}$$

式中，D 为整体网络热点性指标；S 为文本网络经过社团发现的热点领域个数；$\overline{D_i}$ 为第 i 个社团的平均度值；m 为该社团中文献的数目；w_i 为每个文献的度值。

该指标既考虑到了文本网络中研究热点领域的丰富程度，即热点领域个数 S，又考虑到了研究热点领域的稳定性，即社团的平均度值 $\overline{D_i}$。为了方便对整体网络热点性的分析，可以将整体网络热点性指标（D）、研究热点领域的丰富程度（S）和研究热点领域的稳定性（即社团的平均度值 $\overline{D_i}$）建立函数关系，令 $\overline{\boldsymbol{D}} = \left(\overline{D_1}, \overline{D_2}, \cdots, \overline{D_S} \right)^{\mathrm{T}}$，$\|\overline{\boldsymbol{D}}\|$ 代表 $\overline{\boldsymbol{D}}$ 的二阶范数，整体网络热点性指标可以记为

$$D = F_D \left(S, \|\overline{\boldsymbol{D}}\| \right) \tag{4-3}$$

在文本网络中，经过社团发现形成以社团为单位的热点领域，通过度量热点领

域中的文献所在的学科或研究领域的丰富程度和在各学科领域分布的均衡程度来构建整体网络学科交叉性指标。由于信息熵同时考虑了这两个方面的影响，我们参考信息熵的计算方法，构建整体网络学科交叉性指标（H），计算方法如下：

$$H = -\sum_{i=1}^{S}\left[\mu_i\sum_{j=1}^{m_i}\frac{k_{ij}}{K_i}\ln\left(\frac{k_{ij}}{K_i}\right)\right] \tag{4-4}$$

式中，H 为整体网络学科交叉性指标；S 为社团数量；K_i 为第 i 个社团中的文献总数；m_i 为第 i 个社团中的学科领域数目；k_{ij} 为第 i 个社团中第 j 个学科领域下的文献总数；μ_i 为系数。

同时，由于该指标度量的是学科交叉性，因此要尽量减少热点领域数目对该指标的影响，利用每个社团中文献数目占文献总数目的比例对 S 进行归一化处理，即引入系数 μ_i，计算方法如下：

$$\mu_i = \frac{K_i}{\sum_{i=1}^{S}K_i} \qquad \sum_{i=1}^{S}\mu_i = 1 \tag{4-5}$$

通过对整体网络学科交叉性指标（H）的分析可以看出，H 是文本网络中各社团信息熵的加权平均，则 H 与文本网络中社团的分布 $\boldsymbol{\mu} = (\mu_1,\mu_2,\cdots,\mu_S)^{\mathrm{T}}$、各社团的熵值 $\boldsymbol{h}$ 相关，$\boldsymbol{h}$ 的计算公式如下：

$$\boldsymbol{h} = \left[\sum_{j=1}^{m_1}\frac{k_{1j}}{K_1}\ln\left(\frac{k_{1j}}{K_1}\right),\sum_{j=1}^{m_2}\frac{k_{2j}}{K_2}\ln\left(\frac{k_{2j}}{K_2}\right),\cdots,\sum_{j=1}^{m_S}\frac{k_{Sj}}{K_S}\ln\left(\frac{k_{Sj}}{K_S}\right)\right]^{\mathrm{T}} \tag{4-6}$$

参考信息熵的计算方法对 $\boldsymbol{\mu}$ 的分散程度进行度量：

$$\eta = -\sum_{i=1}^{S}\mu_i\ln(\mu_i) \tag{4-7}$$

式中，η 为分布熵值。

同时，通过 $\boldsymbol{h}$ 的二阶范数 $\|\boldsymbol{h}\|$ 对各社团熵值的大小进行度量，因此可以将 H 看作 η、$\|\boldsymbol{h}\|$ 的函数，即

$$H = F_H\left(\eta,\|\boldsymbol{h}\|\right) \tag{4-8}$$

式中，$F_H(\cdot)$ 为自变量的隐函数。

整体网络融合性指标 $\boldsymbol{\Phi} = G(D,H)$ 主要由整体网络热点性指标 D 和整体网络学科交叉性指标 H 共同影响，即

$$\boldsymbol{\Phi} = G(D,H) = G\left(F_D\left(S,\|\overline{\boldsymbol{D}}\|\right),F_H\left(\eta,\|\boldsymbol{h}\|\right)\right) \tag{4-9}$$

式中，$F_H(\cdot)$、$G(\cdot)$ 为自变量的隐函数。

可以将整体网络融合性指标的变化归因于四个方面：热点领域的数量 S 引起的热点领域的多样性变化，热点领域的热点性指标平均值 $\|\overline{D}\|$ 引起的热点领域稳定性变化，社团分布熵值 η 引起的学科交叉一致性的变化，以及热点领域的分散度 $\|h\|$ 引起的学科交叉稳定性变化。

（二）研究生培养前沿方向测度结果分析

对 2018～2021 年的文本网络进行社团发现，找出热点研究方向，本研究选择 Louvain 算法进行社团发现，Louvain 算法是一种基于模块度的社团发现方法，该算法的效率较高（图 4-9）。

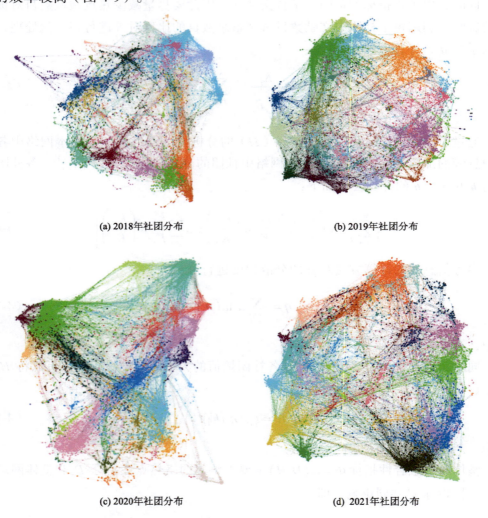

(a) 2018年社团分布　　　　　　　　(b) 2019年社团分布

(c) 2020年社团分布　　　　　　　　(d) 2021年社团分布

图 4-9　2018～2021 年文本网络基于 Louvain 算法的社团发现

　　计算各年文本网络中社团度平均值，求和后可得到各年的整体网络热点性指标，其中 2018 年的指标为 130.89，2019 年的指标为 140.11，2020 年的指标为 138.01，2021 年的指标为 143.26（图 4-10）。除 2019～2020 年的指标有所降低，其余年份的整体网络热点性指标总体呈现上升趋势。

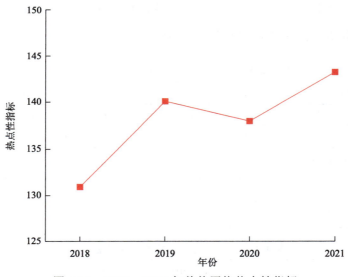

图 4-10　2018～2021 年整体网络热点性指标

　　计算各年文本网络中社团熵值，加权平均后可得到各年的整体网络学科交叉性指标，其中 2018 年的指标为 1.74，2019 年的指标为 1.77，2020 年的指标为 1.76，2021 年的指标为 1.77（图 4-11）。该指标在 2019 年达到最大值，2020 年降低，2021 年有所上升，总体呈现上升趋势。

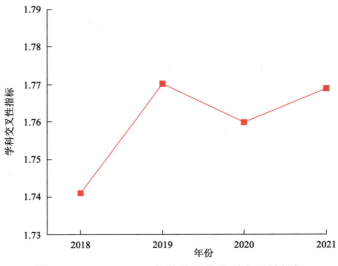

图 4-11　2018～2021 年整体网络学科交叉性指标

　　基于文本网络的融合性指标主要针对整体网络中所有博士论文进行评估，通过整体网络指标的变化，对整体教育成果水平进行有效的分析研判。通过计算 2018～2021 年文本网络的热点领域数目（S）、热点领域的热点性指标平均值（$\|\overline{D}\|$）、热点领域专业的分布（η）、热点领域的分散度（$\|h\|$）得到热点领域多样性指标（V_S）、热点领域稳定性指标（$V_{\|\overline{D}\|}$）、学科交叉一致性指标（V_η）、学科交叉稳定性指标（$V_{\|h\|}$），并且分析这四个指标对整体网络融合性指标的影响（表 4-2 和表 4-3）。

表 4-2　整体网络融合性指标影响因素

指标	2018 年	2019 年	2020 年	2021 年
整体网络的融合指标（Φ）	17.56	18.26	18.09	18.45
热点领域数目（S）	69	74	61	63
热点领域的热点性指标平均值（$\|\overline{D}\|$）	23.41	24.76	26.66	26.87
热点领域专业的分布（η）	3.34	3.19	3.18	3.27
热点领域的分散度（$\|h\|$）	10.28	10.38	10.05	10.44

表 4-3　宏观融合性指标影响因素的变化

指标	2018～2019 年	2019～2020 年	2020～2021 年
热点领域多样性指标（V_S）	0.55	0.06	0.61
热点领域稳定性指标（$V_{\|\overline{D}\|}$）	0.69	−0.13	2.44
学科交叉一致性指标（V_η）	−0.89	2.31	0.67
学科交叉稳定性指标（$V_{\|h\|}$）	4.24	0.31	0.51

　　从影响因素的计算结果（表 4-3）可知，2018～2019 年，文本网络的融合性指标增加，其中热点领域多样性指标、热点领域稳定性指标、学科交叉稳定性指标均有所上升，而学科交叉一致性指标下降。2019～2020 年文本网络的融合性指标减小，其中热点领域多样性指标、学科交叉一致性指标、学科交叉稳定性指标上升，而热点领域稳定性指标下降。2020～2021 年文本网络的融合性指标增加，其中热点领域多样性指标、热点领域稳定性指标、学科交叉一致性指标、学科交叉稳定性指标均有所上升。

　　从直观上看，整体网络包含的热点领域平均数（图 4-12）在 2018～2019 年上升，在 2019～2020 年有所下降，2020～2021 年又有所上升，与整体网络的前沿性宏观指标测算的趋势一致。

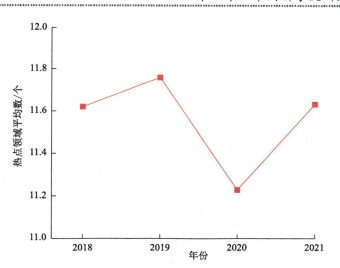

图 4-12　2018～2021 年整体网络包含的热点领域平均数

绝大部分专业包含的热点领域数目总体上在 2018～2019 年上升,在 2019～2020 年有所下降,在 2020～2021 年又有所上升(图 4-13a),与整体网络的热点领域指标测算的趋势基本一致,在一定程度上验证了热点性指标的合理性。将每年各热点领域包含的专业数目从高到低进行排序,选取每年包含专业数目排名前五的热点领域进行比较(图 4-13b),2018～2019 年各热点领域包含的专业平均数目上升,2019～2020 年各热点领域包含的专业平均数目下降,2020～2021 年各热点领域包含的专业平均数目上升,与学科交叉性指标测算的趋势一致,在一定程度上验证了学科交叉性指标的合理性。目前只采用了四年的数据,样本量较小,因此只能定性地观察指标与实际情况的一致性,随着年份数据的积累,可以通过定量的相关性检验方法对指标和真实情况进行进一步的验证。

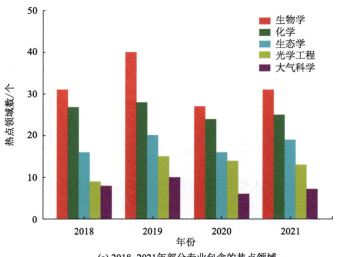

(a) 2018~2021年部分专业包含的热点领域

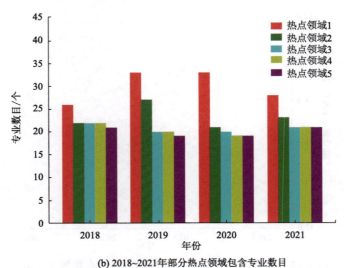

(b) 2018~2021年部分热点领域包含专业数目

图 4-13　2018～2021 年学科与热点领域对比

（三）研究生培养前沿方向按地区分析

按照七大地理分区，对中国科学院大学各院所分区域计算热点性指标与学科交叉性指标，分析不同地区院所的科研热点和学科交叉情况。

从热点性指标的整体趋势（图 4-14）可以看出，整体上七个地区的热点性指标在四年间呈上升趋势，表明在这段时间内，中国科学院大学各院所在不同地区的科研热点逐渐得到提升，反映了院所的科研活动日益活跃和发展。

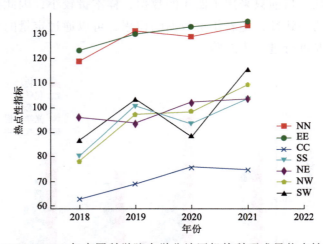

图 4-14　2018～2021 年中国科学院大学分地区机构科研成果热点性指标

从热点性指标的地区分布特点来看，主要分为三个等级，①热点性指标得分较高，包括华北地区（NN）和华东地区（EE）；②热点性指标得分适中，包括华南地区（SS）、东北地区（NE）、西北地区（NW）、西南地区（SW）；③热点性指标得分较低，仅华中地区（CC）。华北地区（NN）和华东地区（EE）通常是中国科技与经济发展的重要地区，拥有较为雄厚的经济基础和科研资源，同时也拥有数量众多的院所和研究机构，这些机构在科研热点的培育和推动方面发挥了积极作用，热点性指标充分反映了其在科研热点方面的活跃度和领先优势。华南地区（SS）、东北地区（NE）、西北地区（NW）、西南地区（SW）的热点性指标得分居于中等水平，意味着这些地区的科研热点培育相对较为平稳，虽然没有达到华北地区和华东地区的水平，但仍然具备一定的科研活跃度和发展潜力。相比其他地区，华中地区（CC）的热点性指标得分较低。这可能意味着华中地区（CC）的科研热点活动相对较为有限或相对滞后，需要进一步提升科研投入和发展科研环境，以提升研究活动的活跃度和质量。

从学科交叉性指标的整体趋势（图 4-15）可以看出，整体上七个地区的学科交叉性指标在四年间总体上较稳定，表明在这段时间内，中国科学院大学各院所在不同地区的学科交叉水平变化不大。

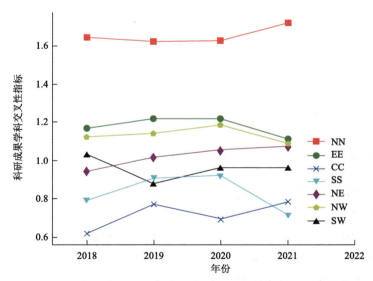

图 4-15　2018～2021 年中国科学院大学分地区机构科研成果学科交叉性指标

从学科交叉性指标的地区分布特点来看，华北地区（NN）院所论文的学科交叉水平显著高于其他地区。这意味着华北地区（NN）院所在不同学科领域之间的合作和交叉较为频繁，可能存在更多的跨学科研究合作。华东地区（EE）、西北地区（NW）、东北地区（NE）、西南地区（SW）、华南地区（SS）、华中地区（CC）的整体学科交叉水平依次递减。从各地区院所的学科属性来看，华北地区（NN）涉及学科交叉性研究的院所数目较多，如中国科学院自动化研究所、中国科学院计算技术研究所、中国科学院信息工程研究所、中国科学院大学人工智能学院、中国科学院青藏高原研究所等。而华南地区（SS）、华中地区（CC）的院所较为单一，可能更专注于某个具体学科领域的研究，相对较少进行跨学科的合作研究，如中国科学院亚热带农业生态研究所、中国科学院华南植物园、中国科学院水生生物研究所、中国科学院武汉病毒研究所等。

将各地区热点性指标与学科交叉性指标融合后得到融合性指标（图 4-16），从融合性指标的总体趋势来看，整体上四年间七个地区的融合性指标较为稳定，部分地区稳中有升。

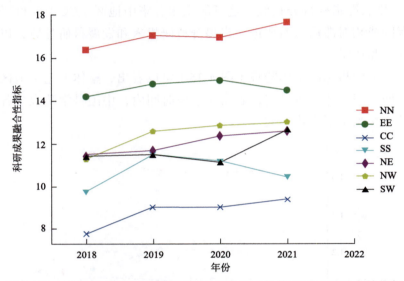

图 4-16   2018～2021 年中国科学院大学分地区机构科研成果融合性指标

从融合性指标的地区分布特点来看，各地区的融合性指标呈现出明显的层次结构，其中华北地区（NN）的指标得分最高，其次是华东地区（EE），之后依次是西北地区（NW）、东北地区（NE）、西南地区（SW）、华南地区（SS），最后是华中地区（CC）。从平衡地区差异性的角度来看，需要鼓励不同地区之间的合作与交流，可以通过组织跨地区的学术研讨会议、研究项目合作等方式来促进地区间的融合性研究。这有助于打破地区之间的壁垒，促进热点领域知识流动和学科交叉。同时，推动建立跨地区的研究平台或中心，提供资源和支持，以促进不同地区的研究者共同开展跨学科研究。这样的平台可以促进知识共享、合作研究和技术交流，推动热点性知识与交叉学科研究的发展。

第二部分

案 例 篇

第五章　思政与综合素质教育

案例一：面向立德树人，打造"盐归正传"研究生思政品牌
——中国科学院上海硅酸盐研究所

一、背景介绍

党组织是研究生发展的温暖港湾。关爱研究生生活，助力研究生发展，提高研究生综合素质，是研究生党建工作的重中之重，尤其是其思想政治素质。为此，中国科学院上海硅酸盐研究所（简称上海硅酸盐所）研究生总支部委员会勇于创新，积极探索思政工作新模式，创建了"盐归正传"思政学术文化节活动，改变单纯说教、学习、活动的套路，注重思想、文化、精神的传承，将科学精神、职业素养、家国情怀、社会责任等融入其中。

"盐归正传"品牌活动的设计理念来自于习近平总书记 2016 年 12 月 7 日在全国高校思想政治工作会议上的讲话，习近平总书记强调，"好的思想政治工作应该像盐，但不能光吃盐，最好的方式是将盐溶解到各种食物中自然而然吸收"。近年来，上海硅酸盐所将习近平总书记对思政如"盐"的比喻同上海硅酸盐所的所名中的"盐"有机结合，打造"盐归正传"思政学术文化节活动，发挥思想政治教育"传播知识、传播思想、塑造灵魂、塑造新人"的时代作用。以"盐"入思想、"盐"入精神、"盐"入学术、"盐"入创新、"盐"入文化为载体，（即思想为"筋"、精神为"骨"、学术为"肉"、创新为"皮"、文化为"脉"），回答铸魂育人、立德树人的时代命题，打造研究生思政育人的新高地，构建培养创新能力以固本体，提升文体素养以滋血脉，涵养家国情怀、培育科学家精神以壮筋骨的"大思政"格局，进一步强化中国科学院研究生身为"国家队""国家人"，当心系"国家事"、肩扛"国家责"的意识，引导其自觉唱响"请党放心，强国有我"的时代强音。

二、主要举措

活动由上海硅酸盐所研究生总支部委员会牵头，研究生各党支部协助，提出全

面和重点并进的研究生培养模式和教育方法，吸引全体研究生主动参与到思政教育中来，逐渐办成面向上海硅酸盐所发展需要，并在中国科学院大学范围内颇具影响力的品牌思政学术文化活动。举措主要涵盖以下五个方面。

（一）"盐"入思想舒筋络，提升境界——强化研究生勇于担当的政治品格

上海硅酸盐所建立党委领导、党政合力、支部引领、研究生主管部门与工青妇组织齐抓共管的工作机制，党委每年专题研讨研究生思政工作，党政主要领导为研究生作专题思政辅导报告、上党课，组织导师座谈交流；组织收听收看庆祝中国共产党成立 100 周年大会直播，聆听习近平总书记重要讲话；组织"朗读者"沙龙活动；上海硅酸盐所党委副书记、纪委书记杨建华为研究生作题为"改革开放与上海硅酸盐研究所的发展"的党课报告，施剑林院士作题为《从"科技报国"到"科教兴国"的大家——严东生先生》的党课报告，大力弘扬科学家精神，鼓励广大青年要立志做有理想、敢担当、能吃苦、肯奋斗的新时代好青年。

（二）"盐"入精神强骨骼，代代传承——构建研究生易于共鸣的话语体系

将思想政治工作的"盐"同各种时尚化、生活化的话语"佐料"相融合，促进"五味"调和，生成"精神大餐"。一是坚持情要表出来：组织研究生为新冠疫情牺牲烈士和逝世同胞哀悼，"清明祭先哲"擦拭老科学家雕像并献花；二是坚持路要走起来：依托主题党日、主题团日，组织参观钱学森图书馆、严东生愚园路故居，见证路易·艾黎微展厅揭牌，走进上海志愿军文献馆和四行仓库瞻仰英烈；三是坚持爱要献出来：指导研究生到青海省果洛藏族自治州、云南省红河哈尼族彝族自治州、安徽省六安市等地送去科普课程，组织研究生在"硅嘉"爱心暑托班当好"教书匠"，研究生年均参加各类科普活动 50 余场，指导中小学生开展科技类课题探究 200 余个；四是坚持剧要看起来：组织观看《八佰》《1921》等影片，观看《"两弹一星"精神永放光芒》宣讲演出，编排参演党史题材舞台剧；五是坚持手要伸出来：研究生参加"给老科学家写一封信"活动，对标老科学家精神品格接续奋斗；奔赴"赤诚青春·为爱举手"紧急献血现场助力新冠防疫；六是坚持故事讲起来：组织"我身边的榜样"主题演讲比赛，"重温所史铭初心，鉴往知来创辉煌"各中心历史演讲比赛；"历史的回望"红色情景剧大赛；课题组长组织召开"讲述老科学家故事"主题组会，向研究生讲述老科学家开展科研攻关的小故事。

（三）"盐"入学术壮肌肉，强基固本——延伸研究生的学术触角

研究生需要迈过学业精进、科研攻关、求职就业、心理成熟等多道坎。鉴于此，上海硅酸盐所在品牌活动的创建过程中始终把握其兼容性和吸附力，除了邀请专业学术报告外，把"学术"标签的内涵与外延贴到科学、人文、社会、政治、心理多个角落，涉及"爱情与婚姻的艺术"，以及急救知识讲座和急救技能培训等。还开展了毕业生-新生交流会、优秀青年职工代表交流会等。

（四）"盐"入创新健皮肤，增强活力——开展研究生乐于参与的技能培训

为激发研究生科研活力，提高研究生学术技能水平，研究所组织开展了系列创新能力提升活动。组织开展了"盐入创新，独具慧盐"创意学术海报大赛、"盐入精神·代代传承"研究生演讲大赛、"见微知著"微结构大赛、光影科研摄影大赛等，组织研究生参加"青年成就计划"求职培训活动。此外，"晶体定向""材料压片""中英互译"等职业技能大赛，也为研究生提升从"练兵场"到"科研战场"的能力搭建平台和舞台。

（五）"盐"入文化赓血脉，滋养身心——设计研究生易于接受的活动载体

通过组织贴近研究生生活的文化、体育、教育活动，将社会主义核心价值观落细、落小、落实。开展素质拓展活动、"文韬武略，健儿硅来"师生团体运动会等体育活动，引导研究生培养健康习惯；开展弦乐四重奏音乐会、经典悦读等文娱活动，提升审美能力；开展简历制作大赛、"硅根究底"知识竞赛等竞赛活动，提升技能水平；开展端午包粽子、中秋做月饼、元旦大联欢等节庆活动，感受中华文化的源远流长；开展"防'艾'宣传月""最美研究生实验室评选"等美育活动，增进洁身自爱意识。

三、取得成效

提升思政教育的吸引力。"盐归正传"思政学术文化节来自学生，面向学生，贴近学生。做到每一个方面都是学生喜闻乐见的活动，研究生在参与思政学术文化节的过程中体会到潜心学术的科学精神，以及为实现中国梦贡献个人力量的责任担当意识，同时也提高创新意识、创新能力与团队协作精神。

提高研究生的科研水平。"盐归正传"思政学术文化节面向研究生开展形式多样的学术交流、学术讲座、学术竞赛等活动，营造了浓郁的学术气氛，激发了研究生的科研热情，全面提升了研究生的综合素质与自主创新能力。

深化上海硅酸盐所文化活动育人作用。研究生的科研任务比较重，他们参与文化活动的积极性普遍不高，"盐归正传"思政学术文化节通过各种丰富多彩的活动能有效地让研究生感受到无处不在的人文素质教育，培养他们的高尚情操，使研究生的人生追求、价值取向、思想品格在潜移默化中升华，进一步增强了研究生的归属感和荣誉感。

该案例入选《中国科学院党建工作简讯》（2022 年第 6 期），获中国科学院院领导批示："上海硅所以'盐归正传'为品牌，以'盐入五体'为载体，为研究生精心烹调出一道思政佳肴，使同学们吃起来味美可口，吃进去舒筋壮骨，品起来回味无穷。他们对学生思政教育的重视和创新的举措值得系统单位学习借鉴"。相关经验也在中国科学院上海分院、中国科学院上海技术物理研究所、中国科学院上海营养与健康研究所等多家单位作交流发言。

【供稿人：陆彩飞】

案例二：继承"叶顾陶杨"精神，积极探索研究生思想政治工作"三结合"模式——中国科学院大气物理研究所

一、背景介绍

研究生教育是培养和造就国家未来建设者和接班人的一项重要工作，承担着高等教育"为党育人、为国育才"的初心和使命，是完成"培养什么人、怎么培养人、为谁培养人"这一根本任务的核心和关键。

当前，研究生群体中存在过多关注专业，理想信念教育、传统教育相对薄弱的现象。针对这一问题，近几年，在中国科学院大气物理研究所（简称大气所）党委的领导下，研究生部以"立德树人"为核心，以社会主义核心价值观为指导，注重思想引领，聚焦科技创新，与时俱进，不断加强研究生思想政治工作机制与思路创新，继承"叶顾陶杨"精神，把研究生思政工作与"三种精神"教育相结合，探索出一套研究生思想政治工作机制，推动了研究生思想政治工作的开展。

二、具体内容

（一）"叶顾陶杨"精神的内涵

"叶"指叶笃正院士，"顾"指顾震潮先生，"陶"指陶诗言院士，"杨"指杨鉴初先生，他们被称为气象界的"四大金刚"。"叶顾陶杨"精神的内涵如下。

1. 爱国主义精神

科学是没有国界的，科学家是有国界的。科学家必须是爱国的，必须有一颗报国心。爱国是在祖国最需要的时候能挺身而出，报效祖国，这也是"叶顾陶杨"精神在今天的教育意义所在。叶笃正和顾震潮都是把祖国的命运和利益看得高于一切的人。当他们听到中华人民共和国成立的消息时，谢绝了美国高薪邀请和导师挽留，想方设法最终回到祖国。几十年来，他们把自己的事业与国家的命运和人民的利益紧紧联系在一起。叶笃正在 2005 年获得国家最高科学技术奖时说："获得国家最高科学技术奖固然欣慰，但最欣慰的是听到美国曾把中国当作战略竞争对手的那一刻。你们年轻人不了解那段历史，我们被外国人千万只脚踩的滋味难受啊。中国强大了，被外国人踩在脚下的日子一去不复返了！"

2. 严谨求实的科学精神

"求实，求实，再求实；认真，认真，再认真！"是"四大金刚"严谨治学态度的真实写照。他们对每项研究、每个工作、每篇文章，甚至每幅图、每个字眼总是那么认真、严谨，从不使用"大"字眼，实事求是、谦虚谨慎已深深地刻在他们的科研工作中。直到今天，他们严谨求实的精神仍在，他们宽广的胸怀和人格，正鼓励着大气所一代又一代的导师和研究生，使科学精神在这里生根、发芽、茁壮成长。

3. 团结协作的品格

"叶顾陶杨"精神的另一教育意义在于他们不计个人名利、成果共享、团结协作的精神。20 世纪 50 年代，叶笃正和顾震潮被同时任命为中国科学院地球物理研究所气象研究室主任。当时并没有分谁是正副主任，谁的名字在前面，他们都不在意，而是团结得特别好。当年，叶笃正、顾震潮、陶诗言等一起合作完成"东亚大气环流的研究"论文 3 篇，均发表在国际著名气象学杂志 *Tellus* 上，文章的署名为"集体工作"，在文章的脚注里，才写上每个人的名字。由于"四大金刚"的团结协作加上全室同志的共同努力，当初小小的研究室发展到今日的大气所，其科研领域也已经从当初只研究天气气候扩展到今天几乎涵盖了大气科学研究的所有领域。

今天，在研究生思想政治教育活动中，"叶顾陶杨"不仅仅是四位科学大师，更是代表着一种精神、一种品格、一种人格的教育，是融入研究生思想政治工作中的爱国主义精神、科学精神的教育。研究生在这堂思政课上要弄明白什么是为科学而追求，什么是为国家需要而学习。几年来，大气所通过培养研究生的家国情怀、使命担当，调动了他们科研的兴趣、学习的动力，促进研究生去积极探索、去努力创新。

（二）研究生思想政治工作"三结合"模式

结合研究生的特点和"叶顾陶杨"精神的内涵，构建研究生思想政治工作与"三种精神"教育相结合的思政教育模式。

1. 研究生思想政治工作与爱国主义精神教育结合

针对部分研究生理想信念薄弱，将研究生思想政治工作与爱国主义精神教育结合，把爱国主义精神教育放在首位，做了以下几方面工作。

（1）加强理论学习。几年来，大气所组织研究生学习习近平新时代中国特色社会主义思想、党史，以及党的十九大精神、党的二十大精神等理论学习活动，通过学习，研究生对党的理论有了更深刻的理解，提升了政策理解能力和明辨是非的能力，坚定了政治信仰，坚定了爱党、爱国的信念，明白强国一代有我在的使命担当。

（2）重温红色经典书籍活动。组织研究生重温《小兵张嘎》《永远前进》等连环画，阅读《红岩》《青春之歌》《苦难辉煌》《中国崛起》《请不要辜负这个时代》等红色经典书籍。在阅读过程中引导党员将书中人物的革命年代背景与实际相联系，通过以班级为单位集中阅读、共同讨论、邀请优秀学员分享读书心得等形式，研究生再一次感受革命与传统的震撼，抒发爱国、爱党的情怀，相信中国必将崛起，激发了民族自信心和自豪感，坚定了逆境中不放弃、不动摇的信念，也坚定了科技报效祖国的信心和决心。

（3）开展传统的参观教育活动。组织研究生参观圆明园遗址、抗洪救灾展、怀柔第一党支部纪念馆、"龙潭惨案"遗址等。通过参观，研究生了解了抗日战争时期那段波澜壮阔、刻骨铭心的峥嵘岁月，明白了穿越历史、辉映未来的中国人民的抗战精神。参观过程中也举行了重温入党誓词和为抗日名将佟麟阁将军扫墓等活动，使研究生深入了解中国的历史，了解在战争年代和和平年代为中华民族的解放和建设而付出的英雄们，增加了他们爱党、爱国的情怀，上了一堂丰富的党课。

总之，围绕研究生普遍关心的国内外热点问题，紧密结合时代发展和研究生所处生活环境的变化，使研究生思想政治工作与爱国主义精神教育相结合，达到了在学习中感悟党的先进性，在实践中增强党的凝聚力的效果。

2. 研究生思想政治工作与科学精神教育相结合

研究生教育是公民教育中的最高层次教育，是培养创新人才的摇篮。将研究生思想政治工作与科学精神结合起来，既是高层次人才培养的必然要求，也是顺应时代发展的迫切需要。在新的形势下，培养既有坚定的共产主义信念，又有强烈的创新意识和创新能力的研究生，是保持党的先进性和战斗力的一个重要举措，也是全面提升研究生科研创新能力、激发其科研热情的重要保障。

　　针对部分研究生科研动力不足的现象，将研究生思想政治工作与科学精神教育相结合，注重研究生创新能力和创新意识的培养，做了以下几方面尝试性工作。

　　（1）把"名家讲坛"作为科学精神教育的平台：发挥研究生导师在研究生思想政治工作中的第一责任人的作用，举办"名家讲坛"，旨在"求实、创新、开放、交流"，激发青年科技人员和研究生的科学创新思维、创新能力和实践能力，领悟科学家做人、做学问之道，营造热爱祖国、发奋图强、攀登科学高峰的文化氛围。在"研究生创新论坛"上，著名的中国科学院院士曾庆存先生作了《从借东风和草船借箭说起》的报告。曾先生从"三国演义"这两个故事说起，结合诸葛亮一生的杰出才华，谈到要"静以修身""俭以养德""学以广才，志心成学"。他尤其反对浮躁和懒惰。当被问到如何处理科学研究方向与个人兴趣、爱好关系时，曾先生坦然急国家和社会之所急，是一个科研工作者的责任和良知，展示了大家风范，让在场的研究生非常震撼。中国科学院院士、著名科学家巢纪平先生曾介绍，瑞士的创新教育启发始于 1957 年，那时，我国正面临重大考验。在赵九章所长的倡导下，叶笃正先生、顾震潮先生亲自组织了一次科学研讨班，但仅有 20 多名青年人参加。巢纪平先生表示，这个研讨班使他受益匪浅，至今记忆犹新。这些对研究生而言无疑是科学精神的洗礼、大师品格的召唤、学术方向的引领。在未来的研究生思想政治工作中，将通过这一平台，使年轻的研究生从老一辈科学家的身上读懂科学精神是一种理性、求实、创新、质疑的精神，激发他们创新的潜力和动力。

　　（2）结合"气象日"开展系列活动：研究生思想政治工作应该以"气象日"为契机，对研究生开展科学精神的培养。例如，对科学家进行访谈，邀请南极考察、青藏高原科学考察和台站建设的科学家作科学考察的报告，让科学家用亲身经历向研究生展示他们在追求科学的道路上遇到的困难和在科学探索中发现的乐趣，使研究生明白科学精神也是一种不断探索、勇于克服困难、勇往直前的精神；科学精神也是一种求实、脚踏实地和敬业的精神，增强他们面对困难的勇气和信心。

　　（3）举办科研道德规范和论文写作讲座。科学精神也是一种诚信和准则，针对目前科学界浮躁等现象，研究生思想政治工作应该把科研道德的培养作为主要内容之一。邀请有关专家作科研道德、知识产权、写作规范等方面讲座，如原中国科学院监督与审计局局长杨卫平在《以案为鉴——对青年学者的诚信提醒》主题报告中指出，在实现中华民族伟大复兴的道路上，科技创新居于全局的核心地位，其中作风学风建设是基础和关键。他呼吁科研人员和研究生要视真实为天职、视严谨为本分、将原创者奉为尊长、非所属者不取、非敢公开者莫为。讲座不仅使研究生掌握文章写作过程中应遵守的原则和注意事项，同时也使研究生明白科学精神是一种诚信和一种准则，要怀有敬畏之心，自觉遵守学术道德规范，树立正确的学术价值观。

3. 研究生思想政治工作与人文精神教育相结合

人文精神是热爱科学、追求真理的内驱力，是对生活的热爱，对生命的渴望，是一种内存的教育。今天的时代，是科学技术日新月异、科学知识大爆炸的时代，研究生思想政治工作与人文精神教育相结合，显得尤为重要。我们做了如下尝试。

（1）热爱科学的教育。以老一辈科学家的诞辰和纪念日等为契机，开展了一系列的纪念活动。例如，在顾震潮先生 100 周年诞辰纪念日，邀请顾先生生前同事、朋友回忆他在大气物理研究所工作、生活的点点滴滴。这样的讲述让研究生更真实地走近一代科学大师，了解一代大师在科学上的建树源于他们对科学的热爱，源于他们对真理锲而不舍的追求，源于他们团结协作、积极进取的人格。与此同时，也邀请国内外知名的科学家为研究生作报告。例如，组织研究生到人民大会堂聆听李政道等科学大师的报告，同样增强了研究生对科学的热爱，使他们受益匪浅。

（2）人文素养的教育。举办中国传统文化与人生修养系列讲座，先后邀请中国人民大学、北京大学等高校教师为研究生作中国文化、中国历史等方面的系列讲座。同时，邀请中国科学院心理研究所陈雪峰等研究员为研究生作应对压力的讲座、邀请健康顾问为研究生作健康方面的讲座。此外，组织研究生参加 798 艺术区，举办家乡文化展、浓情中秋，以及花灯 DIY 等非遗文化活动，让研究生在工作学习的间隙，受到高水平的艺术熏陶，培养他们的人文和艺术兴趣。

（3）以人为本，进行自我教育。"只有促进自我教育的教育才是真正的教育"，苏联著名教育家苏霍姆林斯基就如此强调自我教育。我国著名教育家叶圣陶也曾提出"教是为了不教"，提出要使学生学会自学的本领，养成自学的习惯。中共中央、国务院联合发布《关于进一步加强和改进大学生思想政治教育的意见》，其中明确指出，要"坚持教育与自我教育相结合"的原则。为此，在研究生人文教育中也尤其注重研究生的自我教育，如每年由研究生部搭台、研究生自己组织的全国大气科学研究生学术论坛、研究生学术沙龙、研究生文化节等，通过一系列活动，引导研究生增强主人翁意识，形成自觉学习的良好习惯，养成终身学习的品格。

三、活动成效

经过几年的努力，大气所研究生积极向上，研究生政治素质高，政治立场坚定，明辨是非能力强，大局意识强。26 名研究生积极参加冬奥志愿服务，他们以首善标准完成志愿任务，以饱满的精神面貌、优质的志愿服务，践行"奉献、友爱、互助、进步"的志愿精神；把最美的微笑献给全世界，用自信讲好中国故事，用实干奏响时代强音，向世界亮出中国科学院大学学子的青春名片，让爱国主义精神在心中扎根。

几年来，大气所的学子积极进取，瞄准国家需求，努力攻关，把一系列科研成果写在了祖国的大地上，他们中的很多人先后荣获过中国科学院优秀博士学位论文、中国科学院院长特别奖、中国科学院院长奖、中国气象学会优秀博士学位论文等，他们以科研成果服务国家和社会的现实需求，明白了科技强国、科研报国的初心和使命，坚定了理想、使命、担当。

【供稿人：孙鹏宇】

案例三：加强研究生思想政治工作的新举措
——中国科学院上海教育基地

一、背景介绍

中国科学院上海教育基地作为中国科学院研究生教育的重要组成部分，是中国科学院在上海地区集中开展研究生课程教学、进行学术交流、营造研究生教育校园文化氛围以及为地方培养高层次人才的教育基地，是中国科学院在京外地区建立的最大的教育基地。上海教育基地依托中国科学院上海分院 20 家科研机构，研究生教育的培养专业涉及生物学、药学、化学、电子科学与技术、材料科学与工程、动力工程及工程热物理、核科学与技术、物理学、光学工程、天文学、科学技术史、基础医学等 16 个一级学科、52 个二级学科、11 个一级学科博士点；拥有研究生导师 1100 余名，其中博士生导师 700 余名。目前在学研究生总数为 5616 名，其中硕士生 2846 名，博士生 2770 名，另有在站博士后 431 名[①]。

2021 年，中国科学院上海分院大部制改革，教育处（上海教育基地）与党政办公室合并为综合管理部。上海分院教育处承担系统研究生日常教学教务管理、心理健康教育、就业服务与思政相关工作等职能。

二、主要举措

针对新时代高校思政工作的新形势、新任务、新要求，上海教育基地充分发挥大部制优势，打破系统各所各自为战的局面，和系统各所研究生部协同作战，紧紧围绕立德树人根本任务，在分院层面统筹构建三全育人的研究生思想政治教育工作

---

① 中国科学院上海教育基地. 基地简介[EB/OL]. http://edu.shb.ac.cn/list.do?articleType_id=48[2024-10-15].

体系，采取了抓队伍、强培训、拓展实践育人平台、全面推进课程思政等一系列加强和改进研究生思想政治工作的新举措，取得了良好的成效。

（一）强培训，抓好导师、研究生教育管理干部和研究生党员三支队伍建设

强化导师培训，加强研究生导师队伍建设。上海教育基地不断优化培训形式，一年两至三次为分院系统科研机构定期举办青年导师全覆盖培训，每次参加培训导师 200 多人，为期 2～3 天。培训重点放在提升导师思想政治素质，增强师德师风建设，加强科研诚信建设，聚焦全面落实研究生导师立德树人职责。培训主要通过专家讲座、经验分享、分组研讨等形式举行。内容涵盖研究生培养、心理健康、科研诚信等主题。通过培训，青年导师明晰了自身的研究生思想政治教育首要责任人的地位，深刻认识到研究生思想政治教育工作的重要性和迫切性，加强了教书育人的责任感和使命感，更加明确了研究生培养的目标。

除了强化培训，上海教育基地还把导师纳入研究生思想政治工作体系，让导师及时掌握研究生思想动态，把思想政治教育贯穿研究生培养的全过程，真正落实导师作为研究生培养第一责任人的要求。2022 年教育管理干部例会首次邀请了导师代表参与，打破了导师指导学生科研和教育管理干部指导学生思想工作的分工，让二者互相配合形成合力在指导学生思想政治工作方面发挥协同作用。

强化研究生教育管理干部培训，努力打造一支政治强、业务精、管理强的教育管理干部队伍。教育管理干部是研究生大思政体系的重要组成部分，他们在招生、培养、就业等全过程承担了大量的日常教育管理工作，战斗在学生工作的第一线，他们时刻把握着学生的思想动态。上海教育基地每年都会分专题（如思政工作、业务管理、心理辅导、创新文化建设、应急处理、安全教育等）对系统教育管理干部开展培训，培训内容包括专家讲座、优秀案例展示和创新举措分享等。上海教育基地建立每月一次研究生教育管理干部工作例会制度，定期探讨和交流研究生思想政治教育工作。为了构建坚强有力的思政工作队伍，各所研究生部配置了思政干部，除了教育管理干部，同时也将党务干部纳入思政队伍建设的整体规划中，努力构建专兼结合、素质优良的工作力量。2021 年，上海教育基地在全国青少年井冈山革命传统教育基地举办了系统政治辅导员党性教育培训班。来自上海分院系统近 40 名研究生总支部委员会书记、支部书记和副书记参加了培训。学员通过参观、讲座、现场教学活动和交流讨论感悟井冈山精神的真谛，将井冈山精神内化于心，外践于行，扛起"为党育人、为国育才"的新时代责任和使命。教育基地计划进一步推进党性教育培训常规化，并探索开拓更多的培训方式，提升教育管理干部的政治素养。

强化研究生党建、严格落实基层党建责任制和研究生党员的"三会一课"等制

度。按照"四强"党支部建设要求，充分发挥研究生党支部的主体作用。研究生是科研的主力军。截至 2022 年 12 月 30 日，上海分院系统研究生党员人数达 2316 名，约占学生总数的 15%，研究生党员充分发挥先锋模范作用，就能通过桥梁纽带作用对所有学生产生积极的影响。2021 年 12 月，上海分院召开了第一届研究生党建与思想政治工作研讨会，并详细介绍了中国科学院党组关于加强学生思想政治工作的具体要求。为了进一步落实研究生思想政治工作，上海教育基地送培上门，到所里督导研究生党建工作，为提高研究生思想政治工作提供了手段和方法。

（二）牢固树立实践育人的思想，拓展多种形式的社会实践，确保思想政治教育贯穿社会实践全过程

2021 年，上海教育基地首次组织 22 名学生骨干前往江西省赣州市上犹县进行为期 8 天的"乡村振兴"沉浸式国情教育。通过实地走访（学校、企业）、座谈、访谈调研、下田劳动、爱国主义教育、撰写调研报告等活动，学生亲眼见证了当地的教育、工业、农业、生态和文化助力乡村振兴所取得的丰硕成果，深入实地了解国情、民情，从而激发了中国科学院学子知国、爱国和科技报国的热情。这次国情教育是一堂生动的大思政实践课，体现了新时代思想政治教育的创新理念。

除了每年一次的暑期国情教育，上海教育基地每半年挑选 30~40 位学生干部和骨干赴浙江省、江苏省、福建省等地的高新技术企业参加社会实践活动，对国家经济产业的发展水平与企业技术创新能力进行深入调研，增强了对科研工作的热爱，加深了对个人未来职业的思考，树立了正确的就业、择业和创业观念。

另外，上海教育基地创立了"科普达人"传统科普品牌，坚持将科学传播作为研究生的重要使命，致力于加强科普能力建设，促进高端科技资源科普化。

（三）全面推进研究生课程思政建设，加强课程的思政引领作用

规范思政课程：思政课程是落实立德树人根本任务的关键课程。上海教育基地依托华东师范大学优秀师资配齐配强思政师资，开全开好研究生思政理论课程，并开设党史和主题教育等系列讲座作为有益补充，定期接受中国科学院大学马克思主义学院对思政课的巡视督导，并根据督导意见及时改进和完善课程设置。

推进英语课程思政：组织鼓励外聘教师参加英语课程思政研修班。邀请全国高校外语课程思政总决赛一等奖获得者对外聘教师进行培训，围绕教育基地研究生英语教学中的课程思政定期举办小型研讨会，明确培养学生国际视野的同时，注重家国情怀的英语教学目标。

推进专业课课程思政：建立由 5 位专家教授讲授的 5 门思政示范课，将研究所丰富的思政元素，包括本领域的科学史、所史和中国科学家精神有机地融入专业知

识传授当中，激发学生科技报国的家国情怀和使命担当。

（四）加强科学道德和学风建设、弘扬科学家精神

组织学生参加全国和上海市科学道德和学风建设宣讲教育系列活动，包括组织上海分院系统学生参加每年一次的长三角科学道德和学风建设论坛等。2021年中国科学院上海分院系统获得该论坛特等奖3篇、二等奖4篇、优秀奖6篇，成绩斐然。迄今为止，上海分院系统各所每年都斩获不少该论坛奖项，通过"以赛促学"培养了学生严谨治学的科学精神。

为了落实立德树人的根本目标，在推进研究生课程思政的基础上，2022年9月上海教育基地和5个所沟通协调策划推出了"弘扬科学家精神月"系列讲座。讲座以新生入学教育为契机，采取线上线下混合模式，邀请了系统5位书记、院士和资深研究员走上讲坛从自己的角度述说各所前身今世，讲述老科学家故事，传承老一辈科学家精神，勉励研究生胸怀祖国，在求学致研的道路上，坚持服务国家重大战略需求，为高水平科技自立自强作出贡献。

（五）进一步加强研究生的心理健康教育

要求系统各所配齐建强心理健康专业辅导员，除了各所的心理健康咨询中心，在中国科学院的指导下，上海教育基地于2019年成立心理健康咨询中心，向系统各所研究生提供专业、有效的心理健康教育咨询服务。除常规的心理辅导培训和交流外，还会定期走访系统各研究所，与研究生代表开展座谈交流，调研研究生关注的问题和思想动态，提高研究生心理健康水平。

三、工作总结

迄今为止，上海教育基地的研究生思政教育新举措取得了一定的成效，也得到了上海分院系统科研机构的大力支持，但在实施过程中还有许多有待改进的地方。首先，研究生参与社会实践活动的积极性很高，但因为资金和人员的限制，参与的覆盖面较小，一个实践活动20家科研机构每家单位只有2~3名学生可以参加。在有限条件下，上海教育基地只能以点带动各所研究生部，提供实践渠道，搭建实践平台，大幅提高参与度。另外，还需探索更多的社会实践形式和路径，丰富和深化研究生思想政治教育的实践内容，建立长效机制，让学生走出课堂和实验室了解国情、了解社会、增强社会责任感和使命感。

另外，研究生思想政治教育工作是一项长期持续性的工作，重在久久为功，短期内很难看到明显的效果，而且很难进行量化考核，所以还需探索建立一个有效的研究生思政教育工作的考核机制。

上海教育基地为系统各所研究生思政工作提供了一个良好的交流平台，今后也会进一步加强其思政引领作用，服务科技创新，聚焦国家战略科技力量主力军的定位，培养出真正心系国家事、肩扛国家责的优秀青年人才。

【供稿人：刘红蓉】

案例四：新时代研究生劳动教育的探索与实践
——中国科学院空天信息创新研究院

一、背景介绍

2018 年 9 月，习近平总书记在全国教育大会上明确提出，将劳动教育纳入社会主义建设者和接班人的总体要求，强调"五育"并举，将劳动教育纳入全面培养人的教育体系，强化了劳动教育的地位。2020 年 3 月，《关于全面加强新时代大中小学劳动教育的意见》再次强调，"劳动教育是中国特色社会主义教育制度的重要内容"，明确了新时代开展劳动教育的方向。党的二十大报告提出，"在全社会弘扬劳动精神、奋斗精神、奉献精神、创造精神、勤俭节约精神，培育时代新风新貌"。作为一种将理论付诸实践的协同教学方式，劳动教育是释放中华民族传统美德的引导渠，是实现全面复合型人才成长的催化剂，是深化研究生教育改革、提升研究生培养质量的强抓手。

自 2015 年起，中国科学院电子学研究所（2019 年整合组建中国科学院空天信息创新研究院，简称空天院）在培养全面复合型人才方面进行了全方位部署：不仅要迈向学科交叉、知识融合、创新思维的技术发展路线，也要锚定坚忍不拔、团队合作、勇于奋斗的素质拓展航向，积极探索多种形式的集中研究生劳动实践活动。因此，开展建设"三同"党员、研究生社会实践基地，并实施包括规模助农秋收劳动在内的多样化劳动教育举措，这些结合中国国情的实践课程效果显著，有利于打破高层次人才发展的多维度壁垒。在培养过程中，劳动教育联动科教融合打出了新时代人才培养的组合拳，树立了脚踏实地的科研作风，铸就了艰苦奋斗、勇于奉献的社会主义劳动观。

二、具体内容

（一）空天院研究生劳动教育的前期工作基础

2015 年，空天院首次探索研究生劳动教育的形式和内涵，调研寻找开展劳动教育的地点。劳动教育更注重活动性、参与性、情境性，在鲜活的情境中研究生能够体验劳动人民的伟大。在研究生培养中，应引导研究生在实践中感受劳动创造美好生活的历程，在协作分工中理解劳动无贵贱。通过为研究生开展专门的集中劳动教育创造特定的场地、条件，打造劳动教育基地和长期固定活动，让研究生能够看到自己的劳动成果，以加深研究生对劳动的情感联结和劳动自豪感、自信心。

2016 年，在吴一戎院士的倡导下，空天院选择在原国家级贫困县及狼牙山爱国主义教育基地——河北省保定市易县开展研究生劳动教育，组织志愿者前往重温红色精神与农民"同吃、同住、同劳动"，无偿为村民提供义务劳动，深入了解中国农民和农村的现状，帮助当地脱贫村民在农忙时节劳动人手严重不足的情况下完成红薯储藏等农活。

（二）空天院研究生劳动教育的组织实施与创新模式

1. 空天院研究生劳动教育具体实施流程

2016 年，电子学研究所首次启动开展研究生劳动教育试点，选拔首批近 10 名研究生党员志愿者赴河北省易县开展"三同"社会实践活动，住在当地老百姓家中，与当地农民同吃、同住、同劳动，每天早起晚回下地干农活、收储红薯。当时村民普遍对活动表示不理解，认为高学历的学生吃不了苦，只是做样子走过场。同学和导师也存在不同观点，甚至有些抵触情绪，其中有些学生认为农村劳动太辛苦没有必要，导师则认为不如多做些科研工作。

2017 年，电子学研究所再次组织第二批实践队的近 20 名志愿者来到村里。为更好地让师生们了解情况，做好思想动员工作，实践队通过微信直播的方式展现实践活动，取得意想不到的关注和好评。近 4000 人次通过直播了解实践队动态。"三同"社会实践活动得到了广大师生的认可，证明了开展研究生劳动教育是可行的、有益的，帮助研究生更好地了解国情、社情、民情，进一步增强他们的责任感、使命感，培养青年人服务他人、服务社会的高尚情操，促进研究生综合素质提升。同时，村民和村干部通过两年的观察，认识到空天院研究生是扎扎实实来农村锻炼，来农村帮助村民的，逐渐由不信任变为赞赏和欢迎。

2018 年，在中国科学院"四个率先"改革中，电子学研究所、遥感与数字地球研究所、光电研究院整合为中国科学院空天信息创新研究院。在前两年探索基础上，空天院组织第三批近百名直博生志愿者队伍继续开展"三同"社会实践活动，活动覆盖更大范围，在农民最为忙碌的秋收季节，同学们提供无偿的志愿服务，不仅为当地农民创造收益和价值，也为同学们树立并践行扎根祖国大地、科研报国的理念打下基础。三年以来，一批批志愿者赴国家级贫困县开展义务劳动，这已成为空天院研究生特色社会实践活动，并将在空天院持续开展。

2019 年，经过前期的探索调研和实践，在河北省易县梁格庄镇北岭东村民委员会大力支持下，空天院将废弃的希望小学改建为"三同"党员、研究生社会实践基地，组织实施对校舍房屋墙面、吊顶、电线、照明线路等的维修改造，对旱厕粪池进行了清掏，改善了相关条件，扩大了志愿者容量，增加了破冰活动、户外拓展、夜间讲座等项目。基地建设初具规模，已成为适合长期开展社会实践活动的社会实践基地，并由当地政府和空天院正式挂牌"三同"社会实践基地和党员教育基地。

同年秋天，第四批近 500 名研究生（其中留学生十余人）浩浩荡荡来到梁格庄镇北岭东村参加扶贫助农秋收劳动。由于上年度数百名志愿者的劳动得到村民的理解和热烈欢迎，本次实践中，村民纷纷主动联系邀请学生到自家地里来帮忙。为了做好组织分工，更好地服务五保户、退伍老兵等困难群体，教育处和村委会干部认真筹划，由 5~6 名研究生组成小分队，认真参加挑秧、砍秧、拉秧、掰秧、装筐、搬运及下窖等劳动，评选拉秧能手。同时，在设立工分积分制度激励下，学生你追我赶，劳动场面热闹非凡，在热爱劳动的氛围中体会合作中的竞争。为了丰富活动内容，还利用晚间组织学生参加野外生存知识讲座、劳动竞赛等活动。通过引导，学生从开始的不理解、想逃避、不适应、有抵触，到后来的有启发、有收获、热爱劳动，思想转变很大，劳动意识明显增强，劳动教育成果显著。

2. 空天院研究生劳动教育管理模式

研究生劳动教育的顺利实施离不开不断优化提高的管理模式。在前期探索中，空天院逐渐形成了研究所党政领导班子指导，教育处组织实施，导师支持以及实践基地村委会积极配合的良好管理模式，并应用到劳动教育实践中。其中，中国科学院空天信息创新研究院院长吴一戎院士十分重视"三同"社会实践活动，多次参加动员会为研究生做思想动员，还在总结会给参加活动的研究生颁发荣誉证书，并分享自己的劳动收获和体会，激发了研究生的劳动热情和积极性。此外，劳动教育的组织者也全程亲身参与劳动项目，确保劳动量有计划、劳动安全性有保障、劳动教育有效果。

3. 空天院研究生劳动教育中的思政教育

通过"三同"社会实践活动，研究生在最为忙碌和劳动力短缺的秋收时节走向农村大地，为农村空巢老人、五保户等困难家庭提供无偿的志愿服务，缓解其秋收压力。同时，研究生深刻体验了中国农村生活，了解了中国农村发展现状，更好地了解了国情、民情，进一步增强了责任感、使命感，培养了服务他人与社会的高尚情操，也锻炼了自身坚忍不拔、吃苦耐劳的意志品质。本次社会实践活动使研究生感受到帮助贫困地区老百姓的快乐，培养了社会责任感和奉献精神，这些将有助于他们树立扎根祖国大地、科研报国的理念，从而成长为国家所需要的高素质创新人才。

三、空天院劳动教育成效

（一）得到当地群众和地方政府认可

"三同"社会实践活动缓解了当地群众秋收劳动力短缺的问题，改变了村容村貌，更给当地村风和精神风貌带来了可喜的变化。据初步统计，仅 2019 年国庆期间 300 多名研究生的志愿劳动就为该村节省劳动力成本近 10 万元。

当地党委、政府和团组织高度赞扬学生的志愿行为和吃苦耐劳精神；当地群众纷纷表示在他们身上看到了未来的希望，了解到更广阔的世界，表达了对空天院和学生的感谢之情，将学生的劳动成果亲切赞为"博士红薯"，并送来真挚的感谢信和锦旗，表达对党和国家的感激之情。甚至有村民有感赋诗"秋收刨薯家家忙，空天博士援农乡。体验农民耕作情，帮收甘薯味甜香。割藤刨薯干劲足，个个脸上汗水淌。乡亲见状竖拇指，感激师生内心装。多谢空天师生情，感恩祖国感恩党。"以此抒发对空天院研究生"三同"社会实践活动扶贫助农行为的感谢和赞扬。

（二）成立党建和社会实践基地

集中劳动教育实践活动受到多方关注并被推广到教职工党员教育活动中。在革命老区通过院村共建成立"三同"社会实践基地和党员教育基地，促使空天院的党员职工和研究生深入农村体验生活，开展常态化党、团、工会等主题活动，加强党性锻炼，同时也有利于促进产研合作，促进农产品的开发和销售。

（三）形成顶天又立地的扎实科研作风

人的全面发展与劳动是一体的、不可分割的。开展研究生劳动教育要注重结合精神教育，鼓励空天院研究生弘扬永久奋斗的优良传统，发扬吃苦耐劳、自力更生、艰苦奋斗的精神，摒弃"骄娇"二气，在实现民族复兴的赛道上奋勇争先，用实际行动续写中国青年运动的奋斗华章。

劳动教育不是一蹴而就的，要将劳动教育融入日常学习中，在科研任务和研究探索的全过程中进行理念及习惯的养成。空天院在研究生培养中坚持"以任务培育人才"，鼓励学生积极参与科研项目。在参与科研项目及培养过程中，导师与科研团队经常带领研究生到高原、荒漠、森林等条件艰苦的基地参加科研劳动，要求学生自己动手建设生活和科研环境，由于"三同"社会实践活动等劳动教育的影响，研究生可自主应对物资缺乏和环境恶劣等困难和挑战，出色地完成空中飞行和地面标定等任务。扎实的科研劳动及导师的榜样作用潜移默化地影响研究生，为培养学生吃苦耐劳、积极主动和不畏挑战的探索精神及职业素养打下良好基础。

（四）培养一批心怀祖国并扎根祖国大地的高层次科技人才

参加首批"三同"社会实践活动的志愿者、博士生许文嘉毕业后被北京邮电大学作为高层次人才引进为特聘副研究员、博士生导师。她参加完活动后分享了自身感悟。"在重复繁重手工劳动的过程中，我不断思考本次社会实践的意义是什么。是让我们以后珍惜吃到的每一粒粮食？还是让我们多回家帮老人做农活？我认为都不是。这样的实践活动，让我们真切认识到了'易县'们与'北京'们的不同，意识到中国的农业转型乃至整个经济增长体制转型还有很长的路要走。而我们作为祖国培养了十几年的'精英学生'，应该时时刻刻把这种意识牢记于心：作为科研人员，我们能否研制出自动化生产设备解放劳动力？作为政府，我们能否带领百姓走向富裕？作为决策者，我们能否心系广大人民，作出符合社稷民生的决策？"

据初步统计，超过90%的参与过社会实践的毕业生选择进入国防科技工业、华为技术有限公司等国家重点企业和民族企业。毕业生的就业选择体现了空天院培养人才的理念，即致力于培养忠于党和国家、服务国家战略需求的人才。"许文嘉"们像一把星星洒落到祖国大地，他们曾经的这段经历帮助他们传承"空天精神"照亮更多地方。

四、工作展望

（一）持续进行"三同"社会实践，发扬空天院优良传统

空天院"三同"社会实践活动让研究生了解国情民情，培养研究生自力更生的能力，激发对劳动的热爱。未来应将"三同"社会实践活动长期坚持下去，把短期的劳动变成空天院长期的优良传统，将"三同"社会实践活动发扬光大，形成具有空天院特色的劳动育人模式。

（二）坚持"多元主体"，建立科学规范考核评价办法

建立科学的评价体系至关重要。要充分发挥考核评价的指挥棒作用，把劳动教育当作培养的重要环节，探索实施劳动教育学分制。在劳动教育形式多元化方面，可涵盖学生劳动或科技竞赛、社会实践等多个培养环节，研究制定劳动教育学分认定、积累和转换相关办法，以此提供制度保障。构建多元化的评价机制。评价是一个循环过程，多元评价机制主要体现在评价主体和评价方式上，具体包括个人自评、评价小组评价、导师评价等。

（三）充分调研，助力当地群众生产生活水平提高

与当地群众和政府相关部门充分沟通交流，围绕政策落实情况、农业生产情况等，

入户开展调研，与群众面对面座谈，摸清村情民意，结合当地文化特色，梳理村庄历史渊源、文化脉络，分析研究提出意见建议，形成调研报告，有针对性地选派志愿者，充分利用空天信息等科学技术手段助力当地群众生产生活水平提高。组织乡村文化活动，同时开展"两弹一星"精神、红色精神宣传，普及科学知识，引导建设文明乡风。

【供稿人：卢葱葱、李宁】

案例五：研究生科普工作的探索与实践
——中国科学院上海光学精密机械研究所

一、背景介绍

2016 年 5 月 30 日，全国科技创新大会、两院院士大会、中国科协第九次全国代表大会召开，习近平总书记在大会上指出："科技创新、科学普及是实现创新发展的两翼，要把科学普及放在与科技创新同等重要的位置"。为积极践行习近平总书记"科研与科普两翼齐飞"的号召，近年来，我国大力发展科普教育工作，推行与普及各类科普活动。

研究生作为科技知识储备人才已经成为我国科普工作的有生力量。以研究生作为科普主体进行科普工作不仅有助于研究生对本领域的知识进行系统化梳理，有效提升研究生的实践能力，激发科研兴趣，而且在培养研究生自身的责任感和使命感方面也具有重要意义。积极开展研究生科普工作，是研究生树立社会责任感、勇担历史使命的重要途径，是新时代国家宏观发展的需要，也是高等教育院校提高人才培养质量、实现立德树人的重要手段。

中国科学院上海光学精密机械研究所（简称上海光机所）的科普工作始终坚持将科普与科研、科普与研究生教育相结合的宗旨，积极致力于科学教育，探索并开发品牌化系列科学课程，依托自身学科背景，进行系列科普作品创作。以科普教育服务为根本，以科普实践活动为基石，以创新驱动为引领，紧扣素质培养的基本内涵要求，注重研究生社会责任感和实践能力的培养，逐步形成了助力于研究生教育和培养的科普工作体系。

二、主要内容

（一）上海光机所科普团队的管理模式

1996 年 5 月，中国科学院上海光学精密机械研究所被首批授予上海市科普教育基地，多年来高度重视高端科研资源的科普化，由科学家跨界开展科普传播，获得了社会的广泛认同。借由"光和光基技术国际年"（简称 2015 国际光年）的契机，上海光机所于 2015 年 9 月又成立了研究生志愿服务队，并组建了以科普工作为主体的研究生科普志愿团队，自此，建成了由科学家科普队伍和研究生科普队伍组成的上海光机所科普团队，同时，上海光机所制定了相关管理规定，对科普团队进行规范化管理。

上海光机所所办公室是上海光机所科普工作的主管部门，科学家科普队伍的日常管理由所办公室直接管理，主要负责科学家讲座系列科普活动及高端科研资源的科普化（图 5-1）。教育处是我所研究生教育的主管部门，研究生的活动管理大多依托研究生会开展。研究生会下设的科普促进与外联部（简称科外部）是研究生科普队伍管理的重要抓手，由所办公室和教育处共同管理。通过科外部，上海光机所组织成立了一支队伍庞大的研究生科普队伍，并通过每年的换届选拔不断注入新鲜血液。科学家科普队伍具有丰富的前沿科技知识储备和强大的高端科研资源科普化能力，研究生科普队伍则具有极强的创新力和执行力，两支队伍相辅相成，共同促进。以两支队伍为抓手，上海光机所成功开展一系列品牌科普活动，获国家级奖 16 项，省部级奖百余项。

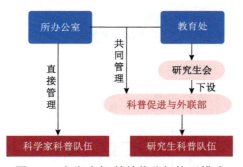

图 5-1 上海光机所科普队伍管理模式

（二）研究生参与科普工作的基本模式

研究生是上海光机所科普工作的有生力量，为充分发挥研究生的优势，灵活进行工作部署，其参与科普工作的模式一般分为两种。

第一种，大型活动参与模式（图 5-2）。大型活动的开展一般由所办公室科普主管与科外部主要负责人进行前期策划和组织，由科外部面向全所在学研究生广泛招募临时科普志愿者团队，研究生经过短期的培训主要以"讲解员"身份承担科普工作，通过多次重复性输出，不断调整和优化科普讲解方式，提升自身科普水平。

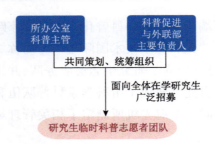

图 5-2　大型活动参与模式示意图

第二种，科普项目小组模式（图 5-3）。该模式一般依托于申请的基金项目，用于科普课题研究和科普产品开发。通常设置 5～10 个项目小组，每组聘请 2～3 名研究生作为主要负责人负责一个科普小课题开发，所有项目小组由所办公室科普主管与科外部主要负责人进行统筹管理，定期召开项目讨论会跟进所有项目开发进度。在这种模式中，研究生承担着创意提炼、主题确定、脚本编写、视频拍摄制作、作品展演等全流程的开发工作，充分利用自己的科学知识和创新创意深度参与科普工作。

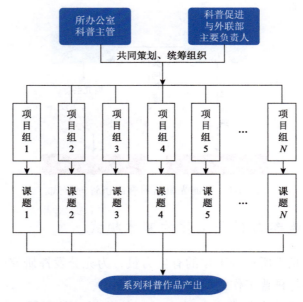

图 5-3　科普项目小组模式示意图

（三）研究生参与科普工作的具体实践

1. 致力于科技教育，开发系列品牌化科普课程

"七彩之光"系列线上、线下科技课堂是研究生科普志愿者团队精心打造的光学

系列科普课程，通过科普志愿者多年的努力，"七彩之光"的品牌效应日趋显著。"七彩之光"系列科技课程共 15 节，均为研究生原创出品，课程内容主要围绕生活中常见的光学知识、光学现象、光学应用等，穿插有趣的科学小故事，同时辅助以互动科学小实验，增强课堂的深度与广度。课堂集"视""听""做"于一体，条理清晰的主题知识、丰富多彩的科学实验、寓教于乐的授课方式是该品牌活动的最大特色和优势。"七彩之光"系列科技课程已经形成了一套成体系的课件、教具，自 2015 年开始，"七彩之光"系列科技课程已连续多年赴多所学校、社区、科技场馆等开展 500 余节，累计受众十余万人次。

为满足信息社会网络化教育的需求，实现资源利用的最大化，还开发了"七彩之光"在线课程，依托网络快速传播的特点，突破了时空的限制，充分发挥了研究生自身的学科优势和教育资源优势。

此外，在开展的面向高中生的"七彩之光"青少年科学创新实践工作站实践课程中，志愿团队还带领青少年学生深入实验室开展科学实践探索，培养动手能力，激发创新精神。

同时，上海光机所依托老科协会员在参与国家重大科研攻关任务中积累的丰富科研经验，以及科普志愿团队成熟的品牌化"七彩之光"科技课程体系，开展系列科学家精神教育课程，旨在向公众展现真实的激光领域发展变革，以及激光事业初创时期艰苦卓绝的科学精神和通俗易懂的科学知识。

2. 以学科背景为依托，创作系列品牌科普作品

科普作品可以让科普内容传播得更广更远。凭借自身学科背景优势，研究生科普志愿团队还致力于原创科普作品的创作，策划制作了第一季至第四季"追光逐梦"系列科普微视频。

"追光逐梦"系列科普微视频第一季共 20 集，每集 3 分钟，以科学动画形式，采用时代语言，极具科学性和趣味性。以诺贝尔奖中光学领域重大突破为主线，重点突出故事性，将"高冷"光学诺贝尔奖内容通俗化，展现相应光学科技突破对人类社会带来的改变，并讲述科学家取得相关成果背后的故事。2019 年，在上海市科学技术委员会和嘉定区科学技术委员会支持下，上海光机所启动"追光逐梦"系列科普微视频第二季的策划工作，延续"追光逐梦"品牌。以研究生科普志愿者为主力，完成了 10 集微视频的制作。"追光逐梦"系列科普微视频第二季延续了第一季的科学性和趣味性，同时在选题上更接地气——"生活中的光学"，采取"科学实验"的方式拍摄，注重科学与艺术的碰撞交融，严谨科研的同时观感更佳。"追光逐梦"系列科普微视频第二季一经推出，便获得广泛关注和好评，目前累计播放量超过百万，并荣获 8 项国家级及省部级奖项。

2021 年推出的"追光逐梦"系列科普微视频第三季，获得大众广泛关注和好评，累计播放量超过两百万，并荣获省部级奖项；2022 年推出"追光逐梦"系列科普微视频第四季，策划制作了国际首颗星载大气探测激光雷达科普视频、空间站梦天实验舱超冷原子柜科学实验系统和时频柜冷原子微波钟科普视频，以及以"国际玻璃年"为主题的古代玻璃、激光玻璃等科普视频。2023 年，"追光逐梦"系列科普微视频第四季《梦天"冷"科学》获 2023 年上海市优秀科普微视频，并被推荐至科学技术部参评 2023 年全国优秀科普微视频。

科普志愿团队除了参与科普视频的创作外，还致力于科普舞台剧、科普相声、科普小品、科普魔术、科普脱口秀、科普演讲、科普激光秀等一批风格迥异、各具特色的科普秀。2022 年，科普志愿者以《智慧之光》科普舞台剧，在科学技术部、中国科学院主办的第四届全国科学实验展演汇演活动上，从 124 支代表队中崭露头角，获得大赛一等奖。2023 年参演的科普相声——《我就盯上你了》又获上海国际科技艺术展演优秀节目三等奖。科普志愿者在参与的原创性系列科普作品中，共获得省部级以上科普作品类奖 50 余项。

3. 结合科普节点，开展各类主题科普活动

研究生科普志愿者作为上海光机所内科普活动中坚力量，多年来全力支撑公众科学日、全国科技周、全国科普日等大型主题科普活动，并根据科普规律性节点，开展"请进来""走出去"科普活动。从定向组织到无定向预约，不断提升科普展示的参与度与趣味性。每年主办各类科普活动 40 余场，协办各类科普活动 10 余场。

在持续多年的"请进来"科普活动中，研究生志愿者不断创新科普形式，丰富科普内容。通过"科学大侦探"等科普创作大赛，已积累了科普舞台剧、科普相声、科普小品、科普魔术、科普脱口秀、科普演讲、科普激光秀等科普秀。通过公众喜闻乐见的形式融入科普内容，提高了公众参与的积极性，在轻松愉悦的环境下，传递科学知识，传播科学方法，弘扬科学精神。科学艺术相结合，用艺术的张力宣传普及科学的魅力，极大地延拓了科普的表现形式，丰富了科普内容。

开展各类"送出去"科普活动，除了依托上海教育基地、上海分院及各类科技展馆平台将"七彩之光"科普课程带去浙江省义乌市、新昌县等地外，还坚持回归科普教育初心，将科普工作辐射到科普资源欠发达的地区。2017 年起，上海光机所研究生志愿者连续四年在全国科普日期间送科普到青海省，开展科技课堂、排演科普话剧、组织科学晚会。2019 年，研究生走进新疆维吾尔自治区和田地区巴格齐村，给当地的孩子带去一系列丰富多彩的光学科普课程。

上海光机所着力打造线上科普平台，在疫情之下，由上海光机所举办的"爱科学，向未来"第十八届公众科学日活动全部采用线上直播，在全体科普志愿者历时两个月的精心准备下，不畏艰难，从云游"羲和""神光"大科学装置到趣味十足的科普小实验，每一场直播都紧抓观众眼球，让公众居家遨游科学海洋。活动还在

"新华财经""中国金融信息中心""上海科技"，以及"中科院上海光机所"官方哔哩哔哩等平台同步直播，为期两天的活动累计受众二十万余人次。

三、工作总结

（一）研究生在科普工作中的优势

新时代的科普人才需要具备科学精神、掌握科学知识、熟悉传播规律和了解传播方法。研究生是已经完成大学系统教育、获得和储备了一定的专业知识基础的专门人才，在从事科普活动方面具有自身优势。

第一，研究生具备基本的科学素养，对某一专门领域有较为清晰的了解和认识，形成了比较完整的专业知识体系；第二，研究生处于科研一线，直接参与各学科领域的科研项目，有良好的理论知识基础和丰富的实践经验；第三，研究生通常会接受写作训练，可作为科研转化为科普的能力支撑；第四，当前的大部分研究生在信息时代成长，对信息技术、多媒体和新时代的传播规律更为了解，且创造力活跃。

（二）科普工作对研究生培养的意义

研究生在参与科普工作的过程中，不仅能够加深其对所研究项目的理解，锻炼组织和应变能力，还能在科普中得到极大的获得感，不断保持对科学知识和科研工作的热情。这在丰富研究生科研经历的同时，也促进了研究生培养过程中多种模式的开发和探索，既是提高研究生培养质量的有益补充，又是提升锻炼研究生学业能力和综合素质的重要渠道。

另外，立德树人一直是研究生培养的重要内容。在 2020 年全国研究生教育会议上，习近平总书记就研究生教育工作作出重要指示强调，研究生教育要适应党和国家事业发展需要，培养造就大批德才兼备的高层次人才。科普在普及科学技术知识的同时，能帮助研究生养成正确的人生观价值观，树立社会责任感和使命感，对提高人才培养质量、实现立德树人有着重要的意义。

（三）新时代对研究生科普工作的要求

目前，推动科普事业从中级阶段发展到高级阶段，已经成为一种文化需求，急需科学家和科研人员的积极参与。如何打破科研圈与科普圈的壁垒，搭建一座有效的桥梁，促进科研与科普更加有效地结合，是对新时代科普工作提出的新要求和新考验。

研究生科普工作也是如此，当前研究生培养机制中，科研仍然是首要任务，许多研究生由于科研任务较重无法投入到科普工作。针对这种情况，需要从政策层面充分激发他们对科普的兴趣，释放其科普工作能力，也需要结合研究生群体特点推动具有针对性的激励方式。2017 年 12 月初，中国科学院印发了《关于在我院研究生教育中实施科普活动学分制的通知》，这是中国科学院贯彻党的十九大精神和落实习近平总书记"要把科学普及放在与科技创新同等重要的位置"重要讲话精神的具体举措，也是全国第一份关于在研究生中实施科普活动学分制的示范性文件。为了进一步推动研究生参与和主导多种科普活动，以学分制作为对研究生从事科普活动的政策支持和激励机制或许是一条值得推广和开发的途径。上海光机所于 2022 年制定相关管理规定，明确将"至少参加一次科普等志愿服务"作为研究生培养必修环节的要求，这也正是我们对这一途径的初步探索与实践。

【供稿人：刘珺、戚婧媛、金黎慧、王宁、丁虹、沈力、邵建达】

案例六：建设"乡村振兴理论与实践"必修课培养农科学子"一懂两爱"情怀——中国农业科学院乡村振兴学院

一、背景介绍

中国农业科学院乡村振兴学院是中国农业科学院"三农"理论教学和人才培养的重要平台和基地，肩负着推动中国农业科学院由"一农"转向"三农"研究的使命，学院工作包括教学培训、科学研究、学术活动、基地建设等。2021 年 6 月 18 日，中国农业科学院乡村振兴学院揭牌。乡村振兴学院办公室设在中国农业科学院农业经济与发展研究所（以下简称农经所）。

农经所是中国农业科学院直属的专业研究所之一，原名农业经济研究所，于 1958 年 5 月 10 日正式成立。农经所是中华人民共和国成立后最早的、专门从事农业经济研究的国家级公益性科研机构，其主要任务是围绕农业经济和农村发展理论与政策开展科学研究与相关业务咨询和专业培训。重点围绕粮食安全与产业经济、农业技术经济与科技政策、国际农业经济与贸易、农业农村政策与发展战略、农业经济新兴与交叉领域、农业农村规划与技术咨询等内容开展基础性、公益性、前瞻性研究，为国家及各级政府制定农业政策提供决策依据，为农业企业发展提供咨询，培养农业经济领域的高级人才，开展国内外的学术交流与合作，编辑出版全国性的专业刊物——《农业经济问题》和《农业技术经济》。农经所是中国农业经济学会和中国农业技术经济学会的挂靠单位。拥有"国家农业政策分析与决策支持系统重点开放实验室""中国农业科学院农业经济与政策顾问团"两大政策分析平台和农业规划与咨询技术服务平台，是中国共产党中央农村工作领导小组办公室、农业农村部软科学基地，是中国农业科学院战略研究中心挂靠单位，承担中国农业发展战略研究院秘书处等职能。

二、主要举措

（一）筹建并开设"乡村振兴理论与实践"必修课

为加强中国农业科学院研究生对我国"三农"现状、乡村振兴战略的理论内涵和重大意义的认识和理解，夯实"一懂两爱"思想基础，坚定服务"三农"信心，2019年，中国农业科学院原党组书记张合成组织农经所有关专家，围绕乡村振兴战略20字方针"产业兴旺、生态宜居、乡风文明、治理有效、生活富裕"，筹备组建"乡村振兴理论与实践"课程，设置"战略概论""产业兴旺""生态宜居""乡风文明""治理有效""生活富裕""乡村规划""基本经营制度"8个专题。2020年春季学期课程首次开课，并于2023年新增"粮食安全""农业科技"2个专题，形成了涵盖乡村振兴战略目标要求与重点任务的完整课程体系。

2020年7月，根据《高等学校课程思政建设指导纲要》（教高〔2020〕3号），经中国农业科学院研究生院教学委员会四届三次会议审议通过，将"乡村振兴理论与实践"课程设置为中国农业科学院博士、硕士研究生培养方案公共学位课（必修）。"乡村振兴理论与实践"作为中国农业科学院研究生的必修课、思政课、专业课，至今课程选课总人数超6000人。

（二）组建一支稳定的高水平教师团队

围绕10个专题设立10个研教部，重点依托农经所，建立了一支24人的教师团队，张合成担任课程组织教师。教师团队成员绝大部分具有高级职称，63%以上为正高级职称，其中中国农业科学院院级领军人才2人、院级青年人才5人。

（三）编写《乡村振兴理论与实践》教材

组织教师团队编写课程配套教材《乡村振兴理论与实践》，用心打造培根铸魂、启智增慧的精品教材。2023年春季学期申报并获批中国农业科学院研究生"十四五"规划教材建设项目。教材已于2023年11月由高等教育出版社出版。

（四）重视教学研讨交流与学生意见反馈

课程开设以来，教师团队多次研讨并邀请院外专家指导，结合学生评价意见不断优化调整教学内容与教学方法，更新讲义课件。每学期课程开课前，要求教师团队根据党和国家"三农"政策最新要求，更新完善教学内容；组织召开教学研讨会议，审议每一堂课的教学 PPT，交流教学方法，听取上学期课程教学调查报告，部署本学期教学工作。开课后，组织教学观摩，提高教师团队教学能力。注重研究生对课程的反馈，每学期课程结束后，组织研究生对课程进行教学评价，同时开展问卷调查，全面了解课程教学效果以及研究生对课程的意见建议。

三、工作成效

自 2020 年开设课程以来，"乡村振兴理论与实践"这门课程得到了选课研究生的高度认可和评价。

（一）课程教学效果好

96%以上的研究生对于课程整体内容安排表示非常满意或比较满意。对于课程教学内容、教学方法、教学规范、教学资源、教学效果等方面的评价，绝大部分研究生给予肯定评价。97%以上的研究生对于课程师资配备表示非常满意或比较满意。85%以上的研究生认为，学完本课程后对乡村振兴战略的认识与理解有很大提高或较大提高。大部分学生在"学术视野的开阔""国家战略的理解""专业知识的补充"三个方面受到影响较大，对"对中国'三农'现状有清晰认识""对乡村振兴相关理论有深入了解""对乡村振兴战略的重大意义有深刻认知"三个方面的相应知识掌握较好。

（二）教师团队连续两年被评为中国农业科学院"优秀教师团队"

自 2022 年中国农业科学院研究生院设立"优秀教师团队"奖项以来，"乡村振兴理论与实践"课程教师团队连续两年被评为中国农业科学院"优秀教师团队"。

（三）教师团队教研相长、科研成果突出

教师团队根据乡村振兴战略需求和农业农村发展实际，围绕国家乡村振兴局等上级部门中心工作，系统开展"三农"理论和重大问题科学研究，有效支撑乡村振兴工作。一是围绕习近平"三农"工作论述，聚焦马克思主义中国化"三农"理论创新、农业强国建设、乡村"土特产"、巩固拓展脱贫攻坚成果等内容，凝练"三农"理论阐释选题和重大问题科研选题，系统开展研究。二是积极推进马克思主义理论研究和建设工程重大课题研究。2018 年以来，农业农村部开展乡村振兴战略相关的重大课题研究。对乡村振兴战略的理论与实践进行深入探索，取得了一系列研究成果，为中央和相关部门提供了决策参考，并得到了领导层的关注和肯定。三是系统开展乡村振兴领域战略研究，加强乡村治理示范村镇建设、典型案例模式总结、

乡村治理现代化评价以及脱贫攻坚与乡村振兴有效衔接中的治理机制建设等方面的研究，强化村庄微观调查样本点和案例跟踪观测点建设，相关研究成果得到了中央有关领导同志的肯定性批示。

【供稿人：卓炯、王国刚】

第六章　招　生　选　拔

案例七：信息化时代下的精准研究生招生宣传工作探索
——中国科学技术大学

一、背景介绍

《学位与研究生教育发展"十三五"规划》提出，"2020 年，实现研究生教育向服务需求、提高质量的内涵式发展转型"。研究生生源质量是研究生教育质量的重要保障，对高校和科研院所的科研水平、学科发展和学术声誉都会产生深远影响。随着"双一流"建设的不断推进，各高校积极采取各种措施，加强宣传力度，吸引优质生源。与此同时，作为信息化时代的原居民，新时代的考生获取信息途径多元化、内容需求个性化，更易受宣传信息的影响为自己选择深造的高校。为有效吸引优质生源、提高生源质量，研究生招生宣传工作迫切需要更新升级。

自 2013 年至今，中国科学技术大学（简称中国科大）研究生学位授予数持续增长，目前的硕士研究生招生总数达到本校本科生招生数的三倍以上，因此，每年都需吸引大量的外校本科毕业生补充到研究生队伍中。另外，作为科研的中坚力量，中国科大的博士研究生近 90%来自硕转博，硕士研究生的生源质量直接影响到博士研究生的质量，进而影响学校的科研水平和学术声誉。在推进建设世界一流大学的进程中，中国科大要想获得长足的发展，必然需要大量与学校发展水平相对应的研究生。在招生竞争日益激烈的今天，为吸引更多优秀生源，中国科大未雨绸缪，提前精心准备，优化宣传策略，让更多目标考生深入了解中国科大并最终选择中国科大，实现研究生招生由"量"到"质"的转变。

二、主要举措

（一）组建一支由四个层级的学生志愿者组成的宣传队伍

研究生招生宣传需要一批有激情、有创意、有执行力的人在不同位置上各司其职。中国科大充分考虑"经验"与"资源"两种因素，组建了一支由研招办工作人员、在校研究生、各高校的准科大人以及目标高校各学院的大三备考生四个阶层组成的金字塔形宣传队伍（图6-1），每年先后发动700多名学生志愿者参与宣传工作。

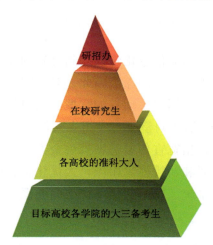

图 6-1　研究生招生宣传金字塔模型

金字塔的顶端是研招办工作人员，包含研究生院的负责老师和各院系的教学干事，他们是活动的策划者，全面负责研究生招生宣传工作，如外出宣讲、夏令营组织、网络面试管理、信息化宣传平台运营等，同时负责学生志愿者团队的招募、培训和管理考核，为宣传工作提供全方位的指导。金字塔的第二层由涵盖学校所有招生专业的在校研究生志愿者组成，他们参与运营学校的研究生招生网络宣传平台。秉承"从学生中来，到学生中去"的理念，这些志愿者负责动员和培训分布在各目标高校的志愿者，并组织协调他们的工作；同时负责目标生源和相关院系的沟通。金字塔的第三层是各高校的"准科大人"——已经被中国科大推免录取且尚在各自母校就读的大四学生，他们有着天然的母校优势，在第二层级同学的带领下向身边的同学开展以"学长喊你来科大"为主题的各类线上线下活动，将最需要的资料在最短的时间内用最有效的方式推送给最合适的考生，将宣传阵线推进到目标高校的考研群体，不断壮大金字塔的第四层——目标高校各学院的大三备考生。金字塔的第四层是目标高校各学院的大三备考生，他们是中国科学技术大学研招宣传的目标人群，也是研招宣传的传播者和反馈者，他们的参与畅通了宣传渠道，精准了宣传效果。

宣传队伍中最强有力的是第二、第三层级的志愿者，这些刚经历过考研保研的同学，熟悉考生心理，熟悉各种新媒体工具，侧重分析，乐于分享，善于从过来人的角度分析考生需求，创造性地为之提供相应的考研信息服务，用考生喜闻乐见的方式开展工作。为保证各层级志愿者团队能持续高效地开展工作，结合志愿者特点，中国科大制定了"一周一会"的汇报制度和"绩效考核"的激励机制，通过工作交流、经验分享，及时掌握各目标高校的工作动态，调整宣传策略，制作宣传材料，推动各项工作不断深入。

（二）构建一套包含四种不同类型系统的信息化宣传平台

随着互联网的普及，我国的信息化建设得到迅猛的发展。在做选择的时候，人们受各类网络信息影响的程度不断加深。因此，对研究生招生舆论权的掌握，从一定意义上来说，就是对研究生招生主动权的掌握。面对学生获取信息途径多元化、需求内容个性化的新形势，如何调整研究生招生宣传策略，融合传统宣传的"品质"与信息化宣传的"气质"，拓宽宣传渠道，推进全方位、个性化的精准宣传，是研究生招生单位面临的新机遇和新挑战。中国科大优化整合已有的信息化系统，形成集新媒体平台、网络视频系统、即时通信系统、问卷系统等于一体的宣传平台。

1. 新媒体平台

新媒体平台本身具有开放性、多元性，并且富有科技性、充满时尚感，已成为大学生沟通交流、获取信息的主要途径。中国科大研招宣传新媒体平台主要包括微博、论坛、贴吧、微信公众号等。微博（账号：中国科大研究生招生）具有及时性与参与感，字数的限制使得用户可以在短时间内有效获取信息，沉淀了很多活跃用户。以贴吧、保研论坛、考研论坛为代表的分类 BBS 聚集着大量准备读研的学生。微信宣传突破传统的图文局限，结合音视频、动画等多种形式有趣、形象、清晰地展示研招信息，对象明确、时效性强、传播扩散快。学校于 2014 年6 月开通"中国科大研究生"（ID：ustcyjs）微信订阅号和"中国科大研究生招生"（ID：ustcyjszs）微信服务号，确立"栏目化、公平化、生活化、服务化"的编辑风格和"生源需求第一、服务质量第一"的服务理念，利用微信公众平台的自定义菜单功能，链接整合学校研招网站，实现了研招信息在公众号中的一站式查询和移动端报名，微信公众号的"社区化"有效增加了用户黏度，在研招宣传过程中发挥着重要作用。

2. 网络视频系统

中国科大网络视频平台主要用于"网络宣讲""网络面试"等研究生招生及宣讲活动，以及部门之间的视频会议。学校于 2014 年首次推出"网络面试"，实现了导师和考生千里之外零距离、零成本交流，得到全国各大报纸和主流媒体的大力宣传；2016 年首创"网络宣讲"，导师和学长在网络一端介绍课题组最新科研进展、带观看者（由学生志愿者发动组织的各目标高校相关专业备考生源）参观实验室，同时配以字幕答疑解惑，视频后期上传学校网络课堂、优酷等视频网站，点击量与日俱增。网络视频系统的使用突破传统宣传缺乏真实感与互动性的局限，将视频直播的理念植入研究生招生宣传中。

3. 即时通信平台

中国科大的即时通信平台包括短信、邮件群发平台，以及各种形式特定功能的QQ群和微信群。在研招工作的重要节点，对于比较重要且紧迫的研招信息，志愿者利用学校的官方短信邮件平台发送给相关的学生，打造有温度的宣传。为提升与目标学生的有效沟通，志愿者团队建立了一系列交流群，分为工作群、高校群和学科群三大类。工作群用于志愿者之间的工作交流和信息发布；高校群是以目标高校为主建立的科大考研/保研交流平台，成员主体来自目标学校相关院系的大三学生，功能定位为学科群的"流量"入口、推免后期的跟进服务以及考研时的友谊陪伴；学科群则是围绕中国科大的学科设置特点设置的十个专业群，群成员来自各高校群，具有相近的专业素养和研招信息需求，是中国科大科研条件、优秀导师、面试需求等深度精准信息的交流发布平台。

4. 问卷系统

研究生招生宣传工作是一个动态的过程，需要根据反馈调整宣传重点，问卷系统可以实现学校对学生需求和报考意向的有效跟踪，及时制定和调整精准宣传方案。中国科大各高校志愿者在开展"学长喊你来科大"宣讲活动时，会使用问卷星等工具进行记录反馈。对于一些深入细致的调研活动，中国科大建立自己的问卷系统来保护学生的隐私，增加信任度。针对目标招生学校，分别以"希望夏令营时提供的学术信息"和"希望通过网络平台得到的研招信息"两个主题对科大研招宣传的相关活动、网络平台、物料设计及人力投入进行深度调研，短短一周时间内收到全国百余所高校有效答卷近千份。

（三）开展一系列线上线下相结合的"科大精神"文化宣传活动

借助于信息系统，研招志愿者在全国各大高校深入目标生源群体，因地制宜，开展了一系列线上线下相结合的研招宣传活动。

1. "学长喊你来科大"

"学长喊你来科大"活动，即研一的新生坐镇中国科大校园，发动遍布全国的母校大四已被中国科大推免接收的师弟师妹一起在微信、微博、论坛等平台开展针对性的宣传；在图书馆、宿舍楼、食堂，甚至地面上贴夏令营海报。借助信息化的宣传平台，如QQ群、微信群等的线上预热，使宣传海报、宣讲会、经验交流会等线下宣传效果进一步提升。同时，中国科大推出了"院长如是说"等系列主题的微信、微电影、微视频等微宣传活动，运筹科大校园，决胜各大高校。

志愿者同学既能协助中国科大各院系老师在母校作现场宣讲，还能自发组织各类覆盖面不同的保研经验交流会。中国科大一直鼓励各高校志愿者在其所在学校开展个性宣传海报、手绘画报等创意活动，组织保研考研经验交流会、课间宣讲会、专业性质的"小茶会""宿舍交流会"等互动活动，全方位多渠道宣传中国科大，收集反馈信息。每一年，中国科大研招办都会组织志愿者在近百所目标高校举办数百场不同类型的研招宣讲会。

2. 网络面试

作为我校最具特色的面试形式，网络面试的优势在于"便捷"。对于学生来说，零成本，无须旅途劳顿；对于导师来说，宽口径，时间机动灵活；对于学校管理部门来说可以全程录像，进行实时监控。灵活的形式和规范的管理吸引了大量的优秀考生，也为导师提供了更多接触和选择生源的机会。2014年网络面试推出伊始，《中国青年报》、《中国教育报》、新浪网等媒体相继报道，各大主流媒体纷纷宣传。目前该活动每年分批次、常态化进行。

3. 网络宣讲

传统的现场宣讲往往只能针对一地一校，能够参与的学生有限，而且为了一场宣讲，无论是宣讲团成员还是参与宣讲的同学，都需要付出大量的时间以及经济成本。利用不断完善的网络视频技术，2016年，中国科大开创性地探索以直播形式进行招生宣讲。网络宣讲按主题展开，各大高校学生可以根据自己的实际情况选择性参与，用一集电视剧的时间获得参加一场现场宣讲会和实地考察的体验。网络宣讲打破了地域限制，让所有感兴趣的同学都有机会、以最小的成本获取个性化的服务；让导师从疲惫的旅途中解脱出来，以更轻松愉快的方式进行宣传。宣讲生成的短视频上传校网络课堂和视频网站，惠及更多学生。同时，志愿者自发在抖音、斗鱼等直播平台宣传中国科大，系列活动深受考生喜爱。

4. 优秀大学生夏令营

夏令营活动是中国科大研究生招生宣传工作的一大品牌，对中国科大研究生生源质量产生了重要影响，也赢得了国内高校学子的广泛关注。每年，中国科大会举办近30个涵盖各个专业的夏令营，广泛吸引来自百余所高校的优秀学子参与。夏令营为期一周，营员从祖国各地赶来中国科大和相关研究所，走进实验室、参观校史馆、聆听科学报告、操作科学仪器，与科学家直接对话。此外，夏令营还组织冷餐会、体育比赛、素质拓展、地质实地考察、开营、闭幕晚会等丰富多彩的活动，旨在增进优秀大学生对中国科大的了解，带领他们体验科大文化、品味科大精神与学术氛围，激发学生对科学的热情。夏令营期间，学校努力创造条件，营造良好环境，为学生做好服务和保障，加深学生对科大的印象和感情；举办"筑梦青春"夏令营创意合影摄制大赛，利用一张张合影记录各营志愿者和营员活动的精彩瞬间。

三、工作总结

结合既往工作经验和网络宣传的特点，以志愿者团队和信息化平台为依托，贯穿"人群精准、内容精准、过程精准"的宣传思路，探索新型研究生招生宣传工作。

（一）人群精准

人群精准，即针对目标高校、目标专业的考生开展招生宣传，满足不同学校定位以及学科差异的学生群体需求。

精准定位目标人群，在对学生最小频次的打扰下达到最佳的宣传效果。通过对录取信息的数据分析，圈定若干生源高校建立对应的 QQ 群；考虑目标高校与中国科大学科建设的匹配度，将宣传对象聚焦到特定专业，制定出针对性宣传方案。在不同阶段，区分宣传对象的侧重点：推免阶段主要针对专业排名较靠前的学生，数据可以通过 QQ 群、经验交流会、夏令营或者提前面试系统等渠道获取，通过人群锁定进行个性化的宣传；在统考阶段，宣传人群与宣传重点需要重新调整。此外，以专业为区分依据的学科群建设，方便了导师的招生行为，一定程度上调动了院系招生工作者的参与积极性。

（二）内容精准

内容精准，即针对不同专业考生的不同需求，精选学生真正感兴趣的主题，个性化投放宣传资料。

高校群聚集的成员主要是目标高校有志读研的大三学生，性质接近校友群，宣传内容需要偏向该校。中国科大一些院系每年都会组织外出宣讲，相关信息利用高校群在宣讲地及其周围的目标高校进行发布，能在短时间内有效送达；该校志愿者组织的经验交流会也可以在此宣传。学科群成员的学科背景相似，有助于相关院系介绍、专业细分、导师推介这些内容的推送，与专业相关的"网络宣讲""网络面试"等信息预告也是在这里发布。利用视频系统进行的网络宣讲，打破了地域限制，让所有感兴趣的同学都能平等参与，根据需求选择收看，并能在宣讲过程中直接咨询，以最小的时间、经济成本获取"定制化"的宣传信息，是内容精准的典范。此外，中国科大强调宣传素材精准，通知类的信息要简洁、政策类的信息要详细解读、专业类的信息要形象化展示，通过海报、动画、视频、图文或者是短信息的有机结合，用目标人群乐于接受的形式实现宣传的最优化。

（三）过程精准

过程精准，即针对研招宣传的每一个环节，组建有效的宣传志愿者团队实时跟踪，渗透服务精神，随时调整宣传策略。

研究生招生宣传过程时间较长，需要根据不同阶段、不同学生群体的不同需求进行动态调整。宣传初期，工作集中在目标高校层面，吸引尽可能多的学生了解中国科大，宣传内容集中在办学历史、科研水平、校园生活等整体情况介绍，以建立QQ群、利用新媒体平台进行高覆盖度的信息推送为主。宣传中期，吸引尽可能多的目标生源报名并参加夏令营，通过"网络宣讲"、经验交流会、微信"我们的导师"系列推文等展示科研风采、夏令营期间的贴心服务，对目标人群进行针对性宣传。推免前期，针对优秀学生提供个性化的宣传服务；推免后期，关怀预录取新生并着手对统考生群体进行宣传。统考结束后开展"研招宣传创意大赛"、宣传志愿者选拔培训。借助问卷系统地调研了解学生需求，通过QQ群的高活跃度倾听成员心声，通过分析微信推文阅读反馈判断宣传效果，在数据分析指导下，预测考生不同阶段的行为，及时调整宣传策略，进而通过有意的引导把控宣传进程和节奏。

近年来，中国科大无论是优秀大学生夏令营报录比，还是录取研究生的生源质量都有了稳步提升，初步实现了精准定位目标人群、精准投放宣传材料、精准把控宣传过程的目标。有一位同学的留言对他们的工作做了很好的总结："这学校的招生宣传渠道太疯狂了。懂得起学生的心声，跟得上时代的步伐，拼得起师资的力量啊！"信息化时代，希望能和大家一起，充分借助各类系统平台所带来的宣传便利，开展多平台、多形式、多样化的宣传工作；同时注重数据积累，用不同于传统的思维和视角来处理运用大数据，挖掘预测指导功能，实现研究生招生的精准宣传工作，进而推进研究生教育工作。

【供稿人：杜进】

案例八：提高研究生招生生源质量的探索与思考
——中国科学院理化技术研究所

一、背景介绍

近年来，我国研究生招生规模逐年扩大，学科类型增多，研究生教育走向了规模化发展的道路，研究生培养质量问题也日益凸显。众所周知，良好的生源是培养优秀人才乃至创新人才的前提与保证，生源质量直接关系着研究生的培养质量，对提高研究生培养质量具有积极而重要的意义。随着国家加快一流大学和一流学科建设，培养拔尖创新人才步伐的加紧，优秀的研究生生源竞争日趋激烈。如何提高认知度，吸引更多相关学科背景的学生踊跃报考，确保研究生生源质量，一直是困扰中国科学院院属研究所的难题。

为做好招生宣传工作，有效保障招生生源质量，中国科学院理化技术研究所（简称理化所）近年来通过有效调动所内专家、学生、校友等各方力量积极参与招生宣传，制定"两个结合"招生宣传总策略，与高校签署本科生联合培养合作协议，组织院士专家线上进行招生宣讲直播，邀请专家赴高校宣讲，设立招生宣传志愿者，举办优秀大学生夏令营活动，实施"中国科学院大学生创新实践训练计划"（简称"大学生科创计划"）等系列举措，不仅使大学生全面了解了理化所的科研实力与文化氛围，激发了他们对科研工作的兴趣，同时也扩大了理化所在目标生源高校学生中的影响力，研究生生源质量稳步提升。

本研究首先介绍理化所在提高研究生招生生源质量方面的探索与思考，接着对近几年获得推荐免试资格的学生（简称推免生）的录取人数、生源情况、培养质量等数据进行统计分析，最后总结取得成效的主要原因、目前存在的问题以及未来规划。

二、具体内容

（一）提高研究生生源质量的主要举措

1. 以学生为中心制定研究生招生指标分配方案

鉴于导师们在高校中拥有丰富的学术资源，若能充分激发他们参与招生宣传工作的热情，必将在招生宣传工作中发挥重要作用。利用招生指标无法满足导师招生需求这一契机，秉持突出求学主体意愿修订了招生指标分配方案，将招生名额分配到各个专业，待拟录取名单确认后，采取"双向选择，相互认可"的原则由学生和导师互相进行选择，先由学生选择导师，再由导师选择学生。通过将招生名额分配到各个专业，以及遵循"学生优先选择导师"的原则，有效调动了导师们参与招生宣传工作的积极性。

2. 全面梳理研究所特色与优势，制定招生宣传总策略

在开展招生宣传工作前，结合研究所研究生教育特色与优势，制定"两个结合"招生宣传总体方案，即"走出去"与"请进来"相结合、线上与线下宣传相结合。此外，对于不同目标高校、目标专业和目标生源群体，适时调整招生宣传内容，有的放矢，注重招生宣传的有效性和针对性。

3. 创新招生宣传形式，组织院士专家、优秀研究生网络直播宣讲

创新招生宣传形式，组织院士专家、优秀研究生在热门视频平台如哔哩哔哩、抖音、微信进行招生宣讲直播，加大网络和新媒体宣传力度。

4. 邀请专家赴多所目标生源高校开展招生宣讲

动员院士、杰青等具有学术影响力的专家，赴目标生源高校开展招生宣讲工作，扩大研究所在目标生源高校学生中的影响力。

5. 组建招生宣传志愿者团队

从各个专业选拔一批对研究所整体情况熟悉的研究生作为招生宣传志愿者，利用他们的校友身份，返回母校进行招生宣讲，进一步扩大研究所影响力。

6. 充分发挥校友作用

校友是宣传母校的一张名片。重点关注在高校成长发展为教学或科研骨干的校友，加强沟通联络，请他们帮忙宣传研究所优质的科教资源。

7. 邀请目标生源高校本科生来所参观交流

主动联系目标生源高校，邀请本科生来所参观交流。通过邀请院士、杰青作专题报告，目标生源高校的本科生校友代表与来访学生座谈交流，以及实验室参观活动，进一步增进在校大学生对研究所的了解。

8. 推进与高校联合培养本科生工作，提前锁定优质生源

为了提前锁定优质生源，将招生宣传工作重心前移，借助与高校合作共建的菁英班平台，主动参与高校本科生培养过程。截至目前，理化所已与北京航空航天大学、北京理工大学、华中科技大学、吉林大学、山东大学、天津大学、西北大学、郑州大学等十五所高校的十八个院系签署联合培养本科生合作协议，共建三十多个菁英班。

为了加强菁英班建设，每年组织院士、杰青等优秀科研人员担任菁英班班主任，并赴合作高校开展科技前沿系列讲座。科技前沿系列讲座是研究人员与大学生深入互动交流的纽带。研究人员可以将自己专业领域的前沿问题，经过梳理总结，通过讲座的形式与学生分享，开阔学生视野，让他们获得知识。此外，为了吸引更多优秀生源报考，将"中国科学院大学生创新实践训练计划"（简称"大学生科创计划"）与菁英班建设有机结合、统筹规划，每年面向菁英班学生发布"大学生科创计划"项目指南，吸引优秀大学生来所开展科研实践活动，为吸引优秀生源来所深造打下良好基础。

9. 打造招生宣传品牌，举办优秀大学生夏令营活动

大学生夏令营是理化所研究生招生宣传品牌活动之一，至今已举办十二届，前

后共有 2000 余名高校大学生参加。举办大学生夏令营旨在发挥中国科学院优质科教资源的社会责任，开阔本科生的知识视野和增进其对前沿学科的了解，进一步引导和激发大学生从事科研的兴趣和热情。夏令营活动持续一周，活动包括开营典礼，素质拓展，院士与学子面对面交流，参观国家重点实验室、国家工程研究中心及中国科学院重点实验室，与意向导师交流，以及毕业晚会等。举办丰富多彩的活动旨在为大学生提供亲密接触科学大家、深入了解科学前沿、直观认识科研工作、直观感受中国科学院文化的机会，为学员们带来一场科学盛宴。通过举办大学生夏令营活动，不仅有效地提高了理化所的研究生生源质量，同时也搭建了学生与导师沟通互动的平台，导师可以借助夏令营形式多样的活动更好更全面地了解学生，选拔出真正适合从事科研的"好苗子"，进而促进研究生培养质量的提高。

（二）取得的成效

1. 有效促进理化所在大学生群体中的知名度

以举办优秀大学生夏令营活动为例，每年通过举办为期一周的优秀大学生夏令营活动，不仅使大学生对理化所优质科教资源与良好文化氛围有了一定了解，同时也促进了他们与各大高校优秀学生之间的交流，激发了他们对科研工作的兴趣，清晰了自己未来的规划与方向，这对他们在升学、专业以及导师选择上有很大帮助。此外，学生回学校后的口碑宣传、朋辈效应，亦逐渐提高了理化所在本科生中的知名度，吸引越来越多的优秀学生到研究所从事科学研究工作。

2. 生源质量稳步提升

推免生基本是各个学校的优秀学生，每年推免生（含直博生）的录取人数、推免生（含直博生）中来自"双一流"建设高校的比例（简称"双一流"高校生源比例），以及接收的硕士研究生中推免生占比（简称硕士生推免比）是衡量一个单位生源质量的重要指标。随着上述招生举措的不断实施，理化所近年来的生源质量得到明显改善，主要体现在推免生（含直博生）的录取人数、"双一流"高校生源比例，以及硕士生推免比上，如表 6-1 和图 6-2 所示。

表 6-1 2017～2022 年推免生（含直博生）招生情况

指标	2017 年	2018 年	2019 年	2020 年	2021 年	2022 年
推免生（含直博生）的录取人数/人	75	86	104	94	128	134
录取"双一流"高校推免生（含直博生）人数/人	60	71	99	89	127	132
"双一流"高校生源比例/%	80	83	95	95	99	99

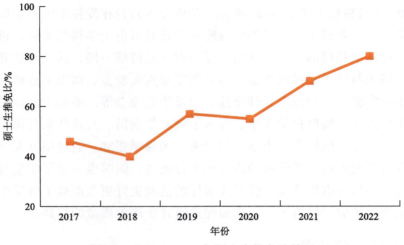

图 6-2   2017～2022 年硕士生推免比情况

从表 6-1 和图 6-2 可知，理化所 2017～2022 年推免生（含直博生）的录取人数、"双一流"高校生源比例以及硕士生推免比整体呈现增长趋势。其中，推免生（含直博生）的录取人数，由 75 人逐年提升到 134 人，增幅达到 78.7%；"双一流"高校生源比例由 80% 逐年提升到 99%；硕士生推免比由 46% 逐年提升到 80%。推免生（含直博生）主要来自北京科技大学、山东大学、郑州大学、吉林大学、华中科技大学、重庆大学等高校，具体接收人数如表 6-2 所示。

表 6-2   2017～2022 年推免生（含直博生）主要来源高校名单   （单位：人）

序号	学校	接收推免生人数
1	北京科技大学	40
2	山东大学	37
3	郑州大学	33
4	吉林大学	31
5	华中科技大学	25
6	重庆大学	23
7	中国石油大学（华东）	23
8	武汉理工大学	18
9	中国矿业大学（北京）	18
10	北京航空航天大学	16
11	中南大学	16
12	西北大学	16
13	中国地质大学（北京）	16
14	清华大学	12
15	东南大学	12

3. 培养质量的提高

随着优秀生源不断增多，理化所研究生培养质量也得到了显著的提升。下面从学生的获奖情况、论文质量以及毕业去向三个方面分析各项招生宣传举措的实施，对提高研究生培养质量起到积极作用。

1）学生获奖情况

中国科学院院长奖、中国科学院优秀博士学位论文是中国科学院研究生教育的最高奖励。院长奖分为院长特别奖和院长优秀奖两种，每年中国科学院评出特别奖获得者不超过 50 名，优秀奖获得者不超过 300 名。优秀博士学位论文每年全院评出100 篇左右。

2017～2022 年，理化所研究生在该类最高竞争性奖项评选中取得了不错成绩，共计 37 位同学获奖，其中 5 位学生的博士学位论文获评中国科学院优秀博士学位论文，29 位同学荣获中国科学院院长优秀奖，3 位同学荣获中国科学院院长特别奖，获奖人数相比于 2011～2016 年有了明显提升（表 6-3）。

表 6-3　学生获奖情况

年度	中国科学院优秀博士学位论文/篇	中国科学院院长优秀奖/人	中国科学院院长特别奖/人	总计/人（篇）
2011～2016 年	2	18	1	21
2017～2022 年	5	29	3	37

2）论文质量

学位论文质量直接体现学生的学术能力，截至目前，在所学生的学位论文通过多位专家评审，其专家评审结果基本为优良，均顺利通过了毕业论文的答辩。

3）毕业去向

学生毕业后主要进入了高校、科研单位、企业工作或出国深造，包括清华大学、浙江大学、华中科技大学、中国科学院物理研究所、中国科学院化学研究所、北京有色金属研究总院、国家海洋局、京东方科技集团股份有限公司、英国剑桥大学、美国加利福尼亚大学伯克利分校等单位。

上述三方面体现的是研究生的培养质量，而生源质量直接关系着研究生的培养质量，由此可见，通过生源质量的提升，确实改善了培养质量。

三、工作总结

（一）取得成效的主要原因

1. 领导高度重视，各方人员积极配合

研究所领导高度重视研究生生源质量，不仅亲自参与招生宣传工作，同时也为

学习成绩优异、综合表现突出的优秀大学生制定了奖学金政策，吸引学生报考理化所。此外，所内院士专家主动参与研究所各项招生宣传工作，如赴高校开展招生宣传、带领学生参观实验室、参加意向导师交流会等；在所研究生踊跃报名招生宣传志愿者，返回母校进行招生宣传；在高校担任教学或科研骨干的校友积极宣传理化所的优质科教资源和良好文化氛围；各方人员的参与和配合进一步扩大了理化所的影响力和知名度。

2. 主动求变，不断创新招生宣传形式

随着互联网技术的快速发展与广泛应用，网络成为大学生获取信息的主要渠道之一。结合这一实际情况，将传统单一的线下招生宣传方式变为线上与线下相结合的宣传模式，加大网络和新媒体宣传力度，不仅可以有效且迅速地扩大招生宣传范围，打破物理空间限制，而且在一定程度上也能降低研究所投入的人力与时间成本。

3. 精心安排，注重细节

夏令营是理化所的招生宣传品牌，为了使夏令营活动有序、顺利地开展，夏令营筹备工作组分成宣传组、辅导员组以及活动组三个单元，开营前期组织了共计50余次筹备工作研讨会。工作人员对活动内容、要达到的效果、可能出现的问题等进行了充分的讨论，并进行细致的分工。夏令营期间，筹备组工作人员高效、认真的工作作风和一丝不苟的精神，给大学生留下了深刻的印象，对吸引优秀生源具有较大的帮助。另外，通过邀请专家解读理化所研究生培养特色，以及中国科学院大学的招生政策，并多次组织学生与意向导师见面会，使得学生近距离与意向导师进行交谈，帮助学生更具体地了解意向导师的研究方向以及课题组情况，同时建立微信群，以便后期联系及发布招生信息。

（二）招生宣传工作的思考与规划

以上各项招生宣传举措的实施，切实提升了生源质量，但研究所投入了大量的人力、物力和财力，而何种招生宣传方式起主要作用，什么样的方式组合更有效，能够达到事半功倍的效果是下一步需要思考与总结的地方。未来将通过问卷调查、数据分析等方式，进一步总结凝练，提出更有效的招生宣传举措组合，希望通过这些举措，进一步提升研究所优秀生源质量。

【供稿人：丁黎、邱波】

案例九：基于培养质量的研究生招生指标动态调节机制研究
——中国科学院武汉岩土力学研究所

一、背景介绍

我国 1978 年恢复研究生教育，当年招生人数仅 1 万人，而在 2021 年，各类研究生招生人数已突破 117 万人，对比 2012 年的 58.97 万人，基本实现翻番，增长幅度高达 99.51%，年均增长幅度 11.06%。2012～2021 年，全国累计招收研究生约 800 万人，其中招收博士研究生约 89 万人。回顾 40 多年来的发展历程，研究生教育从招生方式、培养模式到管理体制等都发生了重要变革，也取得了巨大成就。越来越多的研究生进入社会，以知识创新和技术创新推动科技向生产力转化作用愈加凸显，为国家科技发展和经济社会进步作出重大贡献。2019 年伊始，为进一步规范和加强研究生培养管理和考试招生工作，教育部印发了《教育部办公厅关于进一步规范和加强研究生培养管理的通知》（教研厅〔2019〕1 号）和《教育部办公厅关于进一步规范和加强研究生考试招生工作的通知》（教学厅〔2019〕2 号）两项文件。文件要求各研究生培养单位认真组织研究生导师、研究生和研究生管理人员学习领会文件要求，梳理本单位在研究生培养和招生过程中存在的问题，明确研究生导师立德树人职责和研究生导师是研究生培养第一责任人的作用。在研究生招生考试中，始终把立德树人成效作为检验研究生考试招生工作的根本标准，坚持"择优录取、宁缺毋滥"原则，确保研究生考试招生工作科学规范、公平公正，确保培养方案的严格执行和研究生高质量的培养，共同营造和谐的教育教学环境，促进研究生教育工作的开展。

中国科学院武汉岩土力学研究所（简称武汉岩土所）在研究生招生指标方面总结了中国科学院各研究所存在的共性问题：一是研究生招生指标供需矛盾突出，近些年中国科学院大学研究生招生指标增长率远远低于全国的平均增长率，这直接导致近年来本校的研究生招生指标供需矛盾更加突出；二是从导师和学生的关系来看，为国家、为中国科学院的"未来"培养人才的观念还没有在学校导师队伍中真正确立，部分导师将学生作为完成课题任务的助手而轻视全面素质培养的现象仍有存在；三是从招生和培养的关系来看，两者处于分离状态，没有形成有机整体，招生指标分配与培养效果之间的联动机制还没有建立起来。

如何将研究生培养质量与招生指标分配挂钩，是研究生培养单位亟待解决的问题。从国内现有研究来看，以"招生计划（指标）分配""招生计划（指标）动态调整"为关键词在中国知网中检索，发现关于研究生招生计划（指标）分配模型的研究相对较少。从实践角度来看，国内高校研究生招生计划的计算模型主要分为三种。第一种是基于历史数据的经验式分配模型，这种模型主要根据过去的招生计划数据来预测未来的招生计划，虽然具有一定的参考价值，但无法准确反映当前和未来的实际情况。第二种是基于教育基尼系数、线性（非线性）回归模型等有数学模型支撑的分配模型，这种模型利用数学方法对招生计划进行更加精确的预测和分配，但仍然存在一些问题，如模型的适用性和参数的准确性等。第三种是根据教育部相关政策文件来制定的模型，这种模型更加注重学校的实际情况和办学特色，但同样没有将研究生的培养质量、就业情况、为社会服务的水平等重要因素纳入考量范围。总体来说，以上三种模型都没有形成培养质量与招生指标分配联动的反馈机制，无法确保招生计划的合理性和科学性。

结合文献分析，我们发现一些高校已经提出了学术型硕士研究生招生计划的动态调整方法，并且许多高校参照文件并结合自身特点建立了招生指标管理模型。这些模型既有基于历史数据的经验式模型，也有基于线性（非线性）回归等有数学模型支撑的管理模型，还有基于就业质量的研究生招生计划动态调节机制。然而，深入研究这些模型后发现，它们的目标和重点各不相同，而且体系过于拘泥于细节，导致指标系数繁多，权重赋值复杂。这些问题使得指标测算体系过于庞大，难以理解，实际操作性不强。因此，需要进一步完善招生计划的计算模型，将培养质量、就业情况、为社会服务的水平等因素纳入考量范围，建立更加科学、合理、有效的招生计划分配机制。鉴于此，本研究立足于研究生招生指标分配与培养质量的关系，以培养质量为主要参考依据，探索构建基于研究生培养质量的招生指标分配的反馈模型，用于指导研究生招生指标分配，以优化培养质量形成互相促进的良性循环。

二、主要举措

研究生教育的目的是为社会主义建设服务，在学科建设、招生、培养、就业各个环节均须与社会紧密联系。以研究生培养质量为依据，动态调节研究生的现实招生计划，具有重要的现实意义，而建立以培养质量为目标导向的动态调节机制，有三个关键点：第一，如何评价和量化研究生培养质量；第二，如何找到研究生培养质量和研究生入学当年招生计划的潜在关系；第三，如何利用数学模型分析研究生培养质量反馈作用于未来的招生指标分配。

（一）研究生培养质量评价

当前，围绕学校"双一流"建设中心工作，我们需要进一步健全研究生招生计划的动态调节机制，探索与国家战略、学科建设、科学研究、培养质量、改革发展等相衔接的研究生招生计划管理新路径。因此，开展研究生招生计划动态管理模型研究，找到适应"双一流"建设发展要求的分配方式显得尤为紧迫，这也是学校研究生招生制度改革的新任务和新要求。所以，通过深入学习贯彻习近平总书记关于研究生教育的重要指示精神和全国研究生教育会议精神，主动服务"双一流"建设，对接国家经济社会发展需要和中国教育现代化2035年远景目标，并需坚持以下基本原则：坚持服务国家重大战略需求的原则、坚持服务学校"双一流"建设发展的原则、坚持提高研究生培养质量导向的原则、坚持绩效奖惩的原则、坚持公平公正公开的原则来构建研究所研究生招生计划动态管理模型。

关于研究生培养质量评价，全国第四轮学科评估中指标重点在几个方面进行了改革：把人才培养质量放在首位，建立"培养过程质量""在校生质量""毕业生质量"三维度评价模式。指标体系框架共设三级指标，一级指标包括："师资队伍与资源""人才培养质量""科学研究水平""社会服务与学科声誉"。其指标体系的改进原则是：①符合研究生教育综合改革精神和一流学科建设等相关文件要求；②符合调研所形成的"质量、成效、特色、分类"指标体系设计理念；③具体改进项目遵从大多数高校和专家群体的意见。总体上，评估体系保持"师资队伍与资源""人才培养质量""科学研究水平""社会服务与学科声誉"四个一级指标框架不变。重点指标说明如下。①师资队伍与资源，包括师资队伍与支撑平台两部分，属于"条件资源类"指标。按照"突出建设成效、淡化条件资源"的理念，将建议专家适当降低此部分指标权重。②人才培养质量，人才培养是高校的核心任务，本轮学科评估建立了"培养过程质量""在校生质量""毕业生质量"三维评价模式，全方位评价人才培养质量，并建议专家适当提高此部分指标的权重。③科学研究水平，"科学研究水平"下设"科研成果""科研获奖""科研项目"三个指标。④社会服务与学科声誉，强调学科的特色贡献，分设"社会服务贡献""学科声誉"两个指标，体现学科的社会服务功能、做出的贡献以及社会影响。

在此基础上，武汉岩土所结合中国科学院大学和研究生教育现实情况搭建了中国科学院武汉岩土力学研究所研究生培养质量评价体系（表6-4）。

表6-4 中国科学院武汉岩土力学研究所研究生培养质量评价体系

一级指标	二级指标	三级指标	三级指标说明	分值
A. 师资队伍与资源（教师）	A1.师资数量	S1.博导		1
		S2.硕导		0.5
	A2.师资质量	S3.重点人才		1
		S4.教师奖励	中国科学院大学或省级以上教师奖	1
	A3.条件资源	S5.重点项目		1
B. 人才培养质量（学生）	B1.培养过程质量	S6.课程教学质量	承担中国科学院大学或所内课程、承担教研室工作。参与按0.2核算	1
		S7.学生国际交流	①赴境外学习交流连续超过90天的学生；②来华学习交流连续超过90天的境外学生（含授予学位学生）	1

续表

一级指标	二级指标	三级指标	三级指标说明	分值
B. 人才培养质量（学生）	B2.在校生质量（学生获奖）	S8.唐立新奖学金		2
		S9.院长特别奖		2
		S10.院长优秀奖		1.5
		S11.朱李月华奖学金		1.5
		S12.省优博优硕		1.5
		S13.国家奖学金		1
	B3.毕业生质量	S14.出国攻博/博士后	攻读博士或从事博士后工作	1
		S15.学者头衔	香江学者等头衔	2
		S16.毕业后获奖或荣誉	院优秀博士学位论文；省级以上奖励（二等奖排前三）或荣誉称号	2
C. 科学研究水平（学生）	C1.学术论文质量	S17.SCI		0.5
		S18.EI		0.2
		S19.发明专利	已授权（本次核算所有专利）	0.2
	C2.科研获奖	S20.国家奖	在学期间	1
		S21.省级奖	在学期间	0.5
D. 学生数量	D1.授予学位数	S22.硕士		0.5
		S23.博士		1
学科方向组人均培养质量=（A+B+C+D）/毕业生人数				

（二）研究生培养质量和研究生入学当年招生计划的潜在关系

目前，中国科学院大学每年从教育部争取的净增量，难以满足保障分类改革、新建研究单元等招生指标的增量需求。所以，改革中国科学院大学研究生招生指标配置方式，势在必行。研究生指标调整的总原则为：尊重历史、保证重点、奖励优秀、余额分配、总量控制。①尊重历史。由于各种历史原因，各所研究生招生指标形成了"贫富不均"的状况；当前，"劫富济贫"不应该是解决问题的唯一办法，还应在一定程度上考虑历史的形成及贡献。②保证重点。保证重点人才、重点任务的招生指标。③奖励优秀。对培养质量好、学术水平高、教学贡献大、招生与就业情况好的导师与研究所，给予适当招生指标奖励。④余额分配。前述各项招生指标配置后剩余招生指标，按前一年中国科学院大学下达给各研究所招生指标占总指标的比例进行分配。⑤总量控制。为了进一步消除个别导师招收学生过多的不合理现象，将对每一位导师设置招生指标上限，这有利于优秀年轻骨干人才获得更多的招生机会。

在 2019 年的招生指标测算实施过程中，研究所认为中国科学院武汉岩土力学研究所研究生培养质量评价体系是基于全国第四轮学科评估指标和研究所 2015～2018 年培养数据形成的,反映了研究所研究生培养的基本情况,具有一定的合理性。后续需要考虑实际情况,调整个别指标和权重,进一步完善。由此决定根据中国科学院大学招生指标配置调整方案,计算 2019 年夏令营推荐指标,决定根据中国科学院武汉岩土力学研究所研究生培养质量评价体系,对"总分"前 5 名学科组和"人均培养质量"前 5 名学科组各增加 1 个夏令营推荐指标,共增加 10 个推荐指标。

2019 年夏令营的推荐名额总数被确定为 107 名,每个学科方向组的基础推荐名额为 1 人。根据中国科学院的招生指标配置调整方案,统计 2019 年 5 月各学科方向组的导师人数、重点人才数量、重点任务项数等数据,并据此酌情增加推荐名额。具体的推荐人数计算公式:夏令营推荐人数=夏令营推荐基数+导师系数×(博导人数×0.4+硕导人数×0.25)+奖励系数×(重点人才+重点项目+研究生人才培养质量奖励)+质量体系增量。在这个公式中,导师系数和奖励系数是用于调整推荐名额的系数,博导人数和硕导人数分别代表博士研究生导师和硕士研究生导师的数量,重点人才、重点项目和研究生人才培养质量奖励则是指在这些方面获得的额外加分项,而质量体系增量则是指根据质量体系评估结果增加的名额。

夏令营活动作为目前各高校、研究所争取优质生源的主要渠道,受到各招生单位的高度重视,研究所在近些年的夏令营招生工作中不断改革创新。结合研究所人才培养目标,武汉岩土所在 2017 年首次进行大学生夏令营改革,如何从每年 300 多名申请者中选出合适的 90 名。此处的"合适"是指在竞争日趋激烈的推免生招生过程中,按照推免生招生程序学生本人拥有充分的自由选择权,即学生本人越优秀,选择高校的机会更多,学生可以参加多所心仪高校的夏令营推免招生考核,一旦获得第一选择的高校的录取资格,学生即会放弃其他备选高校,因此,夏令营招生优秀学生流失率问题在近几年尤为突出。研究所通过"导师推荐制"的方式,学生须提前联系导师,导师提前深入了解学生情况后,遴选出适合本学科特点的优秀学生,并且及时掌握学生的志愿情况,有利于及时锁定合适的优秀学生。通过加强师生间的交流,更有利于发动导师的广泛社会资源,在各高校提前物色了解优质生源。指标测算以学科组基数和项目人才奖励数相结合;申请方式以自由申报和导师推荐相结合;面试原则在择优录取基础上兼顾平衡;录取名单在成绩排序后再统一调剂。夏令营招生改革取得一定效果:学生主动联系导师,体量小的学科组招收到学生,提前锁定部分优质生源,如在 2017 年招募的营员中,70%以上来自 985、211 高校。推免生中,约 1/3 学生获得国家奖学金,约 1/3 学生的本科成绩为年级(班级)第 1 名。在 2019 年招募的营员中,78%以上来自 985、211 高校,优质生源率也达到近年的历史最高值。2023 年夏令营推免生招生情况稳定,相较往年流失率最低。

三、工作成效

（一）有利于推动教育、科技、人才一体化融合发展

在构建教育、科技、人才一体化的国家治理体系背景下，如何梳理科学研究、学科建设与人才培养之间的关系，建立并完善基于研究生招生培养质量的反馈机制显得至关重要，是确保中国科学院大学和各科研院所在学科方向设置和人才培养结构选择上有据可依的重要手段。通过基于培养质量的招生指标动态调节机制，以更贴近国家社会需求和有潜力的学科建设发展，有助于形成独特办学特色，优化学科专业结构，明确人才培养目标，提升培养水平，从而提高核心竞争力。在组织实施高水平科技自立自强支撑工程、加快推进有组织科研、大力推动科教融汇的背景下，强化项目、平台、团队的一体化建设，改革评价制度、加强政策资源保障、建立与之相适应的评价考核机制（特别是以贡献和质量为核心的标志性成果评价机制），将人才计划、研究生招生计划等教育科技资源向重要科研任务倾斜也是国家集聚力量开展关键核心技术攻关的政策导向，有利于加速学校"双一流"建设的进程，为国家科技发展和经济社会高质量发展提供更多创新型人才保障。

（二）有利于强化人才培养为本的培养理念

根据全国第五轮学科评估工作方案指导思想，以习近平新时代中国特色社会主义思想为指导，深入贯彻中共中央、国务院《深化新时代教育评价改革总体方案》精神，落实立德树人根本任务，遵循教育规律，扭转不科学的评价导向，加快建立中国特色、世界水平的教育评价体系，提升我国学科建设水平和人才培养质量，推动实现高等教育内涵式发展。把人才培养质量放在首位，加强人才培养过程质量评价，加强在学质量与毕业质量相结合的学生质量评价是学科评估的主要举措之一。以研究生培养质量为导向进行招生指标分配的转变对导师的招生名额分配方式产生了直接影响，使得招生计划的制定更加注重学生的需求和利益。以提升研究生教育质量为核心理念，导师在培养过程中更加尊重、关心他们的学生的成长，从而积极促进了师生互动与有效交流。这一招生计划分配模式的变革，不仅有助于增进师生之间的相互满意度，同时也使导师更加关注国家和社会的发展需求。在导师的项目支持下，研究生能够有机会更广泛地参与社会、企业相关合作，从而在优化研究生就业结构的同时，不断提升就业质量。因此，以提高研究生培养质量为导向的招生指标分配方式，有助于推动以学生为本的培养模式的实现，提升研究生的培养质量，并优化就业结构，提高就业质量。

（三）有利于构建科学合理的管理体系

通过应用招生指标动态调节模型，招生计划的分配更加合理、有据可循，各学科方向组能够清晰地了解计划调整的原因和原则，预见未来的调整方向，并提前做好相应的准备工作。这有效地缓解了学科组之间的无序竞争，为中国科学院大学和科研院所的招生工作提供了更为科学和可控的指导。与此同时，充分发挥研究所研究生部招生、培养、就业的联动管理体系，构建了三位一体的人才培养闭环生态链。这一管理体系显著提高了研究生的培养水平，使得招生、培养和就业等环节有机衔接，确保研究生在整个培养过程中得到全方位的支持和指导。有利于研究生管理部门深入进行更多研究与讨论，实现了信息资源的共享。通过提升管理水平，加强各环节之间的协同工作，为研究生教育发展提供了科学制定相关策略的有力支撑。

在构建基于培养质量的研究生招生指标动态调节体系的过程中，我们也发现有些细节需要进一步完善调整。例如，如果是在中国科学院大学层面协调各学院、研究所的招生指标，应把生源质量纳入指标体系中，并重点考察。调整指标计划比例的同时，也需要兼顾历史与现实情况的平衡等。

【供稿人：高明洁】

第七章　培养模式

案例十：实施多样化育人模式　培养高层次林草人才
——中国林业科学研究院研究生部

一、背景介绍

中国林业科学研究院（以下简称中国林科院）是国家林业和草原局直属的综合性、多学科、社会公益型国家级科研机构，主要从事林业应用基础研究、战略高技术研究、社会重大公益性研究、技术开发研究和软科学研究，着重解决我国林业发展和生态建设中带有全局性、综合性、关键性和基础性的重大科技问题。目前全院设有 18 个独立法人研究所、中心，14 个非独立法人机构，28 个共建机构，60 余个业务挂靠机构，分布在 24 个省（自治区、直辖市）。中国林科院研究生教育始于1979 年，是国家首批硕士、博士学位授予单位之一，现有博士学位授权一级学科 3个，二级学科博士点 21 个；硕士学位授权一级学科 7 个，二级学科硕士点 32 个；另有硕士专业学位授权点 3 个；博士后流动站 3 个。1 个北京市重点学科，4 个国家林业和草原局重点学科（一级学科），在读研究生约 1500 人。中国林科院充分发挥在人才资源、科技平台等方面的优势，培养了 5000 多名高层次林草人才。近年来，中国林科院认真贯彻落实习近平总书记关于林草工作和研究生教育工作的重要指示精神，推进产学研协同创新，着重培养创新型、复合型、应用型人才，在"实施多样化育人模式，培养高层次林草人才"等方面做了一些探索。

二、主要举措

（一）科教融合模式，培养创新型人才

科教融合不仅是一种发展理念，还是一种人才培养的新模式，其本质是协同创新和协同育人。充分发挥科研院所与高校的互补优势，通过科研和教育资源共享，联合培养创新型人才，是实现科教融合的重要途径。近年来，中国林科院以多种方式与高校联合培养研究生，努力把多方面的办学优势转化为人才培养优势，通过加

强系统科研训练，以大团队、大平台、大项目支撑创新型人才培养。

1. 联合共建国家重点实验室

2011年，中国林科院与东北林业大学联合共建的"林木遗传育种国家重点实验室"获得批准，填补了林业行业国家重点实验室的空白。同时，也成为科研院所、林业高校双方发挥各自优势，联合培养创新型林草人才的大平台。

实验室由30个研究组组成，现有固定科研人员88人，其中研究员/教授46人、博士生导师42人，形成了一支由中国工程院院士、"973项目"首席科学家、国家杰青、国家优青、国家百千万人才和科学技术部（简称科技部）重点领域创新团队等高层次人才领军的科研队伍。

实验室曾主持和正在主持"973项目"、国家自然科学基金重点项目、国家重点研发计划、国家科技支撑计划和林业公益性行业专项等一系列重大科研项目，在林木遗传育种领域取得了一批具有国际领先水平的研究成果。

依托实验室的大团队、大平台、大项目，中国林科院与东北林业大学开展联合招生，共同培养了一大批创新型人才。实验室拥有1个一级学科博士后流动站，2个一级学科博士学位授权点。实验室制订了一系列培养研究生创新能力的配套措施，让研究生融入大团队和大项目中进行系统科研训练，设置专用学术讨论室，开展丰富多彩的学术交流活动，营造潜心研究的科研环境，培养研究生端正的学习态度和严谨的科研作风。近五年，实验室共培养博士、硕士研究生200余名，其中28名学生获得研究生国家奖学金，1名学生被评为北京市优秀毕业生，2名学生获梁希优秀学子奖，4名学生获得梁希青年论文奖，3名学生获中国林科院和东北林业大学优秀博士学位论文奖。

2. 参与组建协同创新中心

中国林科院积极参加由高校牵头组建的协同创新中心，通过深化科教融合，集聚创新团队，形成创新氛围，巩固创新成果，培养创新人才。中国林科院作为核心协同单位共同参与科学研究，共同培养研究生。相关协同创新中心通过充分发挥各协同单位的创新能力和资源优势，成为学术和技术创新高地、优秀人才汇聚和拔尖创新人才培养的核心基地，产生了一批标志性的科技成果，也体现了科教融合、协同创新的强大生命力。

2012年，中国林科院参加了由北京林业大学牵头组建的林木资源高效培育与利用协同创新中心。同年，经教育部批准，中国林科院与北京林业大学开始联合招生，联合培养博士研究生。每个学生都有院校双方学籍，享受双方的科研和教学资源。中国林科院为每一名联合培养的学生，组建了由高校和中国林科院的导师构成的协同培养团队，并统筹双方的资源与优势，兼顾学科特色及学生的学术背景，协同制订个性化的培养目标和高起点、高标准的联合培养计划。目前，已经联合招收和培养的 100 多名博士研究生，得到了用人单位的高度评价。

2013 年，中国林科院参加了由南京林业大学牵头组建的南方现代林业协同创新中心。2016 年，中国林科院与南京林业大学签署了研究生联合培养协议，依托南京林业大学丰富的教学资源，成立了中国林科院研究生部南京分部，每年有 100 多名研究生在南京林业大学进行课程学习，中国林业科学研究院林产化学工业研究所等单位也成为南京林业大学学生的实习和科研实践基地，实现了双方资源优势互补，协同育人。

为贯彻落实党中央、国务院关于推动"一带一路"、长江经济带、粤港澳大湾区、长三角区域一体化发展的重大决策部署，国家林业和草原局批复依托我院成立"一带一路"生态互联互惠、长江经济带生态保护、粤港澳大湾区生态保护修复、长三角生态保护修复 4 个科技协同创新中心。4 个科技协同创新中心统筹"科研院所-高校-政府-企业"的科技创新资源，组建跨学科、多领域、国际化生态科技创新团队，突破生态环境保护与建设中的重大科学问题和关键共性技术难题，构建生态保护与生态产业技术体系，为区域生态保护与绿色发展提供科技支撑和决策咨询。

此外，中国林科院还在探索其他不同的科教融合模式，与相关高校联合培养创新型人才。例如，与兰州大学互聘兼职教授和研究生导师，合作开展草原科学等方面的研究；与华中农业大学联合开办"林学英才班"；与海南大学、福建农林大学、河北农业大学、沈阳农业大学等都签订了研究生联合培养等方面的协议。

（二）产教融合模式，培养应用型人才

深化产教融合，促进教育链、人才链与产业链、创新链有机衔接，是当前推进人力资源供给侧结构性改革的迫切要求，对新形势下全面提高教育质量、扩大就业创业、推进经济转型升级、培育经济发展新动能具有重要意义。近年来，中国林科院通过强化产教融合的育人机制，与行业企业共建研究生联合培养基地，开展院企协同，合作育人，为林草行业发展培养了一大批高层次应用型人才。

1. 院企联合共建教学科研创新实践平台

中国林业科学研究院木材工业研究所通过与企业联合共建"教学、实验操作、基地实训、创新实践"四位一体的教研创新实践平台，提出了"产教融合、院企合作"的研究生培养模式。先后与太尔胶粘剂（广东）有限公司、江西安竹科技有限公司等共建研究生联合培养基地。导师带领研究生深入企业一线，了解企业的科技需求，践行课程学习与实验室实践相结合、中试基地实习实训和生产企业实境实践相衔接的教学理念。研究生的选题都源于企业生产过程中遇到的技术难题，并实施"双导师制"，聘请企业技术或管理人员作为研究生的"产业导师"。同时，企业通

过设立冠名奖学金，吸引研究生和导师参与企业的研发项目。目前，中国林科院已有30多名研究生获得了"太尔"或"安竹"研究生奖学金。于文吉研究员带领的包括10多名研究生在内的团队，突破了木质重组材料系列关键技术，解决了竹青、竹黄难以胶合的竹材高效利用等"卡脖子"关键难题，科研成果获得国家科学技术进步奖二等奖，团队于2017年被中华全国总工会授予"全国工人先锋号"荣誉称号，2019年入选第一批林业和草原科技创新人才和团队。于文吉研究员被评为"全国林业和草原教学名师"。

2. 院企联合共建研究生实践教学基地

联合行业企业，建立稳定的专业学位研究生实践教学基地，是中国林科院推进专业学位研究生培养模式改革的重要举措。要提高专业研究生的培养质量，必须以职业需求为导向，以实践能力培养为重点，以产教融合为途径。近年来，中国林科院先后与国家林业和草原局林产工业规划设计院、北京植物园、北京西山试验林场、翠湖国家城市湿地公园、北京中森生态园林规划设计院等单位，共建实践教学基地10多个，累计培养风景园林、林业等专业学位研究生400多名。由于研究生在实践教学基地中，分析问题和解决实际问题的能力得到充分训练，研究生学位论文的选题直接来自实际需要，因此，很多研究生在完成学位论文的同时，就被相关企业或生产单位直接录用。例如，中国林科院培养的"森林城市规划与设计"方向的风景园林专业硕士毕业生，受到用人单位的极大好评，往往供不应求。这些研究生都参加了相关城市的森林规划与设计项目，据不完全统计，他们先后为北京、上海、广州、成都、厦门、武汉、南京、合肥、西安、西宁、南昌、珠海、长春等60多个城市编制了高水平的符合地方发展的森林城市建设规划与设计，真正实现了在实践和生产一线中培养研究生。

（三）产学研协同模式，培养复合型人才

产学研协同是指教育与生产劳动有机结合，以及科学研究在人才培养、科技开发和生产活动中的有机结合，通常指以企业为技术需求方、以科研院所或高校为技术供给方之间的合作，其实质是促进技术创新所需各种生产要素的有效组合，是当今世界推动经济、人才培养和整个社会发展的一种最强劲的动力。近年来，中国林科院通过强化产学研协同育人模式，与高校和行业龙头企业成立产业联盟、创新高地等平台，协同育人，为林草行业培养高层次复合型人才。

1. 产学研协同成立产业技术创新战略联盟

2010年，经科技部批准，由中国林科院牵头成立了国家木竹产业技术创新战略联盟（简称木竹联盟），2012年，木竹联盟通过了2012年度产业技术创新战略联盟

的评估，成为 A 类联盟。木竹联盟共有成员单位 44 家，其中行业企业 34 家，高等院校 6 家，科研院所 4 家。十年砥砺前行，木竹联盟已成为我国木竹产业技术创新主导平台，在 6 次国家级产业技术创新战略联盟活跃度评价中，木竹联盟均位列高活跃度第一梯队，2019 年，木竹联盟获得创新中国·2018 年度评选"创新服务平台"奖。

木竹联盟以企业为主体，以市场需求为导向，以产学研相结合的技术创新模式，开展重大技术创新、机制创新，不断提升我国木竹产业的核心竞争力。十年来，木竹联盟单位牵头共承担"863 项目"、国家科技支撑计划、国家重点研发计划和林业公益性行业专项等国家重点科技计划项目 156 项（企业参与项目共 252 次），落实经费 6.56 亿元（其中国拨专项经费 2.8 亿元），为产业转型和产业结构调整提供了有效的科技支撑。突破了大幅面人造板连续平压生产、大规模家居产品定制、重组竹制造和应用等关键技术，在打破国外专利技术垄断、引领产业技术升级换代和增强产业国际竞争力等方面，彰显了技术创新的驱动作用。

此外，中国林科院牵头成立的生物基材料产业技术创新战略联盟、桉树产业技术创新战略联盟也被科技部纳入重点培育联盟名单。同时，中国林科院还有国家林业和草原局批准成立的"国家创新联盟"58 个，涵盖了遗传育种、森林培育、森林经营、木材加工、林产化工、林业机械等领域。以这些联盟为平台，开展产学研协同育人，是一种产学研互动、资源共享、高效运行的复合型人才培养模式，通过多学科融合、多团队协同，为研究生提供参与前沿基础研究和解决行业关键技术瓶颈的机会。据不完全统计，通过产学研协同模式，共有 500 多名博士、硕士研究生深入企业科研生产一线，在完成学业的同时，其创新创造能力大幅提升，不少毕业生被相关企业高薪聘用成为企业技术研发的中坚力量。

2. 院校联合共建国际创新高地

2019 年 1 月，国家林业和草原局、江苏省人民政府签署《江苏省人民政府国家林业和草原局关于共建"林产化学与材料国际创新高地"的协议》，依托中国林科院林产化学工业研究所和南京林业大学共建"林产化学与材料国际创新高地"（简称创新高地）。创新高地以建设集基础研究、技术创新和科技成果转移转化三位一体的协同创新共同体为目标，瞄准林产化学与材料国际科技前沿和我国林产工业高质量发展的重大需求，不断深化体制机制改革，集聚人才、平台等优势创新资源，着力打造具有全球影响力的"林产化学与材料硅谷"、国际一流的重大创新平台，以及面向世界科技前沿的人才培养基地。

创新高地建设以来，通过强-强联合，依托"资源共享、优势互补、协同创新"的新型全方位紧密协作体，已形成生物质绿色化学转化、生物质生物转化、生物基先进功能材料等七个创新方向，引进了加拿大工程院肖惠宁院士领衔的创新团队，引进 3 名江苏省特聘教授，启动南京林业大学、中国林科院林化所博士生联合培养工作，增选国家青年拔尖人才等部省级人才 8 名、创新团队 2 个，新增牵头主持国家自然科学基金重大项目、国家重点研发计划项目等重大科研项目，获国家科学技术进步奖二等奖 1 项、梁希林业科学技术奖一等奖、中国专利优秀奖等部省级奖励 7 项。签订技术转让、技术服务等四技合同数十项，合同金额近千万元，发表 SCI 论文 400 余篇，授权国际发明专利、国家发明专利百余件。院校双方依托创新高地培养的研究生不仅能够从事基础研究和技术创新工作，还能从事为企业提供技术服务等科技成果转移转化工作，成为"顶天立地"的高层次复合型人才。

总之，高层次林草人才培养是一项系统工程，科教融合、产教融合、产学研协同模式有利于把分散的培养资源整合起来，将相互分离的各种因素统一于人才培养的全过程，把人才培养与科学研究、技术推广、服务"三农"统筹考虑，在知识学习、科研活动和实践过程中培养创新型、复合型、应用型林草人才，为服务山水林田湖草系统治理和林草事业高质量发展提供人才保障。

【供稿人：中国林业科学研究院研究生部】

案例十一：材料与化工领域专业学位研究生培养模式创新与实践——中国科学院宁波材料技术与工程研究所

一、背景介绍

中国科学院宁波材料技术与工程研究所（简称宁波材料所）是中国科学院与浙江省、宁波市三方共建的中国科学院直属科研机构，紧密依托产学研一体化的创新平台，以提升教育服务产业能力为目标，以培养应用型工程类高层次人才为导向，以提高研究生实践能力为宗旨，以研究生学习实践基地和行业企业导师指导为依托，全面构建科教产融合育人的材料与化工领域专业学位研究生培养新模式。开展专业学位研究生的探索与实践，有利于进一步科教产融合培养高层次拔尖创新人才，也为地方本科院校开展应用导向的专业学位研究生培养模式改革提供了参考。

近五年来，宁波材料所结合全所学科布局和区域产业特色，依托宁波材料所现有产学研平台学科布局，开展全链条学科建设，创新多元化招生方式，积极探索科教产融合协同育人的材料与化工领域专业学位研究生培养模式，为区域新材料产业的发展提供了良好的人才和科技支撑。通过五年来的实践探索，已基本构建了基于多种科教产融合育人合作载体的培养模式和管理机制，以服务区域产业为宗旨，建立以研究生实践创新能力考核为牵引的评价体系，有效保障了宁波材料所材料与化工领域专业学位研究生的培养质量，人才培养效果显著，毕业生受到行业企业的广泛好评，为地方本科院校开展应用导向的专业学位研究生培养模式改革提供了参考，同时也得到了中国科学院大学、合作高校、合作企业的认可与支持，形成了良好的社会影响，积极发挥了教育服务区域产业的职能。

二、主要举措

宁波材料所以"服务区域产业，提升实践能力"为导向，积极探索科教产融合育人的材料与化工领域专业学位研究生人才培养模式，专业学位研究生人才培养成效不断提升，教育服务产业的能力不断提高，为区域新材料产业的发展提供了良好的人才支撑，具体发展举措如下。

（一）结合全所学科布局和区域产业特色，积极增列专业学位研究培养点

宁波材料所围绕"料（化学）-材（材料）-器（机械、生物医学）"学科链条，先后获批材料学科与工程、化学、机械工程三个一级学科博士点（其中材料科学与工程、化学为国家"双一流"学科），材料与化工（博士）、机械（硕士）2 个专业学位点，以及生物医学工程一级学科硕士点等学位点，打造全链条学科布局。

（二）重视从产业界引进高层次领军人才，着力加强导师队伍建设

宁波材料所制定了符合专业学位研究生教育发展的研究生指导教师条例，在导师队伍构成上，强调专兼结合，科研导师与企业行业导师结合，发挥科教产协同优势。成功选聘高水平专职导师 315 名，其中具有企业工作或承担企业项目等产业经历的占 60%，导师队伍具备丰富的产业界实际工作经验。此外，从企业行业界聘任行业企业导师 139 名，有效支撑专业学位研究生培养工作。

（三）探索科教产协同育人的培养模式，形成专业学位研究生培养特色

宁波材料所围绕中国科学院大学"科教融合、育人为本、协同创新、服务国家"的办学理念，积极探索科教产协同育人的研究生培养模式，在强调研究生专业基础能力的基础上，加强学生科研实践能力的培养，特别是培养研究生解决企业实际技术瓶颈的能力，将企业的技术瓶颈变成研究生的科研选题。

（四）以科教产密切结合为切入点，创新多元化招生方式

宁波材料所通过多种途径积极拓展专业学位研究生生源渠道，支撑科教产协同育人需求，同时有力提升教育服务产业的能力。

充分发挥与产业密切结合、充分对接的特色，与高校的培养机制形成互补，进而拓展合培生和课题生招收渠道。在合培生招收方面，宁波材料所以高校专业学位研究生科研实践为抓手，先后与宁波大学等21所高校签署合作协议；在课题生招收方面，建立起灵活的课题生招收机制。以中国科学院大学宁波材料工程学院的建设为契机，积极向浙江省教育厅申请专项研究生指标。从2020年起，浙江省教育厅通过省属高校"戴帽下达"的方式，每年为宁波材料所单列353名专项专业学位研究生指标，支撑宁波材料所科教产融合协同育人专项工作，为专业学位研究生人才培养模式改革提供了可能。

宁波材料所研究生教育工作紧紧依托研究所产学研一体化的创新平台，以提升教育服务产业能力为目标，以培养应用型工程类高层次人才为导向，积极探索科教产紧密结合的人才培养模式，为地方本科院校开展应用导向的专业学位研究生培养模式改革提供了参考，同时也得到了中国科学院大学、合作高校、合作企业的认可与支持。

三、教学成效

（一）所企深度融合，构建科教产协同育人平台

一方面，宁波材料所先后与宁波韵升股份有限公司等20余家企业合作共建研究生学习实践基地。另一方面，充分利用宁波材料所自身300多个企业技术研发中心，支持专业学位研究生依托研发中心，承担企业技术攻关项目。

（二）设置企业奖学金，促进所企互动共赢

近年来，宁波长阳科技股份有限公司、宁波菲仕技术股份有限公司等20余家区域企业在宁波材料所设立冠名奖学金，支持宁波材料所研究生教育工作。同时，奖学金的设立，形成了所企合作的天然纽带，有效深化了双方合作。

（三）打造一流高水平学院，全方位支撑培养体系建设

宁波材料所承建的中国科学院大学宁波材料工程学院，作为首个京外科教融合学院，于2019年开工建设，为专业学位研究生培养改革提供支撑。2023年4月，宁波材料所与宁波市教育局校地共建宁波新材料卓越工程师研究生培养中心，探索产业集群联动发展、合作育人新机制，共同推动科技创新链、产业链、人才链一体

部署、深度融合，着力打造卓越工程师培养特色。

（四）学生培养成效显著

随着研究生培养体系的完善和培养力度的增强，宁波材料所研究生培养质量不断提高，人才培养特色日趋鲜明，教育服务产业的能力不断增强。近年来，先后为区域产业培养输送高层次专业人才 3500 余名，其中 53%毕业生赴企业工作，得到了区域行业产业的广泛认可，为区域新材料相关产业发展提供了良好的人才支撑。特别是，一大批优秀的毕业生已成长为区域重点企业（如宁波杉杉股份有限公司、宁波韵升股份有限公司等）的技术副总或技术部门负责人，体现了专业学位研究生教育培养输送高层次应用型工程技术创新人才方面的优势。

（五）得到了中国科学院、中国科学院大学的高度认可

基于宁波材料所专业学位研究培养的特色，2017 年，中国科学院大学材料工程专业学位硕士点的评估工作由宁波材料所牵头。2019 年 4 月，宁波材料所受教育部和中国科学院委托，牵头负责"推进产学研协同培养研究生"浙江省专题调研活动，对科研院所专业学位研究生培养模式作了积极的探索和总结。

（六）顺利获批材料与化工领域工程博士专业学位授权点

2020 年 7 月，经中国科学院大学学位评定委员会审议，宁波材料所获批材料与化工领域工程博士专业学位授权点，成为中国科学院大学该专业领域的首批工程博士培养单位，也是宁波首家材料与化工领域工程博士培养单位。

（七）得到了地方政府的高度认可和支持

宁波材料所坚持科教融合、产教融合、科教产紧密结合的专业学位研究生培养模式，得到浙江省、宁波市政府主管部门的高度关注与支持。以"科教产协同育人、服务区域产业发展"为宗旨的中国科学院大学宁波材料工程学院于 2018 年 2 月 12 日正式揭牌，2022 年正式建成并投入使用，进一步提升了宁波材料所教育服务区域产业的能力。

（八）得到了合作高校的高度认可

宁波材料所贴近产业实际的应用导向专业学位研究生培养优势得到了中国科学院大学、国内外合作高校的认可与支持。宁波材料所与中国科学技术大学、上海大学、浙江工业大学等高校签署了合作协议，每年承担 20 余所高校的 300 余位专业学位研究生来所从事学习实践工作，相关高校多次来所交流调研宁波材料所专业学位

研究生培养特色。

（九）得到了合作企业的高度认可

近5年来，宁波材料所与宁波韵升股份有限公司、中国石油化工股份有限公司镇海炼化分公司、宁波容百新能源科技股份有限公司、公牛集团股份有限公司、维科技术股份有限公司、宁波长阳科技股份有限公司等32家头部企业（含宁波21家）共建了32个研究生学习实践基地，探索人才共育、过程共管、成果共享的协同育人机制。宁波材料所积极争取教育捐赠，设立24项企业冠名奖学金，鼓励三全育人，支持产教融合工作的开展。

（十）推广应用

（1）宁波材料所科教产协同育人的新模式在实施过程中，不断得到推广。近年来，先后与宁波大学、浙江工业大学等20余所高校签署了研究生联合培养协议，协同育人工作的合作范围越来越广。同时，协同育人的规模越来越大，从最初的10名研究生探索新模式，到2023年联合招收培养的研究生已超过600名。

（2）宁波材料所起草的专业学位评估方案和评价体系，得到了中国科学院大学的认可并采用。

（3）宁波材料所研究生处将专业学位研究生培养举措先后3次在中国科学院大学教育干部培养研讨会等会议上进行系统介绍，交流分享专业学位研究生培养特色情况，受到了高度评价，并在《今日镇海》等媒体刊发研究生教育工作经验。

四、工作总结

宁波材料所材料与化工领域专业学位研究生人才培养生态系统具有三个鲜明特色，一是科研与教育紧密结合，推动高层次人才培养与高水平科研创新的紧密结合、相互促进；二是教育与产业紧密结合，通过建立科研实践平台、聘任企业导师等方式，探索人才培养与行业企业深度融合的模式；三是"两段式"人才培养，有力整合中国科学院大学集中教学基础教育、研究所高层次平台优势和高水平导师优势。

本案例主要创新点具体如下。

（一）培养理念创新

宁波材料所研究生教育的理念和培养特色与专业学位研究生培养要求相吻合。宁波材料所始终坚持"料要成材、材要成器、器要好用"的建所理念，构建产学研紧密融合的创新链条，与相关产业行业具有紧密且深入的合作，始终坚持服务国家重大科技战略，支撑区域行业产业发展。宁波材料所研究生科教产融合育人的理念和模式与专业学位研究生人才培养的需求高度契合且具有较为明显的特色。

（二）培养平台创新

宁波材料所研究生教育充分发挥研究所高水平的科研平台优势，将永磁材料制备技术国家工程实验室等10余个省部级实验室，作为研究生培养的科研实践平台。同时，宁波材料所还先后与中国石油化工股份有限公司镇海炼化分公司、国家电网有限公司等行业龙头企业签订合作协议，建立了20余个所外研究生实习实践基地，与行业龙头企业紧密地开展产学研合作，为专业学位研究生培养提供了有力的支撑。

（三）导师队伍创新

宁波材料所组建了一支专兼职结合、工程研究背景突出的导师队伍；拥有研究生导师454名，包括博士研究生导师240名，硕士研究生导师214名。其中，专职导师315名，且60%具有企业工作或承担企业项目等产业经历。同时，研究所聘请了100余名相关领域知名企业的技术负责人或研发部门负责人，如宁波韵升股份有限公司竺韵德（国家技术发明奖二等奖获得者）、宁波激智科技股份有限公司张彦博士（国家创业千人）、宁波长阳科技股份有限公司金亚东博士（国家创业千人）等作为企业导师。既有专业实践经验，又有较高学术水平的师资队伍，为专业学位研究生培养提供良好的人才保障。

（四）管理机制创新

宁波材料所拥有较为成熟的研究生教育管理体系和专业学位研究生培养体系。积极探索制定了涵盖招生制度、课程体系、质量监管等专业学位研究生培养全过程的制度体系。同时，宁波材料所是中国科学院大学材料工程专业学位点2017年合格评估的牵头单位，在材料与化工领域专业学位研究生培养方面，具有较为丰富的经验和良好的工作成效，得到中国科学院大学和院内兄弟研究所的认可和支持。

在未来发展建议方面，宁波材料所将以立德树人为根本任务，立足高能级平台，培养创新人才，深化科教产融合，推动科技创新。宁波材料所将进一步深化所企合作内涵。从实践课程共建、企业导师聘任、共建共享科研平台等方面密切所企合作，进一步落实和构建科教产融合人才培养机制。同时，突出研究生学习实践基地实际使用及支撑专业学位人才培养的实效。进一步出台实践基地管理办法，建立所企导师定期沟通交流机制，形成科教产融合协同育人合力。

【供稿人：刘富、陈益林、杨方】

案例十二：以"山地精神"育人，构建拔尖创新人才培养新模式——中国科学院成都山地灾害与环境研究所

一、背景介绍

我国是多山的国家，山地面积占陆域国土面积的三分之二，山地是山区存在的自然背景，人类活动是山区存在的灵魂。山区是中华文明的起源地、多民族和谐的共同家园、生态安全的重要屏障、我国发展的资源宝库、生物多样性与美丽中国的宝地，以及我国未来发展的潜力区。山区也是自然灾害多发地和经济发展低地。我国西高东低的广袤山系，形成三级地势阶梯，地貌类型丰富，地质、地貌不稳定性高。我国山地气候主要受季风系统控制，季节变化和年际变化大，受全球性变化影响强，生态系统对气候变化的敏感性高。我国山区人类活动历史悠久、作用强烈。相对于世界多数山地，我国山地对气候和环境变化的敏感性更高，人类活动影响更大。而在山地开展相关研究和建设也受到山地地貌、生态环境系统的特殊性影响，需要"因地制宜"，山区现代化是国家现代化建设的必由之路，山地生态环境屏障的保护，山地自然生态环境系统的监测与响应效应研究，山区的防灾减灾，以及山地的国土安全都是我国新阶段社会发展的重大战略任务，建设安全、美丽、幸福的新山地是中国对世界的贡献，也是新时代的中国责任担当。

中国科学院、水利部成都山地灾害与环境研究所（简称成都山地所）由 1965 年成立的中国科学院地理研究所西南地理研究室发展而来，是我国唯一以山地为专门研究对象的国家级科研机构和高级专业人才培养基地。建所以来，围绕"认知山地科学规律，服务国家持续发展"的战略使命，针对山地灾害防灾减灾、山区生态环境恢复和山区可持续发展等重大基础性和前瞻性问题开展长期系统的科研工作，取得系列重大科技成果，对保障国家山区的安全建设与可持续发展作出重要贡献。成都山地所研究生教育工作受中国科学院大学领导。1981 年，经国务院批准，成都山地所获得自然地理学硕士学位授予权，1982 年开始正式招生，现在已拥有涉及自然地理学、人文地理学、地图学与地理信息系统、生态学、土壤学、岩土工程的 4 个一级学科的 6 个博士培养点；涉及自然地理学、人文地理学、地图学与地理信息系统、生态学、土壤学、岩土工程、土木水利（专业型）、资源与环境（专业型）的 4 个一级学科、2 个专业性硕士学位的 8 个硕士培养点，形成了与研究所科研工作相适应的，包含理学、工学、农学三大学科门类的、学术型与专业型兼备的完整的研究生学科培养体系。自然地理学为四川省和中国科学院重点学科。

二、"山地精神"育人教育理念

中国作为山地大国，山区现代化是国家现代化建设的必由之路，近年来成都山地所聚焦地震次生山地灾害防灾减灾、川藏铁路/公路工程防护与安全保障、西藏生态安全屏障建设等科技难题，保障民生安全与国家战略实施，成效显著。同时，为"构建人类命运共同体"做好"一带一路防灾减灾"建设与安全保障，成都山地所与时俱进，积极拓展对外交流渠道，与近30个国家或地区开展国际合作，建立了良好合作关系，与多个国家的高校、科研机构和国际组织建立了合作平台，如联合国教育、科学及文化组织（UNESCO）、国际科学理事会（ICSU）、国际社会科学理事会（ISSC）、国际科学理事会灾害风险综合研究计划（IRDR）、意大利联合研究理事会（CNR）、国际山地中心（ICIMOD），以及尼泊尔、印度、巴基斯坦、斯里兰卡、塔吉克斯坦、土库曼斯坦和乌兹别克斯坦等"一带一路"共建国家及组织，进一步推动了山地科学研究的国际化进程。

由于山地相关学科具有很强的综合性、交叉性、实践性，成都山地所的科研工作有较多的野外出差，在人才培养过程中，注重"学以致用，融会贯通"，在科研实践中，导师更是以言传身教的方式将山地精神的内核"服务国家，造福社会，脚踏实地，勇于拼搏，认真干事，团结合作"薪火相传，通过加强制度建设和规范化管理，强化全过程质量管理，在管理过程中厚植爱国主义情怀，构建培育高素质拔尖创新人才的培养体系。

三、"山地精神"育人的工作路径

（一）培养工作路径：以"山地精神"育人，注重差异化培养

1. 因材施教的分类培养体系

做好顶层设计，明确各学科带头人，确定导师和科研人员的归属，各学科都确定了适合本学科特色的明确定位和培养模式，同时，还有以下特色措施。

对学术学位研究生强调以创新能力培养为重点，建立第一导师负责任制下的导师组进行培养指导，并模拟国家自然科学基金申请训练，不定期自由组合学术讨论组，提供多渠道国内外学术论坛报告机会，以及定制组会课程、组会及同伴审读制等特色制度提高学术交流与创新思维的碰撞。通过强化学位培养各必修环节，如末位淘汰强制分流措施、自设预答辩环节，加强盲审环节，审核盲审专家评阅信用，对具有培养潜力的博士生予以特别支持，设立了"成都山地所优秀博士生成果奖"等以优化培养过程全流程、提高培养质量。

对专业学位研究生的培养强调培养实践能力，建立专业学位研究生科研实习基地提供培养平台，鼓励校企联合培养，积极吸收企业优质教育资源参与研究生教育

体系，推动产学结合、协同育人。实行"双导师团队制"，一位是来自培养单位具有深厚理论基础、较丰富工程背景、丰富指导经验的高级专业技术职务人员，一位是来自企业或实际工作部门具有丰富工程实践经验的专家。在学位申请方面，采取符合专业学位特色的多种方式申请学位制度，如可使用授权的发明专利、以项目负责人结题的省级以上实践项目或者工程结题书等方式申请学位。

取得的成效：近五年连续四年博士生获"中国科学院优秀博士学位论文"荣誉。一名硕士生荣获"全国工程硕士实习实践优秀成果"。

2. 建设特色课程体系，加强教学工作

博士研究生专业基础课程——"山地科学概论"。构建了"理论实践一体化"教学体系，建设具有科教融合特色的课程架构，在具有普适性前提下，基于学科基础知识，动态引入最新的学科前沿研究成果。近年来，更是服务于"一带一路"自然灾害防治和应急管理国际合作机制建设，结合留学生科研能力和实践培养调整课程内容。成都山地所依托自身的多个省部级重点实验室、野外观测实验台站网络资源和院地合作的优势，致力于在西南地区建设一批各具特色的研究生教学科研实践基地。截至 2022 年，成都山地所已经在四川建立了贡嘎山、螺髻山、唐家河和光雾山四个独具特色的科研教学实习基地，以及三条科学考察线路，野外科考实习既促进了研究生对课堂教学内容的吸收，又进一步拓展了学习范围，还开拓了研究生的科研视野。组建了由顶级科学家牵头的高水平教师队伍，课程由中国科学院院士、山地灾害领域领军专家崔鹏院士和原成都山地所所长邓伟研究员担任负责人，核心教师队伍由四十多位成都山地所学位会委员、各领域学科带头人和外聘国内相关领域知名专家等组成。出版教材和教辅书籍共计 18 部，并将研究生思政和心理教育有机融入课程教学，授课教师基本都是有着丰富实践经验和人生阅历的科学家，是青年学子敬仰和学习的榜样，他们结合课堂教学和野外科考实习，将自己多年的科研经验和人生体会等，与专业知识相结合，言传身教，达到润物于无声的教学效果。

在野外科考线路设计和内容安排上，让研究生实地了解成都山地所在山地灾害防治工程和服务山区经济建设等方面的工作，切身体会山地科学工作者不畏艰苦、团结协作、服务国家的优良传统，培养青年学子的家国情怀。课程不仅完成了人才培养的任务，同时也极大地促进了研究所与地方的科研合作，服务地方经济发展。

成都山地所还推出了组会形式的专业选修课，研究生集中学习，导师和研究生可以交流讨论，这种形式对于研究生的培养至关重要，对于新上岗导师的培养也有积极作用。

另外，成都山地所还推出了山地科学研究生科普课程，研究生部牵头，科普处、青促会参加，设立了研究生科普课程、选修课。将研究生部负责的社会实践活动，科普活动，研究生党支部负责的党员时政学习活动，科普处负责的科普宣传活动，以及青促会负责的青年科学家社会活动等多项工作有机结合。

取得的成效："山地科学概论"课程获中国科学院教育教学成果奖二等奖。

成都山地所教务课程管理体系如图 7-1 所示。

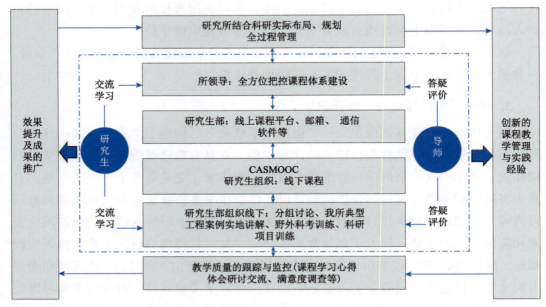

图 7-1 成都山地所教务课程管理体系

3. 推进研究生教育国际化

积极建立"引进来-送出去"的双向交流机制，有力促进了研究所研究生教育国际化进程，提升教育水平。

成都山地所从 2013 年开始招收留学生，已累计招收来自 10 余个国家的 80 余名国际留学生，已有 36 名留学生毕业，获得博/硕士学位。2017 年开始牵头组织中国科学院大学"一带一路"防灾减灾留学生项目。在招生工作中，依托崔鹏院士的"一带一路"自然灾害风险与综合减灾国际研究计划和中国科学院中巴地球科学研究中心的建设，发动全体导师，广泛宣传，物色优秀生源。在培养中，留学生与中国学生实行同样的管理办法和考核标准，特别是在"出口"关，严格把握学位论文质量标准，做到了中外一体化培养。

近年来，成都山地所也依托国家留学基金管理委员会的"国家公派出国留学项目"、中国科学院的"中欧联合培养博士研究生计划"和成都山地所的科研项目资助，大力鼓励研究生出访，参加国际学术论坛，联合培养，以及参与国际合作项目等。

取得的成效：构建了完善的留学生培养体系，双语培养材料和教学体系。截至2022 年 7 月，共培养国际学生毕业生 36 人，其中博士 19 人、硕士 17 人。中国科学院大学优秀毕业生、优秀国际学生共计 8 人。

（二）招生工作：多渠道云宣传，提升个性化优秀生源率

招生宣传举措多元化，与所内科普工作共同开展，建立"线上+线下"相结合的招生宣传新模式，有效提升生源质量。多年来，以"筑梦山地科学，走近科研导师"为主题，开展了丰富多彩的招生宣传工作；通过野外台站视频，研究生直播团打卡活动，科研连麦，线上夏令营，科普视频，以及"中国科学院大学""中国科学院成都山地所""山地学子之家"微信公众号等多种学生喜闻乐见的云宣传方式开展宣传。

通过"中国科学院大学生创新实践训练计划"，鼓励优秀本科生到研究所交流学习，体验科研；每年举办山地科学优秀大学生夏令营；深入高校，与本科生面对面交流；吸引"少数民族高层次骨干人才培养计划"和"退役大学生士兵计划"等专项计划考生报考。自主研发推免生招考管理系统，采集报考资料数据，实现办公自动化，大幅提升服务质量与水平。

出台招生指标动态分配原则，以导师的培养质量、服务国家的重大科研项目、学科发展三个方面的实际贡献为依据，提出了动态测算的量化指标分配体系。确保导向明确，分配有序，促进志愿生源质量提升。

取得的成效：我所近五年来推免率一直在 60%以上，形成成都山地所在哔哩哔哩社交平台推出的"筑梦山地科学，走近科研导师"系列品牌活动。招生工作中注重数据分析，动态把握政策和形势，及时出台各种有效的新政策，以研究促进工作，提高履职能力，获得北京市高等教育学会研究生教育研究分会第十届优秀论文评选一等奖。

（三）思政工作：全员、全过程、全方位育人，构建研究生自治的良性循环育人模式

对标国家关于加强和改进新时代高校思想政治工作的精神，在成都山地所党委领导和指导下，积极推进构建所内科教融合特色的研究。以党建工作带动全方育人工作的思路和体系，实现教育管理全过程"思政+"研究生管理育人模式。

1. 做好顶层设计

制定科教融合的研究生思政的三个制度、三级管理体系：《中国科学院成都山地所研究生思想政治工作条例（暂行）》《成都山地所研究生心理危机预防与干预暂行管理办法》《成都山地所辅导员管理办法》，并在党委的领导下，初步形成了山地所研究生思想政治工作三级管理体系，实行党委书记、分管所领导负责制，整合了团委、导师、实验室辅导员（教学秘书）、学生干部、研究生会、班级观察员、心理委员、教育基地宿管等力量形成复合力量体系，共同做好研究生思想政治教育工作。

2. 做好"三个保障监督的长效机制"建设

建立健全研究生培养质量系统的评价监督机制；建立健全导师、辅导员的评价监督机制；建立健全研究生党组织、研究生自治组织（如学生会、社团）的评价反馈机制（班级观察员制度）。

3. 做好"三个队伍"的建设

做好导师队伍建设，发挥他们在思政教育中的"领路人"作用，通过师德师风一票否决、晋升竞聘、招生指标动态分配考查学生培养表现等方法做好监督，通过支部导师交流学习、导师研究所、中国科学院大学、教育部学位与培养部的各类线上、线下培训，加强教育引领；做好辅导员队伍建设，发挥他们的"知心人"作用，"有限人文关怀"，讲政治，懂政策，做好政策宣传，通过班级观察员制度了解学生的思想动向，建立学生追踪案例、重点关注台账，及时为研究生排忧解难，做好思想引导与教育工作，发挥班级负责人作用，做好朋辈引导；做好教育管理支撑教师队伍建设，通过制度建设，认可他们支撑服务研究生培养所发挥的作用，通过一定的经费补助、晋升加分等激励政策，鼓励他们做好相关保障工作，通过签订安全责任书，加强底线意识，发挥他们在思政教育中的"护航人"作用。

4. 充分发挥科教融合优势，通过"8+1"个结合建立以思政为引领的研究生所内"三全育人"模式

与所内党委、党建工作相结合；与所内纪委工作相结合；与所内安全工作相结合；与所内科普宣传工作相结合；与所内学术组织、学会平台建设相结合；与所内工会、文化建设活动相结合；与所内人事引才工作相结合；与所内财务建设工作相结合；与中国科学院大学成都学院学生工作相结合，把"为党育人、为国育才"的思政教育创造性地贯穿、落实在研究所、研究生教育日常管理全过程，为研究生搭建多圈层参与活动、提升综合素质的平台。

5. 以党建带动研究生思政教育，构建研究生自治工作体系

以学生党支部带动学生活动、学生工作，形成学生支部工作带动班级建设的模式，通过研究生基层党、团组织建设和带动示范作用，以"五个结合"，构建"三个平台"的工作思路，实现研究生群体的"三力"提升，即组织向心力、团队凝聚力与科研攻关的战斗力。

6. 构建"学科育人、科研育人、实践育人"三位一体研究生思想政治教育工作格局的路径

实现以学科建设发展与思政教育相结合，以思政教育促进学科建设，在"课程思政"上下功夫，将建设"美丽中国""美好山区"服务国家重大需求的导向，体

现在学科建设中，提升学科建设的质量和水平的"学科育人"；以科研创新与思政教育相结合，以思政教育为科研创新提供不竭的精神动力、价值感和意义感，促进研究生"耐得住寂寞""坐得了冷板凳"，导师"甘为人梯，奖掖后学"投身到科研事业中，在课程、科研实践中通过导师分享科研经历，传承和弘扬科学家精神的"科研育人"；以社会实践与党团活动、思政教育相结合，通过去山区中小学科普支教、去山区进行科技支撑服务、去爱国主义教育基地体验等，让研究生深入到社会中去感受、去认识社会生活中所蕴含的丰富的思政教育资源，进一步提高他们认识世界和改造世界的能力，培养其树立正确人生态度和价值观念，促进其德智体美全面发展，培养家国天下情怀，厚植爱国主义情怀，传承红色基因的"实践育人"。

四、工作总结

（一）"科教融合"存在的问题反思

中国科学院大学特殊的科教融合不是科研与教育的拼盘，而是通过融合变成一个全新的有着前沿性、资源多元性、以科研实践能力培育为导向的具有国力竞争战略性的新的特色机制，在研究生教育工作中，充分融合和运用研究所科研平台、导师人才队伍、管理体系架构的特殊资源，同时研究生能够在国家级的科研项目中得到科研项目、科学问题导向的科研实践训练，在真实的国家科研工作中锻炼成长，同时科教融合园区的建立，还为研究生提供了校园环境和文化，弥补了研究所工作职业化缺乏校园文化氛围的不足，但是目前由于先进的科教融合经验在国内尚不足，科教融合涉及中国科学院大学、校部学院、科教融合学院、研究所、研究中心等几方协同育人，关于组织机构的责任与边界，如何有效协同育人，还需要进一步探索，并且各相关机构在育人理念的传播、顶层设计制度的完善等方面还需要进一步提升。同时，各研究所对于自己的传统文化、思政资源的挖掘、传承、开发等还有待提高。

（二）"山地科学"育人的未来规划

未来成都山地所还将进一步传承、丰富和发展"山地精神"这一宝贵科学家精神的具象化精神财富，作为研究生培育思政赋能的重要思想文化内容，通过面向国家山区现代化的战略发展规划，在四个方面不断提升"山地精神"育人模式。第一，育人模式现代化，加强思政育人赋能新技术淬炼创新和培育，如将实地遥感技术、大数据挖掘技术、人工智能机器学习技术等运用于传统的野外科考实践中，辅助山地科学的与时俱进，升级迭代，也促进"马斯克"式具有多学科交叉能力、掌握前沿技术、具有很强创新能力的研究生不断被培育出来。第二，提升研究生的价值感和责任感。通过参与成都山地所面向国家国土安全、生态屏障安全、人民生命财产安全守护的课题、项目任务，通过耳濡目染，以科研项目育人，提高责任感与使命感，为党育才，为国育人。第三，面向专业赛道，做出特色，充分发挥智库与人才"蓄水池"作用，引领潮流。根据山地科学的特殊性，结合几代科学家的研究成果，不断完善本研究领域的特殊学科体系，行业标准，做出特色，在世界范围内得到更多的认可，同时针对我所学科特色，不断深化特色的研究生培养模式，以教育促进科研，领跑世界相关领域的研究。第四，加强育人的系统性与跨各类平台的动态合作机制，给研究生提供更广阔教育、科研平台。促进以科研项目、问题为导向的多学科交叉模式，通过更加灵活的顶层设计，实现跨实验室、中心、研究所、区域高校的网络平面化多维协作，并不断摸索协作的育人模式，为研究生提供更广阔的"科教融合"培育平台。

综上所述，科教融合的研究生培育模式，正如毛泽东同志所言"广阔天地，大有可为"。

【供稿人：姚彩云】

第八章 培养质量

案例十三：加强研究生教育质量内部保障体系建设
——中国科学院精密测量科学与技术创新研究院

一、背景介绍

中国科学院精密测量科学与技术创新研究院（简称精密测量院）由中国科学院武汉物理与数学研究所（始建于 1958 年）、中国科学院测量与地球物理研究所（始建于 1957 年）融合而成，面向国家的重大战略需求，发挥多学科交叉优势，开展原子频标与精密测量物理、大地测量和地球物理、综合定位导航授时、脑科学与重大疾病以及多学科交叉的数学计算等研究，涵盖物理、化学、数学、测绘科学与技术、地球物理、地理等多个学科培养点，在学研究生 600 多人，其中中国科学院大学学籍研究生 500 多人，导师 240 人左右。

精密测量院多年来以学科建设为抓手，广泛调研、深入交流，学习和借鉴兄弟单位、高校在生源质量、过程控制、论文质量、导学关系等方面的特色和优势，结合单位实际，持续加强研究生教育质量内部保障体系建设。

二、主要举措

（一）提振精神、营造氛围，把好研究生思想引领关

一是完善制度建设。按照中国科学院《关于进一步加强和改进研究所学生思想政治工作的通知》要求，结合精密测量院实际，制定研究生思想政治工作实施方案，成立研究生思想政治工作领导小组，确保在党委统一领导下，党政齐抓共管，形成各部门、科研单元、导师等齐抓共管的工作格局。二是加强队伍建设。通过设立思政辅导员、组建"心理委员-心理联络员-心理辅导员"三级工作体系，全面跟踪学生信息，及时处理突发情况，对联系异常、健康异常、心理异常的重点关注对象一对一跟踪，尽早介入、竭力援助，让学生充分感受到教育的温度；通过研究生会、班级、学生党支部等学生组织建立"纵横交错"的网格化管理体系，抓好学生骨干、

延伸管理触手、畅通工作渠道，做到学生诉求及时响应。三是做好内容建设。创办"师说"系列讲坛，加强名师引领作用，通过邀请国内外知名专家，结合自身科研工作、个人成长和学术经历，分享科学思想、科学精神及人生感悟，启迪研究生科学思维、培养研究生家国情怀和科学报国理念，弘扬科学家精神，提升研究生综合素养。积极发挥朋辈引领示范作用，举办"榜样"论坛、硕/博论坛，选取与广大研究生学业、成长需求、利益相关的话题，邀请"五四青年突击手"、优秀毕业生、优秀学生代表现身说法，分享科研、学习、生活经验，搭建自由、宽松的交流平台，让同学们从朋辈身上感受科研的魅力与坚守。围绕研究生群体的特点以及他们关心、关注的热点问题，邀请院内外专家作时事、心理、就业等专题讲座，组织开展丰富多彩的主题特色活动，通过理想信念教育、科研诚信教育、趣味文体活动等传播正能量，平衡和满足学生全面发展的需要。

截至 2023 年，精密测量院"师说""榜样""研究生成长沙龙"等多项活动均获批中国科学院大学品牌文化建设项目（思想政治教育类项目）。

（二）以强化责任为核心，推进导师履职能力建设

导师是研究生培养工作的第一责任人，通过调研分析，我们了解到，61.55%的同学认为导师在其个人成长过程中起最主要作用（图 8-1）；同时，学生 80%以上的时间都在课题组，课题组的环境和文化氛围是对其影响最大的环境因素（图 8-2）。由此可见，课题组的培养模式、导师的一言一行对其影响深刻，导师的思想状况很大程度上决定了其所培养学生的思想状况，对研究生的世界观、人生观、价值观以及治学态度具有主体影响力，只有充分发挥导师的作用，才能真正做好研究生工作。

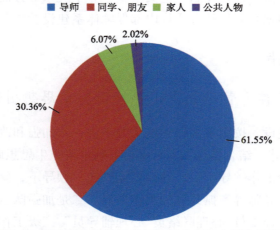

图 8-1　在研究生的思想成长过程中起最主要作用的人

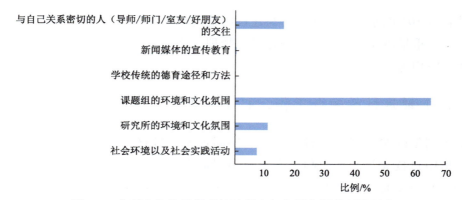

图 8-2 在研究生的思想成长过程中起主要作用的环境因素

精密测量院通过推进"师生双选"和"指导小组"机制，充分尊重学生志趣和意愿，保证每位学生都能得到充分的指导，为构建良好的导学关系打下基础；通过定期组织导师上岗、在岗培训，邀请优秀导师做经验分享，多渠道、多层次提升导师履职能力，强化导师立德树人和第一责任人的职责，提升育人意识；通过不定期召开情况通报会、沟通会，听取导师建议，让导师参与研究生过程管理；通过鼓励以课题组为单位开展师生社会实践活动，加强师生交流；通过举办"我与我的导师"征文活动，树立优秀导师榜样，引导和谐导学关系。

近年来，精密测量院多名导师获得中国科学院优秀研究生指导教师奖、中国科学院朱李月华优秀教师奖、中国科学院大学"领雁奖章"。同时，精密测量院在导师中遴选业务能力强、政治素质过硬的导师兼任思政辅导员、心理联络员，定期举办"研究生成长沙龙"活动，为学生答疑解惑，受到学生广泛好评。

（三）"走出去、请进来"，以学科建设为牵引，做好顶层设计

提高研究生培养质量关键在于抓好重点学科建设。精密测量院的学科领域涵盖数学、物理、化学、测绘科学与技术、地球物理学、地理学，为持续做好学科建设工作，精密测量院组织学科专家、管理骨干在全国范围内开展调研工作，通过走访武汉大学、同济大学、中国人民解放军战略支援部队信息工程大学等实力雄厚的重点高校，学习他们在学科建设和人才培养方面的先进经验和有效措施。同时，定期召开学科建设研讨会、专家评审会、课程教学研讨会、培养质量研讨会、招生工作经验交流会等，邀请国务院学科评议组专家"现场问诊"学科建设工作中的"短板"，优化学科发展方向；请教学和教育管理专门部门"传经送宝"，夯实学科发展，筑牢人才培养的基础。

经过多年努力，精密测量院带领测绘科学与技术一级学科在全国第四轮学科评估中与北京大学、同济大学并列全国第四，被誉为中国科学院大学唯一的孔雀型学

科（排名前 10% 的小众学科）。参与建设的地质与地球物理学入选北京高校高精尖学科，获得重量级建设经费。参与建设的物理、化学、数学、地理学在全国第四轮学科评估中均为 A+。

（四）聚焦科教融合工作，打造"菁英"生源主渠道

精密测量院响应国家"科教结合、协同育人"号召，多年来与中国科学技术大学、华中科技大学、华中师范大学、中国地质大学、云南大学共建，先后开办"菁英班"11 个，助力本科生培养，多次获中国科学院"优秀大学生科研实践基地"。经过实践摸索，精密测量院联合合作高校，为各"菁英班"量身定制培养方案，组织由院士领衔的专家团队，全方位参与到"菁英班"本科一线教学、科研实践指导、开学典礼、入学教育等活动中，强化"菁英班"学员们的身份认同感。此外，通过举办实习推介会、师生座谈会，优先推荐参加夏令营、科创计划等方式，邀请"菁英班"学生走进精密测量院，增进他们对精密测量院的了解和相关研究领域的兴趣。经过数年的坚持和扎实推进，"菁英班"、夏令营和科创计划已成为精密测量院主要的硕士生源渠道（占比 70%），"菁英班"更是为推免生招生提前锁定了优质生源。

（五）质量关口前移，严格过程控制，将学位论文质量视作"生命线"

结合上级主管部门对加强研究生培养质量管理的相关要求，精密测量院以修订培养方案为契机，明确过程监督导向，对关键培养环节加强督导，体现"过程育人"。明确开题报告、中期考核、博士资格考核等时间节点，要求考核不通过者半年内进行二次考核，仍未通过者予以分流处理，将质量关口前移、及时止损。

在严控学位论文质量方面，精密测量院规范学位论文撰写、答辩流程，做好答辩资格审查、论文查重，针对评阅专家和答辩专家意见落实逐条回应等流程把控，确保责任到人；出台学位论文盲审制度，严把最后一道关口，将发现的问题通报学位会，纳入导师评优及招生指标分配参考依据。

近年来，精密测量院研究生年均 100 余人次获得国家级、院级各类奖项，包括国家奖学金、中国科学院优秀博士学位论文、中国科学院院长奖、朱李月华优秀博士生奖，每年参加学科类全国性博士论坛作报告并获奖。

【供稿人：蔡怡春】

案例十四："菁英教育"与人才培养
——中国科学院新疆生态与地理研究所

一、背景介绍

中国科学院新疆生态与地理研究所（简称新疆生地所）位于新疆维吾尔自治区政治、经济、文化、科教和交通中心——首府城市乌鲁木齐，野外台站遍布天山南北，具有地理学、生态学、环境科学等研究领域得天独厚的地理条件与环境优势。研究所面向国际干旱区生态与环境领域科技前沿，面向国家丝绸之路经济带建设重大需求，面向新疆社会稳定与长治久安总目标，创新干旱区科学的理论和方法体系，在干旱区生态学与干旱区地理学领域，围绕干旱区自然资源开发、生态修复、环境治理、生物多样性保育和区域可持续发展等重大问题开展研究和试验示范，在亚洲中部干旱区生态与环境领域发挥不可替代的骨干和引领作用。

由于新疆的高等院校较疆外省份较少，如何吸引优秀生源、提升培养本土人才质量是研究生招生与培养面临的难题。为探索科教结合培养拔尖创新人才的新途径，新疆生地所与石河子大学（具体由生命科学学院承担）于2012年开始开展生物学专业本科层次"菁英班"工作。通过多年合作与探索，目前该"菁英班"在招生选拔、优秀学生培养等方面取得了长足的进步。优秀的本科生通过推免、直博生等方式到科研院所继续深造，人才成长的"绿色通道"打通后，研究生培养与特别研究助理等博士后等项目对接，对研究所引进优秀本土人才在新疆开展科研工作起到了很好的促进作用。

二、主要举措

研究所有生物学一级学科博士、硕士培养点，主要开展干旱区植物资源和生态系统的形成、演变、现状和持续利用的研究。为促进我国西北地区生物专业科学教育、科技、文化的发展和创新，新疆生地所与石河子大学在科研项目等的合作基础上，在人才培养、科技合作、资源共享、学术交流等方面开展深度合作，以期建立人才、学科、科研三位一体的协同创新平台，形成产学研用融合发展的技术转移模式，推动知识创新、技术创新和人才培养创新，共同为科技创新和经济建设发挥更大作用。

（一）培养模式

作为全国首批签署培养协议和进行科教结合协同育人的高校和研究所之一，新疆生地所与石河子大学在本科生招生时就将"菁英班"纳入培养计划，制定专门的培养方案。"菁英班"的学生按照"3+1"模式进行联合培养，即前 3 年在学校进行专业课程学习，第四年在新疆生地所进行为期 1 年的科研训练，在研究所参与科研项目训练的同时完成本科毕业设计选题。"菁英班"的学生在掌握扎实专业理论知识的基础上，将在校学习的理论知识与在新疆生地所的科研实践结合起来，充分利用新疆生地所的科研资源优势完成毕业设计，在实践中增长知识、增长才干，提高自身的综合素质和竞争力。

（二）校所联合管理

"菁英班"实行双班主任和双导师制管理，由高校和研究所共同选派导师，对学生的选课、学习、科研训练、专业发展等进行指导，定期开展师生交流讨论，帮助学生树立正确的人生目标，培养学习兴趣，全程关注学生成长。"菁英班"学生在校期间享受的大学助学金、奖学金、选优评先和推免研究生等各种学生权益与其他班级学生相同。在研究所进行专业训练和实习期间，新疆生地所负责安排住宿，并提供研究助理津贴补助，对于表现突出的优秀学生，新疆生地所特设大学生科研实践奖励计划项目给予奖励。

三、"菁英"培养

（一）开设特色课程

研究所的课程设置强调科教融合特色，授课教师均为科研一线的科研人员，课程内容与学科前沿紧密结合，加强与科研相关的研究方法类、研讨类课程设置，课程内容突出学科交叉特色。新疆生地所开展的"菁英"教育是先鼓励本科生参与实验室的技能训练，在与研究所的研究生一起开展实验与项目研究时，鼓励他们发现科研问题，激发他们的学习热情。进而，通过前沿讲座等特色课程为学生答疑解惑，训练他们的科研思维模式。为本科生开设的个性教育教程，目的是使学生掌握新疆荒漠生态系统结构与功能，以及其对环境变化的响应特征，并以典型案例研究为切入点介绍相关领域研究进展，激发学生发散思维。要求学生了解干旱区生物多样性和生物资源的独特性，掌握干旱区荒漠生态系统基本概念和科学前沿，掌握基础理论和方法，具备发现问题和解决问题能力。

研究所开设的特色课程和前沿讲座有："干旱区植物演化和地理格局""荒漠植物种子多样性及其休眠特征""基于分子系统学谱系认识休眠微生物及对群落的影响""中亚干旱区植物多样性信息简介""陆地植物群落物种多样性的调查方法""全球变化及其生态效应——以氮沉降为例""作物驯化与人类生活""近 15 年蒙古野驴和鹅喉羚生境格局动态与成因分析""盐碱生境微生物多样性及其生态适应机制""植物和水分的关系——吸收与运输""野生动物野外调查与数据采集方法"

"分子生物学与种质资源保育""入侵昆虫生态学与农业生物安全""耐干性状适应性进化及其基因资源挖掘利用""活性天然产物研究方法与技术"。同时，鼓励本科生去聆听研究所举办的中外著名学者的学术报告，以及旁听研究生的开题和中期汇报，帮助想进一步深造的本科生了解研究生的教育方式，"菁英"的本科生培养趋向研究生的培养。

（二）科研训练

"菁英班"的本科生是研究所最年轻的群体，走进没有校园的科研院所，及时将他们从课堂被动式输入教育转向研究所的技能输出训练是进行科研基础训练的起点。严谨又不失活泼的实验室训练是他们开启科研工作的第一站，实验室很注重打造"快乐科研"的氛围。鼓励本科生在实验过程中遇到问题的时候，主动与实验室的师兄师姐和老师进行沟通解决。安排研究方向接近的几位同学和老师组成实验小组，互帮互助共同攻克科研难题，并在取得数据之后共同参与论文撰写，通过交流和互动，本科生很快就适应了新的学习和生活环境。

掌握科技英语与提升写作能力是"菁英"教育不可或缺的培训。缺乏语境，本科生的听说能力相对较弱。研究所有留学生 50 多人，也有外籍博士后，研究所的导师会要求组会的工作汇报以及文献汇报都必须用英文进行，鼓励在实验室也经常用英文进行沟通，极大地提高了学生的英语交流能力。在后期参加硕士考试的面试环节时，"菁英班"的学生表示受益于平时多用英文，面试时的英文表达很加分。

实验数据分析与掌握专业软件的能力也是"菁英"训练不可或缺的能力。生物实验的实验环节需要认真操作与观察记录，实验获得的数据要会结合数理知识进行科学分析，如有异常，要查找和分析原因。实验室的老师要求学生注重实验的细节，养成严谨认真的科学态度，对实验结果的真实性负责。取得第一手的实验数据后，本科生也试着开始科技论文的撰写。在研究所老师的指导下，多名本科生都有科技论文发表。

四、培养成效

（一）优秀硕士研究生培养的蓄水池

自"菁英班"开班以来，石河子大学生命科学学院共 201 名同学在新疆生地所分别进行了将近 1 年的科研实习及训练，学生的科研动手操作及研究能力显著提升，取得了良好的效果，成功考研率在 70% 以上。

1. 科研训练扎实，学术水平显著提高

学生进入新疆生地所实习，每周都参加 1～3 次学术报告和研究生组会，并经常作学术汇报。同时，学生也进行了科技论文写作训练，"菁英班"学生的本科毕业论文写作更加规范、水平更高。"菁英班"学生以第一作者开始发表中文核心期刊文章。"菁英班"学生自 2015 年开始独立主持申报中国科学院大学科创项目，多年来共获批了 26 项，每个项目资助 8000～10 000 元。

2. 推免率及考研率高

"菁英班"学生每年度获得推免资格的比例高，占学院推免总人数的 40%～60%，年度考取研究生人数占"菁英班"学生总数的 60%～70%，都高于学院普通学生的水平，"菁英"教育成为优秀硕士研究生培养的蓄水池。

3. 就业率 100%

"菁英班"学生除 60%～70%考取中国科学院、"双一流"建设高校的硕士研究生或硕博连读生外，其余同学大部分在生物技术相关企业就业，年度就业率为 100%。

（二）实践拔尖创新人才培养的升级版

在和石河子大学长期联合培养本科生的基础上，人才培养的层次逐步上升到研究生的培养。为发挥高校与科研院所各自资源和特色优势，突破体制机制壁垒，大学和研究所开始互聘导师，促进双方的学科建设。双方围绕生命科学、资源与环境科学领域科学技术前沿和经济社会发展的重大问题开展协同创新研究，共同组建科研团队，就双方共同感兴趣的课题开展科技攻关，联合申报国家相关部门的重大项目或专题项目。校、所的团队教师在教学、科研方面相互促进、教研相长。10 年来，校、所合作共同开展项目 20 余项、经费 3000 万元以上，许多成果已转化为微课、多媒体课件、虚拟仿真教学材料等优质教学资源。2023 年校、所共同申请并获批了新疆维吾尔自治区产学研联合培养研究生示范基地。

在校、所老师的精心培养下，"菁英班"成才的好口碑吸引石河子大学的优秀学生积极加入到新疆生地所的科研团队，成功地解决祖国西部研究所生物学科生源不足的问题。在积极总结"菁英班"育人经验的基础上，研究所努力打通优秀人才培养绿色通道，吸引优秀创新人才在新疆学习与工作。

【供稿人：周斌、邹婷、李春华】

案例十五：实施"一生一芯"计划，培养国家急需人才
——中国科学院大学

一、背景介绍

我国计算机专业当前面临的较为突出的人才培养问题主要体现在计算机应用开

发人员数量相对饱和，而底层软硬件研发人才匮乏，特别是计算机处理器芯片设计人才严重不足。这直接导致国内 IT 人才结构失衡，使得中国庞大的 IT 产业建立在国外软硬件系统平台之上，很多关键技术被国外"卡脖子"，国家安全受到威胁。若要解决这个问题，就必须立足国家当前面临的紧迫问题和未来战略需求，超前布局处理器芯片这一关键领域紧缺人才的培养，创新培养模式。然而，由于高端处理器芯片设计和生产成本不断增加，相关技术难度不断加大，因此，目前只有极少数条件较好的大学和科研机构能够从事这方面的研究并培养少量人才，这远不能满足国家对该领域高端人才的迫切需求。

针对上述情况，中国科学院大学计算机科学与技术学院[由中国科学院计算技术研究所（简称计算所）牵头承办]立足已有的理论课堂与实验教学，结合计算所的科研工程支撑团队，于 2019 年 8 月启动了"一生一芯"开源处理器教学流片实践项目计划，至此形成了计算机系统方向理论课、实验研讨课与实践项目之间有机衔接和贯通式实践训练。

"一生一芯"开源处理器教学流片实践项目计划旨在以"新工科"理念对现有计算机教学与培养体系进行梳理，贯通学生的计算机系统能力与处理器芯片设计能力，并将能力培养融入学生培养的各个环节，培养出既掌握计算机基础理论知识又能够实现从软件到硬件、从系统原理到芯片设计全过程的优秀学生。同时，也希望参与该计划的每位学生能通过亲自实践，实现"带着自己设计的芯片毕业"的目标，始称"一生一芯"计划。

二、具体内容

（一）"一生一芯"计划的前期工作基础

中国科学院大学自 2014 年招收本科生以来，持续开设"计算机组成原理""操作系统及实验""计算机体系结构及实验""编译原理及实验"等若干门相互独立又有机结合的计算机专业理论与实验课，这些课程的开设为"一生一芯"计划的提出与实施创造了前提条件。

在广泛调研国内外兄弟院校多年来的教学模式后，中国科学院大学教学团队以"计算机组成原理"课程为切入点，创造性地开展了"敏捷教学模式"的研究，探索了基于 FPGA（Field Programmable Gate Array，即硬件现场可编程门阵列）芯片教学云平台的计算机组成原理课堂与实践教学设计。在教学形态上，从单一的理论讲授演变成为授课与实操互补、软件与硬件并重的立体课堂。在教学实验环境方面，从 2016 年的"上机"（使用计算机软件仿真进行模拟实验），到 2017 年"上板"（在实验室使用 FPGA 可编程芯片硬件板卡设计 CPU），到 2018 年 FPGA"上云"

（师生本地编译代码、远程访问 FPGA 教学云平台进行原型验证与实际测试），再到 2021 年春季全面"上云"[师生使用计算所自研"思沃"（SERVE）开源芯片敏捷开发云平台、全在线完成从代码编译综合到 FPGA 原型验证的全流程开发]，教学实验环境实现了跨越式发展。2018 年 3 月至今，教学云平台已服务中国科学院大学 440 余位本科生教学。2020 年春季学期，累计支撑师生 19 477 次访问和 1907 小时实验，使中国科学院大学成为新冠疫情期间全世界极少数能完整开展处理器硬件在线实验教学的大学。

2018 年春季学期的调查显示，通过"计算机组成原理"课程，超过三分之一的学生对计算机系统方向及处理器芯片设计领域产生了兴趣，他们未来将有可能成为持续解决并攻克我国集成电路芯片"卡脖子"问题的后备人才。"计算机组成原理"课程在 2020 年入选首批国家级一流本科课程、北京高校"优质本科课程"、中国科学院大学校级本科生优秀课程。教改内容受 2019 年北京高等教育"本科教学改革创新项目"资助。相关教学研究成果发表在国际计算机科学教育研究领域旗舰会议 ACM SIGCSE 2019。该文章为此会议 50 年历史以来中国第四篇（港澳台除外）、中国科学院大学首篇长文，同时荣获 2019 年第三届全国高等学校计算机教育教学青年教师优秀论文一等奖。目前，教学云平台也在为"一生一芯"计划参与学员持续提供全天候的在线实验环境。

（二）"一生一芯"计划的教育理念与培养思路

2010 年，在教育部高等学校计算机类专业教学指导委员会指导下，由国防科技大学、北京航空航天大学、南京大学、北京大学、清华大学、西北工业大学、南开大学、中国科技大学、武汉大学等学校有关教授和机械工业出版社华章分社组成计算机类专业系统能力培养研究项目研究组（即"系统能力 1.0 组"），开始进行关于计算机专业学生系统知识结构、系统能力、系统课程设置及实践的研究。

为适应智能时代的计算机人才需求，2018 年初成立了智能时代计算机类专业教育计算机类专业系统能力培养 2.0 研究组，主要任务是继续深化和提升系统能力培养、研究智能时代计算机专业教育知识结构及能力的重构与优化。

为解决当前芯片"卡脖子"问题，并面向未来计算机系统领域拔尖人才需求，"一生一芯"教学团队提出"计算机系统能力 3.0"芯片人才培养目标，即以开源芯片为切入点，以处理器芯片敏捷开发方法为实验手段，将计算机科学与电子信息工程专业课程进行贯通式设计，突出科教融合与产学研融合特色，理论与实践并重，通过教学流片计划实现硅上处理器教学，培养计算机系统领域全栈式拔尖人才。

"计算机系统能力 3.0"芯片人才培养的理念是用开源技术、做开源芯片、育芯片人才。具体来讲，为培养具有计算机系统能力的"卡脖子"芯片人才，贯通计算机本科阶段系统方向核心课程与实践内容，包括组成原理、体系结构、操作系统、编译器等软硬件课程，并延展至电子信息工程专业，包括片上系统（SoC）与芯片后端设计等课程。基于开源软硬件生态形成处理器芯片人才培养体系，探索"硅上做教学"，即学生自行设计处理器芯片，提交版图文件至芯片代工厂（Foundry）进行流片，并在回片后进行测试调试，并运行操作系统。

在横向上，贯穿多个课程的教学和实践内容，培养全栈式系统能力，使学生可以在自己设计的芯片上运行自己的操作系统和编译器等。同时，关注纵向的软硬件技术与专业能力培养，如处理器核中的乱序多发射、同步多线程（SMT）等技术（图 8-3）。最终使学生既能掌握全栈式系统能力，又可在其中一个或数个环节上做到精通。

图 8-3　全栈式拔尖人才计算机系统能力培养维度

此外，《中共中央关于制定国民经济和社会发展第十四个五年规划和二〇三五年远景目标的建议》提出，推进产学研深度融合，支持企业牵头组建创新联合体，承担国家重大科技项目。"计算机系统能力 3.0"芯片人才培养计划未来将面向产业、教学、科研的实际需求，与国内龙头高校、企业、研究机构开展深入合作，并逐步建立精准定向的人才输送机制，加速最终成果转化，促进我国开源芯片生态形成良性循环。

（三）"一生一芯"计划的组织实施与创新模式

1. "一生一芯"计划的具体实施流程

以上述教育教学前期工作和培养理念为基础，"一生一芯"计划的教师团队拓展"计算机组成原理"专业核心课程群的内容体系，面向本科高年级学生开发出了一套具有挑战性、融会贯通本科阶段计算机课程软硬件核心知识点的实践项目教学方案。

2020 年 7 月，首批参与"一生一芯"计划的五名中国科学院大学本科生自主完成了一款开源处理器 SoC 芯片设计并在工程团队的共同努力下流片成功。此后，在学校的大力支持下，"一生一芯"计划已开展到第六期，立足北京，辐射全国[①]。

第三期"一生一芯"计划报名总人数超过 760 人，覆盖国内外 168 所高校（含国外 30 所），其中本科生与研究生约各占 50%、中国科学院大学学生占比最大（9.5%）。"一生一芯"计划初步形成了"开源开放"的大规模芯片设计人才培养机制。需要指出的是，第三期"一生一芯"首次尝试大规模芯片人才培养，探索由学生指导学生的助教流程以及更低成本的流片方案。同时，"一生一芯"计划始终立足于培养学生横跨"体系结构设计、SoC 集成和 IC 后端设计"的全链条芯片设计能力，探索引入编译器、操作系统等动手实践内容，推动一体化全栈式系统能力培养。

此外，"一生一芯"提倡开源开放的理念，始终以开源社区的运营方式，依靠网络平台和助教群体，组织大规模学生培养。第三期"一生一芯"召集了基础能力较好且学习能力较强的同学，组成了 20 余人的助教团队（线上和线下），分组负责给数百名同学安排学习进度、答疑和听取进展汇报，定期总结并组织讨论，与指导老师共同完善"一生一芯"计划的文档讲义、指导方法和教学流程，取得较好效果。

第四期"一生一芯"计划于 2022 年 2 月启动，报名人数 1700 余人，覆盖了国内外 300 余所高校，共 20 名学生达成流片指标。第四期采用新的教学理念和方法，首先是降低坡度，项目组将学习流程依次划分为预学习、基础、进阶和专家共四个阶段，其中预学习阶段的引入让基础欠缺的学生查缺补漏，帮助他们更平滑地过渡到正式学习阶段。其次是提高标准，本期对学生的学习质量提出了更高要求，不仅要理解软件程序是如何一步步在硬件芯片上运行的，还要锻炼学生独立解决未知问题的能力，助教只提供关键节点的引导，鼓励学生主动探索问题的解决方案。

第五期"一生一芯"计划于 2022 年 8 月启动，2023 年 7 月截至，报名总人数 1800 余人，覆盖国内外 300 余所高校。第五期新增教学视频和课件，为学生带来更好的学习体验，也提升了学习质量。

第六期"一生一芯"计划于 2023 年 7 月启动，面向全国芯片设计爱好者开放报名，目前仍在报名中，已有超过 1900 名学员报名，覆盖国内外 350 余所高校。

2. 创新教育管理模式与技术手段

在"一生一芯"计划的实施过程中，教学团队对教学管理过程与实验技术进行了重点设计与优化，提出并实现了"大规模人才培养流程""多维度教学指导""低成本实验技术"等创新的教育管理模式与技术手段，这为后期该计划的推广打下了良好基础。

1）大规模人才培养流程

为吸引更多高校师生参与"一生一芯"计划，扩大学习规模，本计划从教学组

[①] 第六期后"一生一芯"培养计划已经取消期的机制。一生一芯全年开放报名，滚动培养。

织管理上进行了创新，实现了"学生指导学生"的大规模人才培养流程。具体地，项目组在报名学生中筛选一部分能力较好且学习热情较高的学生担任助教，由教师或工程师指导他们完成相应的学习内容，再由助教担任指导老师的角色指导其他学生。以第三期"一生一芯"计划为例，报名人数共计 760 余人，在 36 名助教的支撑下，持续学习的学生共计 215 人，流片学生 50 余人。在大规模人才培养方案的支撑下，讲座、答疑、进度检查、SoC 集成验证和后端物理设计，皆由学生完成，工程师仅在最后阶段参与芯片后端的检视工作并提出改进的建议，成功解决了教师和工程师的数量无法随培养规模线性增长的难题。随着助教指导质量的提升，1 名助教可指导更多学生学习。

2）多维度教学指导

本项目在推进过程中，指导团队尤其关注以学生为中心的教学管理与个性化发展。既给予学生足够的发挥空间，同时又在关键时刻对学生进行技术与心理方面的多重辅导。具体方法如下。

（1）目标驱动导向：师生以"处理器芯片流片"这个阶段目标为驱动导向，降低教师对课程实验框架的约束，给予学生更为广泛的发挥空间。具体地，"一生一芯"使用目标驱动的方式，在适当引导的前提下，教学团队不提供步骤详细的实验手册，不限制具体的技术路线，而是设立多等级目标，包括基础性目标（所有同学均需要完成）、提升性目标（推荐大多数同学完成）和挑战性目标（提供给少部分学有余力的同学）。这种目标驱动的教学方式有利于培养学生解决问题的能力与创新性思维，解放学生思想，让学生能够最大限度地发挥主观能动性，从而综合提升个人的工程能力与学术水平。

在教学实践过程中，同学们充分发挥了自己在本校学习到的课程知识，同时完成了教学团队设定的目标。目标驱动方法使得不同层次、不同兴趣方向的学生都能有所收获，取得自己满意的实验成果。

（2）理论联系实际：在培养基于实际芯片物理实现的计算机系统方向人才方面，中国科学院大学采取了"一生一芯"计划，以"流片"为目标，强调面向真实物理实现的硬件设计。在传统系统类课程中，本科生难以接触到真实、完整的芯片后端流程，他们的实践往往止步于前端设计，最多使用 FPGA 芯片进行模拟。与之不同，"一生一芯"计划则采用面向真实流片的 EDA 开发工具链，为学生的芯片前端设计提供完整的后端流程支持。学生可以根据真实的评估结果来反思与重构自己的前端设计及芯片整体架构设计。这样的真实流程和评估结果使学生有机会接触并实践真实的芯片前端设计。

（3）"技术+心理"双辅导：在"一生一芯"教学实践中，使用了多维度的学生指导方法。在形式上，教学团队定期与学生分组进行在线会议，就每个学生的背景知识和完成进度进行个性化的指导。在辅导内容上，教学团队既进行详细、有针对性的技术指导，也十分重视心理方面的辅导。注重培养学生的抗压能力与耐挫能力，激励学生克服困难，提升信心，增强学生的胜任力，以使其更加适应未来的学习与工作环境。

3）低成本实验技术

为了便于在未来推广本项目的教学经验和课程体系，让更多高校可以加入"一生一芯"计划，提出了两项主要的核心实验技术，使芯片复杂度和人均流片成本大幅度降低。

创造性提出多设计单芯片集成技术（Multi-Design Die，MDD）。传统芯片设计时，每个芯片只会放入一个处理器设计核。但是在本项目的学生测试芯片中，可以通过在一个芯片中集成多个不同设计的方式来降低测试芯片的流片成本。具体地，后端团队使用同一组输入输出引脚（IOPAD），通过多路选择（Mux）输入的选择信号来确定当前工作的处理器核心。使用这种技术的优点是，在一次多项目晶圆（Multi-project Wafer，MPW）流片中可以同时验证多种不同的设计。从实现效果来看，使用 MDD 技术可以将每个验证核的流片成本降低到原来的十分之一。如果未来有更多的学生和高校参与到流片计划，可以将人均流片成本进一步显著降低。同时，流片成本的降低也会让更多的高校参与到这个项目，进一步推广本科生的芯片硬件教育，使最终实现大规模开展"硅上"教学的目标成为可能。

吸收借鉴开源领域互联技术 CHIPLINK。通过 CHIPLINK 将外设移至北桥，降低芯片流片复杂度和成本。"一生一芯"学员的主要学习重心在于处理器核的前后端设计，但是整个处理器芯片的工作需要外设的配合。为了使流片计划顺利推进，采用 CHIPLINK 总线将复杂外设外挂到北桥的技术方案，并使用可编程 FPGA 芯片充当北桥功能。同时，在 SoC 中仅保留 SPI 和 UART 这两个最基本的简单外设，为芯片基本功能验证提供基础外设支持。

采用此方案的优势在于：第一，该套技术方案更加方便复现与移植，其他高校如果采用同样的方案可以在短时间内搭建整个设计框架；第二，每个学生可以只关注处理器核的设计，将自己设计的处理器核接入本框架中即可进行下一步的验证；第三，本方案对处理器的接口进行了规范。标准的接口利于未来大规模教学的开展。

3. "一生一芯"计划中的思政教育

"一生一芯"计划需要学生进行各种探索性的尝试、克服大量技术挑战。它不仅培养了学生的奋斗精神，而且提升了学生科研攻关的信心和动手能力。同时，课程团队在教学过程中，也适时地将该领域我国老一辈科学家为国分忧的创业故事和案例介绍给学生，使学生在学习的同时接受生动的爱国主义教育。

（四）"一生一芯"计划的初步成果

总体上看，"一生一芯"计划培养的学生已成为科研生力军。例如，第一期全部 5 位同学、第二期 3 位同学在完成"一生一芯"的学习后均加入了开源高性能 RISC-V 处理器"香山"团队，如今均已成为"香山"团队的核心技术骨干，分别带领四个小组的学生和工程师推进项目的开发。目前，已有 18 名经过"一生一芯"计划培养的人才进入到"香山"项目中参与开发工作。另外，部分学生参与了 RISC-V 国际基金会虚拟内存工作组的研发和交流工作。

在社区建设方面，"一生一芯"目前已建立 7 个兴趣 SIG 小组，主题分别为：高性能体系结构模拟器、开源 IP 组件库、开源处理器核、开源芯片数据集、开源 RTL 仿真器、国际交流和翻译、学员成长追踪。其中，国际交流和翻译小组参与了 RVFA 国际认证课程学习资料的汉化工作，学习资料已上线。

在核心技术方面，支撑团队已完成可基本支持 28nm 流片的开源 IP、EDA 工具和流程。开源 IP 子项目完成了 SDRAM、UART 等数个慢速接口 IP；EDA 工具已完成逻辑综合、物理设计、时序分析和功耗分析等工具的串联工作，并完成数颗测试芯片，为开源 EDA 工具进入"一生一芯"的教学流程打下坚实的工程基础。在组织流程方面，为实现大规模人才培养的目标，建立全新的线上助教分组学习机制，充分调动线上助教的积极性，配合会议机制和考核机制，利用组会和答辩会等多种线上交流机制，加强学员监督和管理。探索训练营组织模式，探索出寒暑期短期训练营和长期训练营两种组织模式，帮助"一生一芯"计划选拔人才和培养种子助教人选。

在人才培养出口上，"一生一芯"计划实现了向"卡脖子"领域企业输送人才：完成"一生一芯"学习并流片的应届毕业生中，部分学生前往卡耐基梅隆大学、佛罗里达大学、香港科技大学、中国科学院计算技术研究所、中国科学院微电子研究所、清华大学等高校院所学习深造，开展芯片相关方向的研究工作；还有部分学生前往华为技术有限公司、海思半导体有限公司、北京比特大陆科技有限公司、北京嘉楠捷思信息技术有限公司等企业，从事芯片方向的工作。

三、工作总结

（一）"一生一芯"计划的教学反思

经过连续六期"一生一芯"的实施，教学团队也在此过程中发现了若干可以改进的地方。一方面，随着"香山"等前沿开源项目的发展，其门槛也在逐渐提高，这要求"一生一芯"项目组设计出过渡性质的教学方案，帮助学生在完成"一生一芯"的学习后过渡到真实的复杂项目中，其中又包括高级体系结构的知识、前沿科学论文的阅读、来自工业界资深工程师的经验指导等，以及这些知识技能在项目实战中的应用。另一方面，根据与各高校交流的反馈，国内不少高校也希望更多学生能适应并完成当前"一生一芯"的学习，但还需要在前期提供更平滑的教学指导，帮助学生更顺利地从以教师讲授为中心的课堂教学逐渐过渡到以学生动手实践为中心的项目实践中。这要求"一生一芯"项目组对基础阶段的学习内容进行调整和重组，以更好地与当前高校教学中的课程对接。

（二）"一生一芯"未来规划

在现有的工作基础上，项目组未来的工作，将紧密围绕扩大人才培养规模及"一生一芯"影响力这个核心目标，从以下几个方面开展工作。

1. 设置 SIG 小组，专攻指定问题

项目组计划集结多名完成"一生一芯"培养的同学加入社区项目中，如开源 IP、系统软件、指定场景的芯片等。在"一生一芯"的大框架内，设置更多个 SIG 小组，由经验丰富的工程师领队，专攻指定问题（课题或企业）。

2. 邀请更多高校加入，传播人才培养理念

邀请更多高校的老师加入"一生一芯"，对接学校的培养体系，把"一生一芯"的培养理念传播出去，吸引更多优秀人才加入。

3. 联合企业共建，形成人才转化

"一生一芯"将联合多家企业把工程经验转化到教学流程中。同时，进一步了解企业用人需求，更有针对性地把人才输送到企业，以此增加企业在开源社区中的影响力，有助于吸引优秀应届毕业生。

"一生一芯"计划邀请多位来自高校和业内的专业人士组成专家顾问团队，为"一生一芯"提供从高校和企业挑选合适人选的专属渠道，长期稳定输出经验和指导。

项目组将设置对外合作工作组对接企业和高校，了解用人需求，打开用人渠道。对同意推荐工作的同学，建库归档，建设专业猎头团队，推荐至对口企业。

4. 设置培养阶段，扶持芯片高级人才

在培养芯片设计人才之外，团队工程师着力于发掘一批能带团队攻关的技术管理型人才，根据个人意愿，其可选择留在项目组，也可选择进入企业或高校。Tamen在技术上能够完成高级体系结构训练和全链条挑战（RTL-GDSII-板卡-调试启动），能够带 5～10 人的团队完成中小型芯片项目；需要非常认同"一生一芯"和开源芯片的理念；有情怀并且有执行力，不挑活，能吃苦；有较好的沟通能力、文案能力和组织能力。

5. 成立社区追踪小组，优化社区运营

为详细追踪学生的学习情况和社区的运营状况（包括教学、支撑、社区论坛等），"一生一芯"项目组已成立了社区追踪小组，该小组在未来将密切关注社区并实时反馈，尤其是对学生的学习情况和心理状态的关注，根据追踪小组数据反馈，定期对教学流程和讲义进行调整，这部分数据有很重要的参考价值。

综上所述，"一生一芯"计划已实现立足北京，辐射全国，为我国探索出了一套新的大规模芯片人才培养体系，有助于解决我国芯片人才短缺问题。但该计划还在不断改进和完善之中，并希望能进一步向全国其他高校推广，形成课内课外、线上线下混合的教学方法与计算机系统方向人才培养模式，大幅提高我国处理器芯片设计人才的培养规模，缩短人才从培养阶段到投入科研和产业一线的周期，助力解决我国在计算机芯片领域面临的"卡脖子"问题。

【供稿人：包云岗、张科、李琳】

案例十六：中国科学院-南京农业大学生物科学与技术菁英班项目——中国科学院分子植物科学卓越创新中心

一、背景介绍

中国科学院上海生命科学研究院（简称上海生科院）成立于1999年，是中国生命科学领域重要的综合性研究机构，由原上海地区的中国科学院8个生命科学研究所和2个研究中心组建而成。截至2014年底，上海生科院共有在职职工2124人，其中包括中国科学院院士21人、中国工程院院士2人、中国科学院外籍院士1人、美国国家科学院院士2人、发展中国家科学院院士12人；4个国家重点实验室，9个中国科学院重点实验室，1个中国科学院科学卓越创新中心，1个国家重大科技基础设施，1个上海市重点实验室；1个一级学科博士点，11个二级学科博士点；1个一级学科硕士点，1个二级学科硕士点，1个专业硕士点，并设有1个博士后流动站。

南京农业大学是一所以农业和生命科学为优势和特色，农、理、经、管、工、文、法学多学科协调发展的教育部直属全国重点大学，是国家"211工程"重点建设大学、"985工程优势学科创新平台"和"双一流"建设高校。2002年10月，南京农业大学整合植物学、微生物学、生物化学与分子生物学、动物学四个学科正式成立生命科学学院。

　　上海生科院拥有一流的科研团队和领先的国际实验平台，在研究生培养方面需要大量的优秀学生加入。南京农业大学拥有充足的本科生资源，但缺乏高水平的科研指导。鉴于此，2014年，中国科学院上海生命科学研究院与南京农业大学生命科学学院正式签署"南京农业大学生物科学与技术菁英班"（简称"菁英班"）合作协议，建立实践教学基地。将中国科学院的科研优势与南京农业大学的教学资源优势相结合，探索校所联合、科教结合、协同创新、培养具有扎实理论基础和鲜明专业特色英才的新模式、新机制，共同培养生物科学与技术及相关学科领域高水平研究型人才。

　　中国科学院分子植物科学卓越创新中心（简称分子植物卓越中心）是中国科学院直属的独立事业法人科研机构，其前身是中国科学院上海生命科学研究院植物生理生态研究所。1999年，中国科学院上海植物生理研究所与中国科学院上海昆虫研究所整合成立中国科学院上海植物生理生态研究所，随后并入上海生科院。2016年，上海生科院开始进行改革。2019年，上海植物生理生态研究所获批独立事业法人资格并更名，"南京农业大学生物科学与技术菁英班"计划由分子植物卓越中心接手，负责牵头签署联培协议，原上海生科院内的各单位（目前均已取得独立法人资格）继续协助配合安排专家前往南京农业大学授课，以及安排学员暑期来单位进行科研实践。

二、主要举措

（一）"菁英班"成员的选拔

　　人才培养是高等教育的本质要求和根本使命。提升人才培养质量，必须坚持育人为本，加强优质教育资源建设，打造优质教育资源高地，构筑人才培养优势。

　　"菁英班"选拔要求非常高，学员从南京农业大学国家生命科学与技术人才培养基地班和国家基础科学教学和科研人才培养基地班按GPA排名选拔，每班前10名学生可入围该计划，该计划每年招收学员人数约为30名。"菁英班"是由这三个班级的前十名学生组成的一个实施动态管理的班级，任一学年GPA排名在班级前10名以后的学生自动落选"菁英班"。"菁英班"的成立是建立在严格选拔的基础上的，这是一批更富有创新意识和具有竞争能力的优秀学生群。

（二）培养方案实施情况

1. 提升理论知识，夯实科研基础

　　根据双方签署的"科教结合、协同育人"战略合作协议，"菁英班"旨在在教育部和中国科学院的组织下，共同探索建立"科教结合、协同育人"新模式，培养

高质量创新创业人才，故按照"菁英班"培养目标要求，特制定"学研结合"的人才培养方案与教学计划。"菁英班"学生本科阶段需要完成124学分的必修课和36学分的选修课，主要基础课程在南京农业大学完成。分子植物卓越中心牵头组织上海各个生物相关研究所（主要有中国科学院上海营养与健康研究所、中国科学院分子细胞科学卓越创新中心、中国科学院脑科学与智能技术卓越创新中心）等选派出优秀科研导师开设学术前沿讲座和专题课堂，邀请专家（院士、杰出课题组长），每月开展专家学术讲座，进行学科前沿知识传授。学生通过上课与听讲座，接触到科技前沿，学习到"发现问题、提出问题、解决问题"的基本方法，提高对生物学研究的兴趣。

2. 组织参观学习，开阔学生视野

每年5月和11月，分子植物卓越中心接待并安排"菁英班"大二、大三全体学员前往上海各个研究所、上海光源、大科学装置等中国科学院系统单位进行参观学习，听取前沿学科讲座，并与在沪求学的学长及毕业的校友见面交流。"菁英班"学员通过实地参观学习交流，对上海和中国科学院各个研究所加深了印象，取得了良好的宣传效果，同时，为他们暑期来沪实习选择课题组提供重要参考信息。

3. 鼓励积极实践，提升核心竞争力

为了提升"菁英班"学员的核心竞争力，分子植物卓越中心负责联系各个研究所，为学生安排为期15~60天的暑期实践活动，学生确定好导师后，即可前往该课题组实习。此外，在本科阶段第四学年，分子植物卓越中心鼓励获得推免资格并通过考核的"菁英班"学员，提前进入中国科学院各个研究所进行科研实践活动。同时，学员利用实习的机会，可选择在研究所导师的指导下撰写本科毕业论文。

"科教结合、协同育人"行动计划的实施，使高校育人传统和科研院所丰富的科研资源与高水平科研队伍优势互补，是改革人才培养体制、创新人才培养模式的积极探索。这非常有利于搭建高校与科研院所深度合作的战略平台和沟通桥梁，培育跨学科、跨领域、跨系统的教学科研团队，实现强强联合、资源共享，推动人才培养水平和创新能力的提升。

4. 加强思政教育，培养爱国情怀

"菁英班"计划旨在培养科研基础扎实、综合能力卓越、目标宏远、立志建设祖国的优秀人才。这一目标也契合了分子植物卓越中心的研究生培养理念。为此，分子植物卓越中心结合本单位老科学家优秀事例，为参观实践的"菁英班"学员安排"科学家的初心"系列讲座；还邀请本单位的优秀PI和优秀毕业生，分享他们在追求科研真理之路上的坚持与初心；同时利用上海的地理优势，组织学员参观中国共产党第一次全国代表大会纪念馆，踏着前人的足迹，近距离感受了解他们的初心之路。这些讲座的分享交流与爱国纪念馆实地参观，鼓励"菁英班"学员们坚持梦想，努力成才，为中华民族的伟大复兴而奋斗！

三、初步成果

"菁英班"计划从 2017 年迎来首届毕业生到 2023 年，共培养了 211 名优秀学生。这些优秀毕业生中近 98%以其过硬的综合科研实力获得保研资格，其中，167 人保研到北京大学、清华大学、浙江大学、复旦大学、上海交通大学、同济大学、中山大学、哈佛大学、加利福尼亚大学、哥伦比亚大学、杜克大学、墨尔本大学等国内外一流高校继续深造，39 人成功保研到中国科学院上海营养与健康研究所、中国科学院分子细胞科学卓越创新中心、中国科学院脑科学与智能技术卓越创新中心、中国科学院分子植物科学卓越创新中心、中国科学院上海免疫与感染研究所等继续深造（图 8-4）。

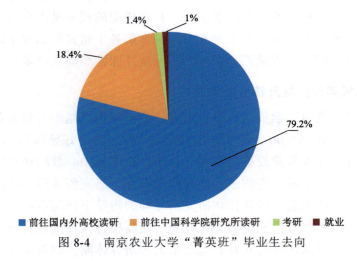

图 8-4 南京农业大学"菁英班"毕业生去向

该计划不仅为中国科学院相关研究所吸引到了"菁英班"的优秀学子，也在一定程度上吸引了众多南京农业大学的其他优秀学子。以分子植物卓越中心为例，2019～2023 年，分子植物卓越中心共招收了 36 名南京农业大学的推免生（非"菁英班"学员），占推免生招生总人数的 13%。

四、工作总结

南京农业大学是一所历史悠久的学校，南京农业大学生命科学学院对标生物相关研究所，为各个研究所常年持续输送非常优质的生源，学生质量得到各个研究所的认可。同时，中国科学院深厚的科研氛围也为南京农业大学生命科学学院的本科生教育注入了力量，吸引了优秀学子加入。每年研究所的招生宣传和研究生推免面试工作也都得到了南京农业大学生命科学学院的大力支持。"菁英班"同学也对中国科学院非常向往，报名积极踊跃。

（一）高瞻远瞩，做好长远规划

"菁英班"学员是经过层层选拔，脱颖而出的优秀学子。他们不仅怀揣自己的梦想，同时也肩负着学校寄予他们的厚望。作为该计划的合作单位，应该与学员积极座谈，细致了解学员的情况，建立学员个人档案，发挥我单位培养高层次人才的优势，为他们本科结束后的发展，提供专业指导，给出建设性意见，帮助学员制定长远规划。在实习过程中，根据前期规划，因材施教，合理安排实习课题组及实习时间，切实提升他们的综合科研能力和素养。同时，实时关注他们的想法，引导学生积极探索和思考，及时协助解决他们科研中遇到的各类问题。

（二）做实做细，严把活动细节

"菁英班"学员要完成本科阶段的全部课程学习，因此大部分时间是在本科院校，来中国科学院院所参观的时间和机会比较有限，所以从学员第一次参观，到完成实践，注重完善活动的每一个细节。提前安排规划好，并严格落实，对可能出现的问题或突发情况，做好预案。活动结束后，通过问卷的形式，搜集需要改进的地方，及时讨论整改，使学员在中国科学院院所有在家/校的感觉。

（三）从心开始，加强思政教育

"菁英班"学员不仅要有扎实的科研基础，过硬的科研素养，也要有坚定的使命感。除了安排常规的讲座、红色基地参观、座谈，我们计划接下来安排学员与中心的院士/科学家面对面座谈，希望学员能从优秀科学家身上汲取到更多营养，以榜样为力量，以信仰为动力，坚持初心，奋发图强，学成报效国家。

（四）夯实基础，提升竞争实力

分子植物卓越中心将积极推动南京农业大学与上海各研究所之间开展各类实习合作活动，如进一步吸引生源在研究所开展更长期的实习和学习；进一步设立奖励机制，吸引和接纳学生更早地进入实验室进行基础研究；进一步推进协作，安排更多优秀的研究员进行高质量的授课讲座。

（五）凝聚焦点，扩大辐射范围

将"菁英班"作为一个辐射点，吸引南京农业大学其他学院的学生进入中国科学院研究所求学，更好补充优质生源。可以通过授课讲座将受众面扩大到其他学院；

多鼓励其他学院的大二、大三学生报名参加分子植物卓越中心开放日及优秀大学生暑期学校活动，安排学生近距离了解分子植物卓越中心，吸引其来研究所实习，提前锁定优秀生源。

【供稿人：张红、黄妍颖】

案例十七：以工程任务引领，突出实践能力的硕士研究生培养举措——中国科学院长春光学精密机械与物理研究所

一、背景介绍

作为科技国家队的一员，中国科学院长春光学精密机械与物理研究所（简称长春光机所）承担着"高端人才供给"和"科学技术创新"的双重使命。在深化研究生教育综合改革的进程中，长春光机所从"一个面向"入手，依据"两个引领"，明确"三个导向"，依托研究所承担的多项国家重大工程项目和坚实的科研实践条件，开展研究生教学改革，为培养国家急需、时代需要的实践能力强的创新型人才作积极贡献。

本案例是以培养造就服务国家需求、实践能力强的高质创新型人才为目标，探索以工程任务引领，将能力培养和素质塑造融合在研究生培养全过程中的研究生培养举措。这类人才的特点表现在：掌握某一专业领域坚实的基础理论和宽广的专业知识，具有较强的解决实际问题的能力，能够承担专业技术或项目管理工作，以及具有良好的职业道德和科学素养。因此，培养的任务是紧密围绕服务需求、提高质量，深入思考研究生的培养目标与培养模式，坚持实践与理论并重，注重多源整合、协同创新，让研究生学有所成、学有特色、学以致用。

二、具体内容

（一）主要举措

1. 培养目标

本案例从"一个面向"入手，依据"两个引领"，明确"三个导向"，探索形成与培养目标和学位基本要求相一致、有利于研究生成长成才、具有明显特色的研究生课程体系，为研究生培养体系提供支撑。

"一个面向"，即面向国家重大战略需求。国家需求是培养学生的导向。"两个引领"，即"项目引领"和"成果引领"。"项目引领"，即以国家重大科研项目为牵引，让研究生在学习基础理论知识的同时，尽早参与到科研项目的攻关过程中。通过工程实践应用，促使学生将静态化、体系化的知识转化为实践能力。"成果引领"，即鼓励研究生在参与项目研发的过程中，积极产生奇思妙想、新发现、新思路，并形成论文、专利、奖励等成果。"三个导向"，即"能力导向""实践导向""应用导向"。以往研究生培养的关键性、瓶颈性问题是理论与实践的脱节。为解决这一问题，在教学过程中，突出三个导向。

（1）"能力导向"。在课程体系设置过程中注重面向实践、突出应用、充分反映社会需求。课程设置中强调专业基础课、专业普及课、实践课的布局，融入工程应用的特征，加大动手实践的比例，促进知识形态向应用形态的高效转化。

（2）"实践导向"。长春光机所为研究生搭建了凝聚态物理、光学工程、机械工程、电子工程的多层次、立体化实践教学平台，以补偿研究生理论知识相对单一和封闭的弱点，帮助他们将理论知识转化为实践能力。

（3）"应用导向"。基于项目管理的团队指导模式，形成光学、机械、电子、计算机、软件等学科方向研究生之间的协同配合，在科学的项目管理过程中，培养研究生构思、设计、实施与运行工程系统的能力，为尽快适应科研工作和就业提供支撑。

多年来，长春光机所坚持以科技创新为核心的"研产学并举"发展道路，聚焦光电技术创新，在精密仪器与装备领域承担了一系列国家工程任务，并产出了一大批航天、航空遥感仪器，测控仪器，以及光电仪器等重大科技成果。

这些工程任务和课题成为研究生教学方向的重要依据，具有鲜明的学术性、前瞻性、综合性和实用价值。

2. 课程目标

将"研产学并举"理念应用到研究生培养和课程实践中，通过项目引领，理论与实践结合，培养研究生同时具备学科知识和推理能力，个人专业技能与态度，团队协作能力，以及构思、设计、实施与运行工程系统的能力（表8-1）。

表 8-1　课程实践的目标

教育需求	课程目标	学习目标
成为成熟、有思想的个体	个人专业技能与态度	具备科学道德
高附加值的复杂工程系统	学科知识和推理能力	理论扎实、创新能力强
理解如何构思、设计、实施与运行	构思、设计、实施与运行工程系统的能力	实践能力强、能够满足工作需求
在基于团队的环境下出色工作	团队协作能力	共生能力强，注重交叉融合

3. 课程内容和形式

围绕课程目标，授课内容包括：学科知识、实践技能、动手能力等，课程形式包括课堂讲授、现场观摩、前沿讲座、工程实践（表8-2）。

表8-2 课程内容

授课形式	授课人员	课程主题	课程内容
课堂讲授	主讲教师（工程经验丰富、理论扎实的高校教师或科研人员）	学科知识和推理	学科知识
			工程核心基础知识
			思考方法和实现工具
现场观摩、前沿讲座	讲座教师（工程经验丰富的专家和科研人员）	专业技能与态度	实验、观察和知识发现
			系统思维
			态度和责任
工程实践	实践教师（一线科研人员）	团队协作能力	团队合作
			交流沟通
			在外语环境下沟通
		构思、设计、实施与运行工程系统的能力	社会、环境、企业背景
			构思、设计、实施与运行

4. 课程组织

课程组织上，设置了专业核心课、专业普及课、前沿讲座、实验课四类课程。在学科知识和实践能力的实践安排上，采用理论课程和技术与前沿讲座并行安排。课程的教学团队由主讲教师、讲座教师、实践教师、辅导教师组成，专业核心课和前沿讲座的授课团队由经验丰富的院士、总师、研究员担任，专业普及课和实验课团队则由一线科研人员担任，这样的搭配使得教师知识层次和年龄结构都更加合理，能充分发挥各自优势，深化研究生对课程知识的理解。

5. 理论课程讲授

整体课程设置按照光学系统设计、制造、加工、镀膜、检测等工程环节来设计，具体到课程中："应用光学""物理光学""傅里叶光学"课程介绍基础知识，由理论基础扎实的高校教师作为主讲；"先进光学制造技术"课程对光学系统的概念和内涵进行阐述；"光学检测及测量仪器"课程以美国三大光学制造中心之一亚利桑那大学的"Optical Testing and Testing Instrument"课程为理论基础，结合长春光机所多年来从事光学检测设计与检测方面积累的丰富工程经验形成最有特色的课程内容；"现代光学薄膜技术""仪器光学"课程向学生讲授光学元器件镀膜的制造技术，以及光学仪器在资源勘探、空间探索、科学实验、国防建设等方面的应用。针对公共性知识，开设"光学系统导论"课程；针对特色的专业性知识，则开设了

"光电经纬仪伺服控制""自适应光学""液晶光学与器件"等课程。

6. 现场观摩

良好的科研设施和配套条件为研究生课程的现场观摩提供了基础。长春光机所所区内拥有发光学及应用国家重点实验室、应用光学国家重点实验室等国家重点实验室，以及研发国内最高分辨率空间有效载荷、国内最大口径光电望远镜、国内最先进的大型高精度衍射光栅刻划系统、我国自主高端投影光刻机装备等仪器装备和装置的设计、试验、加工、装调、检测等基础设施。学生在现场观摩过程中，教师通过讲解、展示、实际操作等向学生介绍实验装置的使用方法，当场提问，随时解答，并通过布置小课题，模拟方案论证、设计、加工、验收等多种方式来保证学生的学习效果。

7. 专题讲座

专题讲座中，聘请中国科学院院士讲授近年来长春光机所承担完成的神舟系列、我国第一次核试验等重大课题的经历。在使学生了解历史的同时，激发他们热爱祖国、投身科学的满腔热忱。

技术讲座与前沿讲座由多年从事光学领域研究工作的国内外知名专家和所内一线科研人员承担，以各项目任务为真实案例，拓宽视野的同时为学生实践打好基础。

8. 工程实践

工程实践是在一线科研人员的指导下，利用所内的仪器设备开展光学设计、加工、检测，机械类设计、加工，以及物理类和电子工程类实验，每名学生至少要完成一个工程项目中两种实验操作。

这些实验操作在所内为学生提供的 4 个公共教学实验平台上进行。其中，凝聚态物理公共实验平台可进行扫描电镜、X 射线小角衍射、拉曼光谱、霍尔效应、光谱分析等实验；光学工程公共实验平台，可提供激光器、探测器等基本元器件，完成搭建光路，实现干涉仪、光谱仪或轮廓仪的功能；机械工程公共实验平台可进行固体力学、材料力学、机械设计；电子工程公共实验平台，可以使学生了解光电系统原理、设计及制造过程中应该掌握的基本实验方法和技能。

供学生使用的检测设备包括：相移式可见激光干涉仪、$\Phi800\text{mm}$ 平面激光干涉仪、Fizeau 式中波红外干涉仪、4m 传递函数测试仪、红外系统测试仪等。

光电成像实验、动态目标跟踪理论与实验课程，则通过跨学科领域（光学、机械、电子、计算机、软件）知识在同一项目中的融汇，使学生在课程中体会不同学科之间的区别与联系，培养具有复合知识和能力的创新型人才。

9. 教师团队

理论教学部分的主讲教师都从事了多年的工程项目研发工作，理论水平高超、实践经验丰富，是我国先进光学制造、光学仪器技术领域的杰出专家。

实践教师由从事检测工作多年的检测工程师担任，"Φ800mm 平面激光干涉仪仪器设备的基本结构以及操作方法"课程的教师从事了 12 年干涉检测工作。"Fizeau 干涉仪的基本结构以及操作方法"课程的教师从事了 10 年干涉检测工作，"调制传递函数测试仪仪器设备的基本结构以及操作方法"课程的教师从事了 10 年传递函数检测工作。

（二）主要成就

1. 教学成果

围绕课程与教学，编撰了研究生教材《空间光学遥感器热控制技术》《光学仪器总体设计》《机电伺服控制系统设计基础》等。其中，《空间光学遥感器热控制技术》已正式出版，《光学仪器总体设计》和《机电伺服控制系统设计基础》通过中国科学院大学教材/教学辅导书的审核立项，分别于 2021 年和 2023 年正式出版。

2. 科技成果

课程实践过程中，长春光机所鼓励学生边学习边实践，边实践边产出。例如，一名 2017 级光学工程专业硕士生跟随导师从事的研究涉及遥感摆扫图像的超分辨处理，其在所 2 年的时间内，就发表了 1 篇 SCI 和 1 篇 EI 论文，分别涉及空间相机沿迹高分辨率成像和摆扫影像分辨率反演超分辨算法，并撰写了《一种高频颤振扰动光学 TDI 相机成像的模拟系统》等 6 项发明专利。

3. 人才培养

2015 年，以 11 名在学研究生组成的"星载一体化"论证组为主要力量的研究团队独立研发的"吉林一号"卫星成功发射，实现人才和成果的集体转化。

2018 年，长春光机所团队成功造出 4.03m 大口径碳化硅反射镜，打破了我国只能花高价进口小口径反射镜的困局。团队中多名成员都是从学生阶段就开始跟随项目，边学习边攻关。如今，他们已经成为光学系统先进制造领域的研究骨干。

像这样的例子，在长春光机所到处都是。他们从学生时代开始跟随导师参与项目、撰写论文、产出成果，毕业后又快速进入工作状态，真正做到了学以致用。

三、工作总结

面向国家战略需求，以工程任务引领、突出实践能力培养的研究生课程研究与实践的改革方向是正确的，设计是合理的，措施是有效的，成效也较为显著。但仍存在一些问题与不足，主要表现在专职教师较少、教材出版支持力度小、课程推广范围局限等。

人才培养是一个长周期的过程，有其内在的规律性和基本的培养模式，同时又是一个充满活力和创新的过程。能够在这个过程中，充分发挥优势，体现特色，从而为培养造就服务国家需求、实践能力强的高质量创新型人才的培养之路做出探索，这也正是长春光机所孜孜以求的目标。

【供稿人：方秀军、李蓉】

案例十八：博士生科技创新成果培育计划
——中国科学院上海硅酸盐研究所

一、背景介绍

中国科学院上海硅酸盐研究所（简称上海硅酸盐所）从 2010 年起开始实施"研究生科技创新成果培育计划"（简称创新培育计划），主动培育和资助优秀博士生的科研和学位论文工作，效果显著，极大增强了博士生的创新能力和学术成果产出，多位博士生在 *Science*、*Nature Materials*、*Nature Nanotechnology* 等期刊发表创新性论文。

二、具体内容

（一）主要举措

（1）在现有责任导师单独指导方式的基础上，增加专家组团队指导和院士专家单独指导两项措施，打造学术共同体，促进博士生创新能力的提升。

当前博士生教育的培养大部分沿袭"学徒式"模式，博士生在参与学术活动、开展科研工作和撰写学术与学位论文的整个过程中通常遵循传统"一对一"的导师指导，在学科发展日益交叉渗透的背景下，以"导师"为核心的独立培养模式难以形成交叉学科优势和团队优势，制约了博士生教育和培养的进一步提升。

上海硅酸盐所实施的创新培育计划为每位入选博士生配备了培育专家组，由 4～6 位所内外专家组成，每年安排 2 次集中指导；安排所内外院士、知名专家面对面单独指导，提升科研站位和境界。

培育期内要求入选博士生为全所研究生介绍科研方法、思路、心得体会，培育期满向专家组和全所博士生作结题报告，促进研究生创新能力整体水平的提高。

（2）公平公正、持续资助的模式更能激励博士生拔尖人才的创新能力和热情。

上海硅酸盐所创新培育计划按照"选择重点、跟踪培养、滚动推进"的指导思想，着重动态、过程管理，更有利于培养和激励博士生勤奋学习、刻苦钻研和勇于创新的精神，持续提高博士生的培养质量。

在评审方式上保证各年级博士生入选机会均等，每个年级入选 3～5 人。对于博士一年级（直博三年级），要求学位论文选题结合科研项目，且有较强的创新思维或创新的科研方法，年度汇报为考核小组前 30%，并有望做出创新性成果；对于博士二、三年级（直博四、五年级），要求学位论文进展有创新性的科研方法、已显示创新性的结果、解决关键科学问题或在科学理论上有创新，年度汇报为考核小组前 30%，并有望做出更多创新性成果。

实行动态管理，每学年开始，符合条件的研究生自主申报，根据各年级名额择优列入培育计划；学年末，入选博士生需作结题汇报，合格的发放资助津贴，不合格的不予资助。

在资助形式上，创新培育计划初期以科研经费的实报实销制度为主，资助额度与导师课题组经费投入相比也显得很少，导师也未能明显感受到此资助的优势，激励效果一般。2015 年，资助形式改为入选后以津贴的形式直接发放给受资助者，经过几年运行改为在通过结题汇报后一次性发放，现行的直接激励措施更有利于调动博士生和导师的积极性，从而产生更好的激励成效。

（二）创新点

1. 导师、专家、专家组集体指导的培养模式创新

上海硅酸盐所创新培育计划建立集体指导和互动交流机制，联合培养博士生科研创新能力。专家组的联合指导能够拓宽博士生的思维方式，完善其知识结构，在强调导师责任制的前提下，专家组对入选博士生在学习和科研中遇到的相关学术问题进行集体讨论，共同指导入选博士生的学习和科研，提高博士生的创新能力。同时，专家组在指导工作时，强调博士生加强与导师的科研学术探讨，让导师更好地掌握博士生的研究进程，及时解决面临的科研难题，从而保障博士生的科研进度。

2. 动态管理，良性竞争的管理模式创新

创新培育计划立足优秀博士生的择优支持、主动培育，有高水平导师团队和院士专家指导，是难得的机会，也是一种荣誉，所内研究生都以入选为荣，踊跃申报；管理上实行动态调整，每年组织遴选，入选者一旦落后则退出，滚动支持，形成了良好的科研竞争环境。创新培育计划每年入选人数相对固定，优胜劣汰，引领优秀博士生不断提高科研水平和产出，切实推动了博士生科研积极性，营造了不断创新、成果累累的科研氛围。

博士生在获得资助后，个人科技创新取得了突出成绩，也带动了科研团队及周围同学科研创新水平的提高，促进了研究生创新能力整体水平的提升。数据统计显示，全所博士生发表学术论文的质量不断提升，2010～2023 年，博士毕业研究生发表学术论文的人均影响因子从 7.052 提高到 28.344。

三、取得成效

（一）入选博士生的创新意识和创新能力得到显著提高

创新培育计划现已成为上海硅酸盐所博士生激励机制的一大亮点，入选博士生经过培育其创新意识和创新能力得到显著提高，促进了高水平学术成果的产出，一批又一批的拔尖创新人才脱颖而出。数据统计显示，2010～2023 年入选的 150 人次博士生中，18 人次获得中国科学院优秀博士学位论文，37 人次获得中国科学院院长奖，78 人次获得严东生奖学金，82 人次获得各类冠名奖，32 人次获得博士研究生国家奖学金；共发表文章 523 篇，篇平均影响因子高达 7.53，其中上海硅酸盐所博士生在 *Nature Nanotechnology*、*Chemical Reviews*、*Nature Materials*、*Science*、*Chemical Society Reviews* 上均有发表文章。2017 年，更有入选博士生通过中德专家函评和面试等严格评审后参加第 67 届诺贝尔奖获得者化学大会。

（二）开发博士生潜能，促进拔尖创新人才脱颖而出

博士生作为推动科学技术发展的主力军，重任在肩，承担的是历史与时代的使命。众多入选的优秀博士生毕业后在国家发展急需的岗位和领域发挥着重要作用，成为国家和地方的优秀创新人才。上海硅酸盐所一位博士生荣获了玛丽·居里奖学金、中国科学院卢嘉锡青年人才奖、中国新锐科技人物创新贡献奖等奖励，入选深圳市高层次人才、深圳大学领军学者、"先进纳米药物实验室"负责人等，2018 年入选"全球高被引科学家"；一位博士生获得国家自然科学基金优秀青年科学基金和国家重点研发计划青年科学家项目资助，入选上海市优秀学术带头人；一位博士生获得国家自然科学基金优秀青年科学基金和国家重点研发计划首席科学家资助，获得 2017 年国家自然科学奖二等奖（排名第三）。

（三）提升上海硅酸盐所知名度和影响力，使生源质量逐年提升

创新培育计划的实施使上海硅酸盐所研究生创新能力不断提高，科研产出逐年上升，涌现一大批高产出的优秀学生，在高校毕业生中的知名度不断提升，报考学生数量逐年增多，推免生录取人数也逐年递增，录取人数由 2010 年的 41 人增加到 2015 年的 70 人，再到 2023 年的 123 人，极大地提升了上海硅酸盐所的生源质量。

2022 年录取的硕士和直博研究生中，优质生源率达到 92.3%。

　　创新培育计划已成为上海硅酸盐所博士生培养机制的一大亮点，并将进一步激励更多博士生和导师积极开展学术前沿研究，对博士生拔尖创新人才的培养以及学科水平的提升作出重要贡献。

【供稿人：陆彩飞】

第九章 学科发展

案例十九：推进智库学科建设加强智库人才培养
——中国科学院科技战略咨询研究院

一、背景介绍

中国科学院党组高度重视高端智库建设工作，尤其是把"率先建成国家高水平科技智库"作为新时期办院方针的重要内容。2015 年 11 月，中国科学院被确定为党中央、国务院、中央军委直属的首批 10 家国家高端智库建设试点单位之一，并明确试点的重点任务是建设中国科学院科技战略咨询研究院（简称战略咨询院）。

战略咨询院作为国家高水平科技智库，发挥中国科学院集科研院所、学部、教育机构于一体的优势，从科技规律出发研判科技发展趋势和突破方向，从科技影响的角度研究经济社会发展和国家安全重大问题，聚焦科技发展战略、科技和创新发展政策、生态文明与可持续发展战略、预测预见分析、战略情报等领域，汇聚国内外优秀人才，建设开放合作的战略与政策国际研究网络，为国家宏观决策提供科学依据和政策依据，努力成为全球科学技术和创新发展政策思想引领者。

智库研究具有高度的交叉融合特征，其研究问题涉及经济社会的各个研究部门，其研究过程是跨学科、跨领域的知识汇聚过程，其研究结果重视学术理论与实践需求的结合为智库问题提供切实可操作性的解决方案，需要自然和人文社科等多学科的视角进行问题的解析，需要跨学科的团队来开展交叉融合的研究，需要多学科路径的汇聚来形成方案。然而，国内高端智库建设存在国内智库研究起步较晚，科学化程度有待完善，智库研究共同体不够成熟，现有的智库研究不少仍然偏于经验式，比较零散、随机，限于静态，偏学术性，学科单一等问题，无法满足科学决策的需要。同时，智库人才尚未形成完整的培养体系，与发达国家相比还存在较大差距。战略咨询院基于开展国家高端智库建设试点的成功实践和多年政策与战略研究的经验和实践，战略咨询院院长潘教峰研究员原创性地提出智库双螺旋法，旨在推动智库科学化发展。

二、主要举措

（一）建立研讨机制，发展智库双螺旋法

智库研究需要将其面对的研究对象视为复杂系统，以科学化的方法、系统性的视角、规范可靠的研究、兼具学术和实践影响力的成果、贯通式交叉融合的跨学科特征促进智库研究从经验式转变为科学化、从零散转向系统、从随机转向规范、从偏学术型转变为学术实践型、从静态转向稳态、从单一学科转向融合贯通式。

为了实现智库研究的六个转变，战略咨询院自 2017 年起建立常态化智库理论方法研讨班制度，每周定期组织智库双螺旋法研讨班（2023 年后更名为智库科学与工程研讨班）。截至 2022 年，战略咨询院百余位导师和研究生参加过研讨，累计 3600 余人次（含院外专家学者），研讨主题涵盖智库理论方法演进、智库研究逻辑体系、智库双螺旋法、智库双螺旋法中的十大关键问题，以及智库双螺旋法重要实践应用等。特别地，2022 年举办 40 余期研讨，共作报告或讲座近 70 次，共计 1500 余人次参与研讨，有效推动了双螺旋法理论研究和实践应用工作，为中国智库人才成长提供了广阔交流平台和空间。

（二）确定学科方向，完善智库知识体系

战略咨询院与中国科学院大学公共政策与管理学院在公共管理一级学科下设立了智库理论与方法特色方向，将智库研究首次引入研究生培养体系，组织国内该领域高水平的专家学者开展多次研讨评审，现已形成完整的研究生培养方案、课程设置及教学大纲，通过了中国科学院大学学科群审议。

课程体系的构建借鉴了国际经验，并以双螺旋法作为智库研究的核心范式和思维方法，同时作为指导方法和操作手段，这充分体现了课程体系的科学性。智库理论与方法方向下的课程包括："智库双螺旋法""智库 DIIS 理论方法"等核心课；"不确定分析方法""情景分析方法""循证科学方法""智能决策系统""智库问题解析""智库研究能力导论"等专业课或研讨课。智库理论与方法作为公共管理的新兴前沿领域方向，处于兴起阶段，富有生命力，对与国际同行平等对话、推动智库研究科学化发展具有重要意义。

（三）组织各类培训，助力智库人才成长

战略咨询院面向国内同行，积极组织各类智库理论方法的培训，包括智库理论暨双螺旋法系列年度会议和智库理论方法的课程班，多名研究生导师结合自身研究在课程班上为学员授课，为全国智库人才成长提供助力。2020 年 11 月 1～2 日举办的首届智库理论方法暨 DIIS 研讨会，以线上线下结合的方式举行，全国近 300 名领

域专家、智库研究学者、政策学者、管理学者参加现场会议，3400 多名观众参与线上会议。2021 年 10 月 15～16 日，第二届智库理论暨双螺旋法研讨会在京举行，有 5 名院士和 12 位特邀嘉宾或作了主旨报告/特邀报告或主持人，全国 260 多名领域专家、智库研究学者、政策学者、管理学者参加现场会议，累计 9 万多人次参加线上会议。2021 年 4 月 17～18 日，由中国发展战略学研究会智库专业委员会主办的首届智库 DIIS 理论方法课程班，以线下线上结合的方式举办，来自中国社会科学院、中国人民解放军军事科学院、中国人民解放军国防大学、中国国际问题研究院、中国科学技术发展战略研究院、中国科学院大学等单位的 100 余位智库工作者参与线下课程，线上课程观看人数 3000 余人次。2022 年 9 月 25～26 日举办第三届智库建设理论研讨会，会议以线下线上相结合、官方媒体直播、"主论坛+专题论坛+闭门会"的多元模式举办，国家有关部门领导、宏观经济领域专家、前沿科技领域院士专家、产业领域专家以及国家高端智库建设试点单位、中国发展战略学研究会、战略咨询院等出席会议，100 多位专家学者作报告。累计 260 余万人次通过中国网、哔哩哔哩等平台线上参加会议。

（四）开辟多种渠道，扩大智库国际影响

战略咨询院通过举办国际研讨会和出版英文著作的方式，积极将智库理论方法研究成果推广给国际智库同行。2019 年，全国哲学社会科学工作办公室推荐《智库 DIIS 理论方法》入选"国家社科基金中华学术外译项目"，2020 年《智库 DIIS 理论方法》英译本由 Springer 出版发行，为中国特色新型智库建设提供更加规范的学术产品，提升中国智库的国际影响力。2022 年 3 月 30 日，战略咨询院和芬兰瓦萨大学联合主办第三届中芬论坛-智库研究与多学科交叉融合研讨会，为中国与北欧国家乃至欧洲地区的政策制定者、科研人员、教育专家和商界领袖提供高端交流平台，从多学科交叉融合视角探讨智库建设的理论、方法与实践，共同推动智库高质量发展。会议采取线上形式进行，来自芬兰瓦萨大学和坦佩雷大学、丹麦哥本哈根商学院、瑞典隆德大学等高校和智库的 200 余名中外代表通过网络直播形式参加会议。

三、具体成效

战略咨询院确立"以重大智库研究推进智库学科建设，以智库学科建设推进智库人才培养"的基本思路，以重大智库问题为牵引，依托战略咨询院国家高端智库建设的成功实践，有力推动智库理论方法（特别是双螺旋法）的进一步发展，进而推进智库研究从科学化发展到学科化发展。

（一）智库双螺旋法理论方法方面

截至 2022 年，战略咨询院围绕智库 DIIS 理论方法和智库双螺旋法出版了一系列理论方法研究成果，包括：《智库 DIIS 理论方法》及其英译本 *DIIS Theory and Methodology in Think Tanks*、《智库研究逻辑体系与方法》和《智库双螺旋法理论》4 部系列专著，以及 30 余篇智库双螺旋法相关学术论文。同时，战略咨询院与 Elsevier 出版集团和中国知网联合推出了《智库期刊群（1.0 版）》，为构建智库学术共同体提供有力支撑。

（二）智库双螺旋法实践应用方面

截至 2022 年，战略咨询院深入总结和研究提出智库双螺旋法在各研究方向的实践应用，并发表近 60 篇文章，结合各专业领域特点和共性探索凝练运用"双螺旋法"的规律性认识和规范化程序，主要围绕"科学突破前瞻""源头技术预见""生态文明建设""科技体制变革""决策支持系统"等方面自主选题。这些文章汇总成《智库双螺旋法应用 1》和《智库双螺旋法应用 2》两部专辑。

（三）智库成果交流平台方面

战略咨询院部署构建智库成果交流平台，委托专业的开发团队，从理论研究到实践应用全方位、多角度展示战略咨询院智库研究与实际决策支持的重要成果，充分发挥战略咨询院综合集成平台、学部研究支撑、学科领域研究三项功能，持续提升决策影响力、学术影响力、公众影响力和国际影响力，打造高端科技智库建设又一个新的品牌，为广大智库研究人员和研究生提供丰富的智库成果、相关资料、方法工具的一体化集成平台，为高质量研究生培养和智库人才队伍建设提供坚实支撑。

（四）智库人才培养体系方面

战略咨询院依托国家高端智库建设的成功实践，向教育部汇报了有关智库学科建设和科技智库人才工作，得到教育部有关部门的支持与认可，批准了战略咨询院"高端智库人才培养"专项。战略咨询院通过探索建立中国特色新型智库理论和话语体系，培养智库人才采用科学规范的思维方法、操作方法和实践方法，从而对综合复杂的智库问题进行系统化贯通式研究，打造国家战略科技力量的"先锋队"。2022年度战略咨询院已经成功招收智库研究领域的博士研究生 39 人、硕士研究生 27 人。

战略咨询院作为我国第一所设置智库理论与方法专业的单位，通过设置智库理论与方法特色方向，为高质量研究生培养提供了坚实阵地，对智库专业人才培养具有重要意义。战略咨询院是国内高校智库专业建设方面先行者，为其他高校开设智库专业提供宝贵经验，为国家高端智库建设提供源源不断的智力支撑。2019 年，战略咨询院代表中国科学院圆满完成国家高端智库综合评估工作，被评为第一档次，表明国内智库同行对智库理论与方法的认可。

【供稿人：杨国梁】

案例二十：国家需求与科学前沿牵引下的行星科学一级学科建设——中国科学院地质与地球物理研究所

一、背景介绍

习近平总书记指出，"探索浩瀚宇宙，发展航天事业，建设航天强国，是我们不懈追求的航天梦"。航天是当今世界最具挑战性和广泛带动性的高科技领域之一，航天活动深刻改变了人类对宇宙的认知，为人类社会进步提供了重要动力。外层空间是人类共同的财富，探索外层空间是人类不懈的追求。进入 21 世纪以来，越来越多的国家，包括广大发展中国家将发展航天作为重要战略选择，世界航天活动呈现蓬勃发展的景象。

中国航天事业自 20 世纪 50 年代创建以来，已走过 70 余年的光辉历程，创造了以"两弹一星"、载人航天、月球探测为代表的辉煌成就，走出了一条自力更生、自主创新的发展道路。党的十八大以来，中国航天进入创新发展"快车道"，空间基础设施建设稳步推进，北斗卫星导航系统建成开通，高分辨率对地观测系统基本建成，卫星通信广播服务能力稳步增强，探月工程"三步走"圆满收官，中国空间站建设全面开启，"天问一号"实现从地月系到行星际探测的跨越，取得了举世瞩目的辉煌成就，彰显出我国正在从快速发展的航天大国迈向航天强国。

2021 年 5 月 22 日，我国"祝融号"火星车成功巡视乌托邦平原，一举打破美国在该领域的长期垄断地位。同年，5 月 28 日，习近平在中国科学院第二十次院士大会、中国工程院第十五次院士大会、中国科协第十次全国代表大会上指出："科技创新成为国际战略博弈的主要战场，围绕科技制高点的竞争空前激烈"。习近平强调："科技创新深度显著加深，深空探测成为科技竞争的制高点"。习近平的重要判断提出了重大时代课题，对深空探测提出了更高远的要求，寄予了更深厚的期望。我国的深空探测事业必须坚决贯彻落实习近平新时代中国特色社会主义思想，必须走出自立自强的深空探测强国发展模式，成为全面建成社会主义现代化强国征程中的推动性力量，在科技、教育、经济、文化、外交、国防等领域发挥应有的作用。

2011 年开始，美国启动"沃尔夫条款"，全面禁止中美在航天领域的合作。党的十八大以来，在习近平新时代中国特色社会主义思想的指引下，我国深空探测坚持自力更生、自主创新，连战连捷，圆满完成党交给的各项探测任务。

（一）深空探测在党的领导下稳步推进

习近平总书记在党的二十大报告中指出，"坚持创新在我国现代化建设全局中的核心地位""加快实现高水平科技自立自强""加快建设教育强国、科技强国、人才强国"，并再次强调要加快建设航天强国，为新时代以科技自立自强推动航天强国建设指明了前进方向，提供了根本遵循。

在党中央的坚强领导下，我国深空探测形成并坚持了符合我国国情的发展目标：全面建成航天强国，持续提升科学认知太空能力、自由进出太空能力、高效利用太空能力、有效治理太空能力，成为国家安全的维护者、科技自立自强的引领者、经济社会高质量发展的推动者、外空科学治理的倡导者和人类文明发展的开拓者，为建设社会主义现代化强国、推动人类和平与发展的崇高事业作出积极贡献。

（二）深空探测已成为航天事业主力军

进入新时代以来，深空探测的规模急速扩大，成果不断丰富，影响持续加强。一是月球探测工程。"嫦娥四号"探测器通过"鹊桥"卫星中继通信，首次实现航天器在月球背面软着陆和巡视勘察。"嫦娥五号"探测器实现中国首次地外天体采样返回，将1731g月球样品成功带回地球，标志着探月工程"绕、落、回"三步走圆满收官。二是行星探测工程。"天问一号"火星探测器成功发射，实现火星环绕、着陆，"祝融号"火星车开展巡视探测，在火星上首次留下中国人的印迹，中国航天实现从地月系到行星际探测的跨越。三是月球与行星科学研究。依托月球探测工程，开展月球地质和月表浅层结构综合探测，在月球岩浆活动定年、矿物学特征和化学元素分析等方面取得重大成果。依托行星探测工程，开展火星地表结构、土壤和岩石物质成分分析，深化火星地质演化认知。

未来，我国将继续实施月球探测工程，在发射"嫦娥六号"探测器的基础上完成月球极区采样返回，发射"嫦娥七号"探测器、完成月球极区高精度着陆和阴影坑飞跃探测，完成"嫦娥八号"任务关键技术攻关，与相关国家、国际组织和国际合作伙伴共同开展国际月球科研站建设。继续实施行星探测工程，发射小行星探测器、完成近地小行星采样和主带彗星探测，完成火星采样返回、木星系探测等关键技术攻关。论证太阳系边际探测等实施方案。

（三）围绕深空探测形成了科教新领域

我国深空探测事业的蓬勃发展举世瞩目。党的十八大以来，中国科学院"百人计划"等引才工程吸引了一大批在欧美从事行星科学和探测技术研究的人才回国工作，成为支撑深空探测事业发展的重要力量。

二、主要举措

不同的历史时期，有不同的国家需求。国家需求提升了科学研究，而科学研究带动了人才培养，中国科学院地质与地球物理研究所（简称地质地球所）的人才培养一直与国家需求息息相关。

（一）开展全面论证，获得国内行星科学同行的广泛支持

从"两弹一星"到"天问一号"，从赵九章到万卫星，地质与地球物理研究所的科学家一直在为我国的深空探测事业呕心沥血。同时，与我国深空探测事业息息相关的人才培养和学科建设也在一步一步地走向新的发展。

2018 年 2 月，针对学科发展和人才培养的需要，结合国际上科教融合人才培养模式的发展动向，研究所承建的中国科学院大学地球科学学院正式更名为地球与行星科学学院。作为牵头单位，研究所代表中国科学院大学正式启动行星科学一级学科的论证与建设工作。2018 年 12 月，在北京召开了行星科学一级学科设置建设论证会，评委来自北京大学、北京航空航天大学以及澳门科技大学等十几所高校与科研机构。论证内容包括：①设立行星科学一级学科的必要性与可行性；②学科建设目标；③学科方向；④教师队伍；⑤人才培养；⑥科学研究；⑦资源需求与配备措施；⑧学科建设的质量管控与评估。经过评审后，专家一致认为：①国家深空探测发展战略对行星科学学科的高层次人才培养提出迫切需求。中国科学院大学申请自主设置行星科学一级学科的学位授权点，有利于发挥自身学科交叉优势，有利于提升行星科学高层次人才培养能力，满足国家战略需求；②中国科学院大学行星科学科教融合特色优势明显，在行星科学及相关专业积累了丰富的研究生培养经验，凝聚了一批有国际影响力的师资队伍和创新团队，具备了行星科学一级学科研究生培养的条件和能力；③拟新增一级学科建设目标合理，二级学科方向明确，特色鲜明，符合行星科学方向设置要求、学科前沿发展趋势和国家战略需求。

随后，经过中国科学院大学地球科学学科群和中国科学院大学学位评定委员会的最终评审，行星科学一级学科正式进入培育阶段。

（二）进行广泛宣传，获得公众的认知度

为了让公众更多地了解行星科学一级学科的发展前景，研究所组织科学家在《中国科学院院刊》上发表了一系列有影响力的论文，论文作者包括老中青几代科学家，撰文阐述行星科学发展的历史、中国行星科学发展的机遇、未来人才的前景等。其

中，《从深空探测大国迈向行星科学强国》深刻阐述了中国科学家的深空梦，呼吁中国的深空探测从大国走向强国需要开展中国自己特色的行星科学人才培养（万卫星等，202）。吴福元院士等撰写的《从科教融合到科学引领——中国特色的行星科学建设思路》呼吁要充分发挥中国科学院大学科教融合办学模式的优势，建设中国特色的行星科学一级学科建设之路。魏勇研究员等的《行星科学：科学前沿与国家战略》呼吁行星科学人才培养需要关注科学前沿与国家战略。论文一经发表，在社会上引起了广泛的影响，一些主流媒体纷纷转载。从此，行星科学作为一个单独的一级学科，正式走向了中国高等教育的台前。

（三）搭建学术交流平台，牵头成立中国高校行星科学联盟

2017年，针对学科发展趋势，中国地球物理学会、中国科学院地质与地球物理研究所、中国科技出版传媒股份有限公司主办的我国首个地球行星科学研究的期刊 *Earth and Planetary Physics*（简称EPP）正式出版，EPP致力于全面展示国内外地球与行星物理学领域的前沿研究成果。该刊目前已被 ESCI 收录，在国内外有着广泛的学术影响。

2019年7月，在阿波罗11号首次载人登月50周年，地质与地球物理研究所牵头国内27家高校的相关院系，共同成立中国高校行星科学联盟，旨在通过研讨交流，共同建设新兴的行星科学一级学科，推动我国行星科学人才培养的进程。

同时，行星物理专业委员会作为中国地球物理学会的二级学术组织，致力于行星物理及行星科学的学科建设、学术交流，推进与国际学术组织的对接等；目前，专业委员会秘书组挂靠在中国科学院地质与地球物理研究所。由行星物理专业委员会主办的"全国行星科学大会"于2021年6月在苏州召开，106家单位覆盖了国内行星科学研究的主要大学与科研机构，吸引了1020名代表参会，表明行星科学在我国有着广泛的群众基础。同时，开展了更多的前沿专题性学术研讨会，如首次火星探测任务科学研究工作推进会、木星科学论坛以及学科建设的各类研讨会，与会者深入探讨了学科建设、人才培养如何与科学前沿实现相互交叉融合的问题，极大提升了科学家与公众对行星科学一级学科的认知。

（四）提前布局，培养中国首位行星科学博士毕业生

2019年，研究所牵头向中国科学院大学申请成立"行星科学教研室"并获得批准，教研室主任及岗位教师由院士、杰青及各类骨干人才组成。同时，研究所在2020年和2021年分别招收了与行星科学相关的研究生共计24人，研究方向包括比较行星学、行星化学、天体生物学、行星内部物理和行星空间物理等。

利用每年召开一次教学研讨的契机，开展行星科学学科建设。2021年9月，针

对中国科学院大学新一轮教学改革的课程设置要求，行星科学按一级学科设置了课程，并通过了学院的初步审查，课程覆盖了行星科学各个二级学科。

（五）联合共建，与相关高校共同建设行星科学科教融合中心

为发挥中国科学院科教融合以及南京大学在行星科学人才培养领域的优势，2021年12月，地质与地球物理研究所与南京大学签订共建行星科学科教融合中心，探讨开展行星科学本科人才培养计划，以及相关的科学研究合作。

三、建设成效

经过两年的培育建设，2021年10月，行星科学一级学科博士学位授权获得国务院学位委员会批准，这是我国首个自主设置的新兴交叉学科。

2022年，行星科学进入普通高等学校本科专业招生目录，意味着国家开始招收行星科学本科生，进一步保证了行星科学的研究生生源，也为行星科学一级学科建设储备了本科人才。

中国科学院是中国行星科学人才的大本营、我国深空探测科学目标的主要提出者和深空探测工程任务的主要实施者之一，拥有众多的岗位教师和科研人员，在嫦娥一号到嫦娥四号，以及首次火星探测工程中发挥着重要的作用。

科教融合是中国科学院人才培养的特色，中国科学院在科研与教学上的建制化优势能够支撑学科建设，为国家深空探测、行星科学一级学科建设提供优质的平台，培养出有中国科学院品牌的行星科学人才。

【供稿人：宋玉环、魏勇】

第十章 科教融合

案例二十一：深化科教融合理念，探索人才培养共赢模式
——中国科学院青岛生物能源与过程研究所

一、背景介绍

中国科学院青岛生物能源与过程研究所（简称青岛能源所）始建于 2006 年 7 月，是由中国科学院、山东省人民政府、青岛市人民政府三方共建的新型科研机构。多年来，青岛能源所聚焦新能源与先进储能、新生物、新材料等领域，在持续推动上下游融通的科技创新工作同时，不断夯实学科基础，建有生物学、材料学、化学工程与技术 3 个博士后科研流动站，生物学、材料学、化学工程与技术 3 个一级学科博士培养点和材料与化工工程 1 个专业博士培养点，形成了涵盖生物、化工、材料、工程等领域的交叉学科体系，全部学科均进入 ESI 排名全球前 1%行列。

研究所作为中国科学院与地方共同建设的新型研究机构，长期坚持"科教融合、协同育人"工作方针不动摇，分别与中国科学院大学、教育部属驻鲁高校、山东省属院校探索了各具特色的"科教融合"发展新模式，并取得了系列进展。

二、具体内容

（一）完善科教融合机制，夯实学科发展基础

青岛能源所自成立以来，积极落实中国科学院科教融合的制度安排，围绕生物、化工、材料、工程等重点领域，通过在管理体制、师资队伍、学科建设等方面落实与中国科学院大学"共建、共治、共享、共赢"的理念，实现了校、所高度融合的教研相长的基本发展模式，每年培养 30 名左右的硕士研究生和 30 名左右的博士研究生。在科教融合工作中，研究所高度重视学生的个性化成长，在公共培养方案基础上，针对每名学生的知识基础和学源结构不同，导师与学生在入学初即共同商讨，一一制定个性化的培养方案，并强化培养计划的过程监督和动态调整。同时，研究所出台毕业生专项出国支持政策，对优秀研究生到国际一流高校和高水平研究机构

进一步深造给予 20 万～40 万元资金支持。近十年，研究所已培养中国科学院大学籍研究生 609 名，历年就业率均 100%，66%的硕士升学，55%的博士前往国内外知名机构深造。

（二）抓好科教融合载体建设，优化人才培养模式

近年来，青岛能源所依托高水平科研平台和高层次人才团队，在新生物、新材料、新能源等研究所从事战略性新兴领域，以"双一流"建设高校各年级优秀大学本科学生为实施主体，主动投入专项经费和大量人力组织实施"大学生创新创业训练计划"（本科二年级）、"清源聚能"大学生夏令营（本科三年级）、"科苑学者上讲台计划"（本科四年级）等，不断提高对高素质本科学生的科技素养提升，树立研究所良好的社会形象。同时，研究所还在中国科学院支持下在四所"双一流"和行业领军高校建设了五个本科生"菁英班"，与各高校共同向社会培养和输送了年均 100 余名具备较高水平科学素养、满足经济和产业发展需要的高素质人才，稳定吸引了年均 20 余名优秀本科毕业生进入中国科学院大学各研究所深造，2023 年研究所录取"菁英班"合作科教融合高校推荐免试生达 9 人，逐步形成了研究所与高校科教融合"本硕博贯通式"的培养人才新模式。以青岛科技大学刘德昱为例，作为"菁英班"毕业生，其在硕士阶段考入科教融合高校中国海洋大学并加入研究所联培，随后考入研究所攻读博士，得益于科教融合的助力，在本硕博学习过程中，共在 *Advanced Materials* 等期刊发表 SCI 一区文章 10 余篇，毕业后赴美国斯坦福大学从事博士后研究工作 2 年，之后通过高校人才计划引进至中国海洋大学工作。

（三）深化科教融合发展理念，推动"科教产"融合育人

为全面加强研究生教育，培养更多的优秀人才，青岛能源所进一步拓宽了"科教融合"的发展理念和实施举措。2020 年与山东省教育厅签署战略合作协议，由山东省设立科教融合专项指标用于研究所与省属高校共同培养硕士、博士研究生，同时接收科教融合高校的青年教师到所访学进行培训锻炼或进入博士后站开展科研工作。在良好的合作基础上，2023 年获批分别与中国海洋大学、中国石油大学（华东）牵头共建山东省生物学、化学学科科教融合联合体，开启科教融合工作新局面。此外，研究所积极探索专业学位研究生培养体制创新，进一步发挥在创新链上上连高校基础创新、下连产业市场的优势地位，聘请了 50 余名企业导师参与科教融合协同育人项目，探索出"科-教-产"融合发展共同精准、有效培养产业人才的模式。研究所与中国石油大学（华东）共同完成的"面向行业需求的化工专业协同育人模式改革与实践"教学成果获山东省第九届高等教育教学成果奖二等奖。自 2021 年起，研究所通过与省属高校的科教融合专项，录取 209 名研究生，接收 30 名青年教师来

所交流访问。

未来，青岛能源所将在前期科教融合取得的丰硕成果的基础上，继续深入落实中国科学院"科教融合3.0"的方针政策，同时借势山东省建设"科教强省"之机，全面深化战略合作，深入探索"本科-博士-特别研究助理"贯通式人才培养举措等科教融合、协同育人的新机制、新模式，寻求科研、教育、人才的一体化融合发展，加快科研人才队伍建设，为科技创新发展提供人才支撑。

【供稿人：江河清、刘佳】

案例二十二：课堂教学与科研实践紧密结合的先进无机非金属材料课程体系的创建——中国科学院上海硅酸盐研究所

一、背景介绍

研究生教育是国民教育序列中的最高等教育，旨在对学生进行德、智、体全面培养，掌握本学科方向坚实宽广的基础理论和系统深入的专业知识，使之具有独立从事科学研究工作的能力，成为在科学或专门技术上做出创造性成果的高级专门人才。与高校相比，中国科学院各研究所尽管在科研方面成绩突出，但对研究生的教育教学培养工作相对薄弱：一方面，研究所缺乏全面系统的研究生课程，另一方面，研究所没有形成一支高素质的教师队伍，无法对研究生进行基础知识的教学，难以在培养过程中实现基础理论和专业实践的完美统一。

针对上述问题，上海硅酸盐研究所（简称上海硅酸盐所）紧扣研究生培养的总体目标，面向中国科学院研究所的发展需求，花费10年时间建设了先进无机非金属材料的特色课程体系，采用课堂教学与现场教学相结合的方式，并开展相对应的实践实训课，达到专业理论和实践教学相结合的教学效果，给予研究生多维度多方位的课程教育。

二、具体内容

（一）主要举措

上海硅酸盐所在10年的教育教学模式改革和探索中，逐步实现了基础理论和专业实践的完美统一，不但锻炼了一批高水平的教师队伍，而且推动学生科研创新能力的进一步提升，培养了一批高素质的专业人才。

（1）面向无机非金属材料发展趋势和前沿，建设专业突出、实用性强、普适性好的交叉性教学课程，实现基础理论和专业实践的完美统一。陆续建成了先进无机非金属材料课程体系，包括"先进无机材料科学与工程概论"等普适性课程，着重培养研究生掌握基础知识、实验技能和方法，有效解决课程与实验脱节等问题；设立了"计算材料学"等基础性理论性课程，夯实了研究生的基础理论知识；开设了纳米、能源等领域的前沿性实用性课程，促进研究生更多更好地了解前沿和应用研究；最后，还安排了学生的实践环节，让研究生走进实验室了解和学习各种无机非金属材料的研究过程。

（2）聘请一线专业科研人员进行授课，实现书本知识和科研实际的联合教学，不但让学生尽早学以致用，而且培养了一批高水平的教师队伍。挑选品德高尚、学术水平突出、在本领域具有深厚积累和影响力的研究员担任授课老师，他们积极编制教学大纲、准备讲义和教辅材料，已编制完善 16 门课的教学大纲，出版 10 本教辅书。研究生部也多次组织老师试讲、教师互听、交流讨论等活动，每年组织召开教学工作研讨会，分析问题，讨论改进措施，提升教育教学能力；每次授课课程结束后，均以问卷方式向听课学生征求意见，用于下一轮授课的改进完善。

（3）教学科研相结合的教育模式激发学生的主观能动性，充分发挥学生在课堂学习中独立思考和动手解决问题的能力，有利于培养创新型人才。鼓励一线从事科研的教师及时将最前沿的学术成果和动态融入课堂教学，弥补课程知识与最新研究之间的"断层"；开展相对应的实践实训课，给学生布置具有科研性质的作业或者论文等，实现专业理论和实践教学相结合的教学效果；根据学生的学习情况、自身特点、知识结构以及掌握能力的状况，制定不同阶段的培养计划，从而有阶段、有层次地提高学生的科研素质，强化教学指导，以教学驱动科研，引导学生开展创新研究。

（4）强化教学科研相结合教学机制的制度保障和投入，加强教学设施的建设。建立了教育教学活动激励机制和完善的考核评价体系，制定政策鼓励一线研究人员上讲台授课，并给予课时津贴待遇，设立专项资金用于教师的培训和对外交流等。在设施方面，配备专门的教学教室，并在上海硅酸盐所长宁园区和嘉定园区之间搭建实时视频教学系统，实现远程教学能力。

（二）创新点

1. 中国科学院研究所首创完善的先进无机非金属材料专业课程体系

材料学科包罗万象，涉及材料的种类、制备、性能测试、分析、应用等方方面面，而无机非金属材料更是其前沿和热点研究方向，是现代国民经济发展和科技进步的基石。上海硅酸盐所基于完备的无机非金属材料研究方向，充分发挥和调动所内的研究人员，积极开拓学科广度和深度教育，建成了包含十几门专业课和专业基础课在内的完善的先进无机非金属材料专业课程体系，既有坚实的基础理论、深入的专业知识，又包含广阔的学科领域前沿和应用等内容，给予研究生多维度、多方位的课程教育，构建了培养全方位人才的教育教学体系。

2. 授课教学和科研实验相结合的教学模式理念创新

通常的教育教学以课堂授课为主，尽管也有部分进入实验室的参观实习等，但时间和效果非常有限。上海硅酸盐所立足将书本知识和实际实验紧密结合的学生培养理念，开展了将授课教学和科研实验相结合的新教学模式，不但使研究生具有宽广和扎实的基础知识，也拥有深入的专业知识、动手能力和应用工程能力，改变了研究所重科研、轻教育的研究生培养理念，把为国家和社会培养人才放在了与科研同等的地位，实现了科研与教育的深度融合。

3. 一线研究专业人员与研究生之间导师指导式的育人方式创新

一线研究专业人员是每个研究所的核心力量，他们拥有精湛的学术造诣和丰富的实践知识，邀请他们对研究生进行导师指导式的教育教学，不但使教学内容更贴近学科和专业发展方向与需求，将最前沿的科研方向和知识有机融合到教育教学活动之中，让学科知识体系获得高效和快速传承，而且学科发展前沿的大量创新性知识也不断激发研究生的创新思维，培养他们的科研爱好和兴趣，有力地推动了研究生的科研工作。老师和学生指导式的教育模式也极大促进了他们之间的交流，增进了相互了解，为导师因材施教创造了良好的条件，进而提升了研究生的科研能力和成果产出效率。

三、取得成效

（1）基础理论和实践实验相结合的教育模式和导师指导式的教学模式加大了创新型人才的培养，同时使学生更早融入课题组和研究所，增强文化归属感。

目前先进无机非金属材料课程的教育教学活动已成为上海硅酸盐所研究生培养的主要组成部分，形成了浓厚的教学氛围，不断激发学生的创新激情和思维。2017年起，研究生提前一学期回所上课，学到了更专业的实践知识，也更早地融入课题组，成为研究所重要的一员，更快地接受研究所文化，增强归属感。上海硅酸盐所培养的研究生获得了多种奖项，成为课程建设标志性的成绩。例如，"材料性能表征"课程后编制了《中国科学院上海硅酸盐研究所研究生热分析论文选集》，收集的研究生优秀论文达 17 篇；依托"材料结构分析"课程掌握的电镜知识，学生获2017 年全国大学生微结构摄影大赛一等奖 1 项、二等奖 2 项，2018 年全国大学生微结构摄影大赛二等奖 1 项，2019 年全国大学生微结构摄影大赛一等奖 1 项、三等奖

3 项。此外，研究生还多次参加国内外学术活动并获奖等。

（2）先进无机非金属材料课程的建设使教师授课水平逐步提升，个人影响力扩大，同时老师也尽早指导学生开展科研，使学生基础更扎实，早出成果、多出成果。

随着课程的开展，老师和学生之间的互动交流也逐渐增多，老师的教学水平日益提升，在学生中的影响力也逐渐扩大，在研究生会组织的"2019 年度人气教师"评比中，施剑林等授课教师经过层层选拔入选。老师导师式指导学生开展学习和研究，可以提前发现学生的优点和弱点，因材施教，有力推动学生的科学研究，使他们在科研工作中不断做出有影响力的成果，研究生科研产出实现跨越式提升。研究所多名学生在 *Nature Nanotechnology*、*Chemical Reviews*、*Nature Materials*、*Science* 等期刊发表文章。

（3）先进无机非金属材料课程的建设增强了研究所的向心力和凝聚力，同时也极大提升了研究所的影响力。

先进无机非金属材料课程的建设将丰富的教学活动和深入细致的科学研究合二为一，老师和学生的一教一学，体现了知识的传承传递，也增强了师生关系的融洽和睦。这些都极大增强了研究所的凝聚力，有力推动了研究所的文化建设和科研工作。同时，先进无机非金属材料系列课程还赢得了高校同行的普遍认可，并受邀向高校输出对其学生进行讲课教学。2013 年，上海科技大学将上海硅酸盐所"现代无机材料成分分析与结构表征"课程分成"材料研究方法"上、下两部作为该校的核心专业基础课，合计 6 个学分，每年开设，选课人数约 120 人；"先进无机材料科学与工程概论"也作为专业课程被该校引进，分多部分讲授，每年选课人数 60 多人。"无机新能源材料技术与应用"在中国科学技术大学实行研讨式授课，每年有 20 多位学生参加，吸引了大批中国科学技术大学本科生来上海硅酸盐所就读研究生。

上海硅酸盐所先进无机非金属材料课程体系的创建，将研究生、导师、研究所紧密联系在一起，培养了大批基础扎实、专业过硬、归属感强的高素质研究生，为研究所的发展、社会的需求作出了突出的贡献。

【供稿人：陆彩飞】

案例二十三：产学研协同培养计算机学科专业学位研究生案例——中国科学院深圳先进技术研究院

一、背景介绍

党的二十大报告提出，"教育、科技、人才是全面建设社会主义现代化国家的基础性、战略性支撑"，强调要加强创新型人才培养，提高高等教育质量，推进科技创新。全方位加强科技人才培养，是解决当下关键核心技术"卡脖子"难题的重要抓手，是构建战略科技力量、实现高水平科技自立自强的关键之策。中国科学院深圳先进技术研究院（简称先进院）致力于建设国际一流的工业研究院，充分发挥在计算机专业领域的领先优势，培养经济建设和社会发展迫切需求的计算机领域高层次工程技术和工程管理人才。

2007 年以来，先进院先后获批"计算机科学与技术"硕士学位授权点、"计算机技术"（后更名为"电子信息"）硕士专业学位授权类别和"计算机科学与技术"博士学位授权点，获批时间和累计招收人数情况如表 10-1 所示。

表 10-1　深圳先进院学位授权点情况

获批授权点	获批时间	累计招收人数（截至 2023 年 7 月）/人
"计算机科学与技术"硕士学位授权点	2007 年至今	155
"计算机科学与技术"博士学位授权点	2012 年至今	146
"计算机技术"硕士专业学位授权类别	2008～2019 年	213
"电子信息"硕士专业学位授权类别	2019 年至今	625

先进院围绕产业需求导向与教育导向相统一的培养目标，构建了从教学保障核心知识，到科研培养创新能力，再到产业锻炼综合素质三个层次的协作体系（图10-1），实现"产、学、研"三者有机协调、分工合作。在计算机学科专业学位研究生培养中建立起"产学研"协同培养创新创业复合型人才新模式（图 10-2），为应对我国计算机关键核心领域面临的人才需求挑战提供探索实践路径。

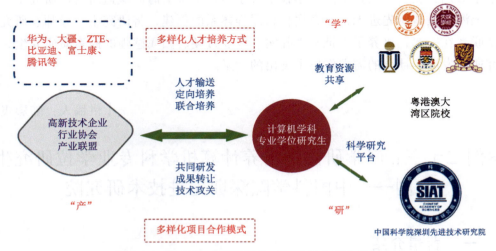

图 10-1　先进院"产学研"三层次协作育人体系

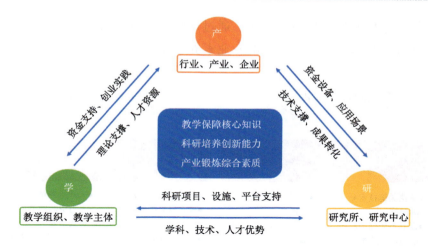

图 10-2　计算机学科专业学位研究生培养"产学研"模式

二、主要举措

（一）找准分阶段实践教学重点，制定培养目标和研究方向

先进院结合计算机学科的建设特色、教师团队和合作企业，从培养目标、课程设置和培养模式进行培养方案的改革和修订，掌握教学重点，突出教学的针对性，确保本学科专业学位研究生适应"新工科"的高端应用型人才培养的需求。

在广泛调研国内外兄弟院校的教学经验后，先进院设计了从四个阶段实施培养重点的路径。一是在基础知识和认知能力培养过程中，以基础知识教学为载体，挖掘学生的认知潜力，提升其自主学习和研究能力；二是在生产实习阶段，搭建生产实习平台，让学生参与到企业项目中，了解软件开发的具体过程，掌握一定的编程能力；三是在课程设计过程中，由教师和企业技术人员提供指导和帮助，让学生根据企业实际项目，结合所学的知识设计出有价值的内容，锻炼综合应用能力；四是在毕业设计阶段，让学生独立完成选题和课程设计，培养其科研和探索能力。计算机行业更新快，学生只有形成较强的自主学习能力和深度学习习惯，才能适应未来的职业生涯发展。

先进院计算机专业学位研究生的培养目标为：要求学生掌握计算机科学的基础理论、方法和技术，以及计算机专业技术、软硬件工具的使用和软件开发方法。培养计算机技术领域的专业技术人才，使他们具有娴熟的计算机应用技能，能够独立承担计算机专业技术工作，并能够与其他学科交叉，运用计算机技术解决多种攻关应用课题。为了实现这一目标，先进院利用自身的优势研究领域，为计算机专业学位研究生提供了三个研究方向：计算机系统结构、计算机软件与理论和计算机应用技术（具体人才培养架构见图10-3）。通过这些研究方向的深入学习与实践，学生将能够全面提升自己在计算机领域的专业素养和能力。

图 10-3 先进院计算机人才培养架构

（二）改革教学体系，构建产学研融合的课程体系

计算机专业学位的课程教学应以培养学生实际应用能力为重点，注重理论与实践的有机结合，以增强学生的专业实践能力和解决实际问题能力。先进院的计算机专业学位研究生课程由必修课、专业选修课和专业实践环节三部分构成，旨在使学生具有扎实的计算机应用技术基础，工程实践能力强并具有一定创新能力，同时具备一定的工程管理能力。

为了实现这一目标，先进院采取了以下措施。

（1）多元主体参与课程设置：先进院邀请资深科研导师及具有丰富实践经验的产业专家共同参与课程体系的构建。

（2）开放授课方式：先进院聘请科研和企业领袖现场授课，并开设计算机方向的科研实践类特色课程，以开放授课的方式为学生提供更广泛的知识和实践经验。

（3）转化学科竞赛和科技实践成果：先进院鼓励将优质科技资源和成果转化为教学资源，并鼓励教师自主开发教材、书籍，根据计算机领域发展动态及时更新教学讲义，将最新科研产业成果带进课堂。

在新的培养方案中，先进院注重前沿知识的引入和实践能力的培养，加大了前沿专业类课程和工程实践类课程比例，开设了与移动计算、物联网技术、虚拟化与云计算、机器人学、传感器与信息测试技术、数据可视化以及区块链核心技术与应用等相关的计算机前沿课程。具体课程设置情况见表10-2。

表 10-2　计算机技术领域专业学位课程设置

属性	课程名称	学时	学分	备注
公共必修课 （12学分）	中国特色社会主义理论与实践研究	18	1	必修
	自然辩证法与科研伦理	18	1	
	英语	72	3	
	人文系列讲座	18	1	
	专业英语	36	2	
	知识产权	18	1	
	信息检索	18	1	
	数值分析	40	2	必修（五选一）
	组合数学	40	2	
	应用概率统计	40	2	
	工业数据分析与建模	40	2	
	数理逻辑	40	2	
专业必修课 （12学分）	计算机体系结构	40	2	建议必修
	计算机算法设计与分析	40	2	
	现代密码学理论与应用	40	2	
	多媒体计算机技术	40	2	建议必修
	软件开发方法	40	2	
	网格技术基础	40	2	
	现代网络技术及其应用	40	2	
	TCP/IP 协议及网络编程技术	40	2	
	计算机安全技术应用	40	2	
	计算机通信与网络安全	40	2	
	计算机算法设计与分析	40	2	建议必修
	网络攻击与防范	40	2	
	信息安全体系结构	40	2	
	信息安全数学基础	40	2	
	硬件语言描述	40	2	
	主流操作系统技术与实践	40	2	
	主流数据库技术与实践	40	2	
	面向对象设计模式	40	2	
	计算机图形学	40	2	
	软件工程概论	20	1	
	数据仓库	40	2	
	数据挖掘	40	2	建议必修
	统计学习基础	40	2	

续表

属性		课程名称	学时	学分	备注
专业必修课（12学分）		分布式信息处理	40	2	
		软件需求分析与设计实践	40	2	
		中间件技术	40	2	
		器件测试与质量保证	40	2	
		大规模与超大规模数字集成电路	40	2	
		传感技术与应用	40	2	
		社会计算	40	2	
		无线通信技术	40	2	建议必修
		移动计算	40	2	
		云计算与大数据技术	40	2	建议必修
		下一代互联网	40	2	备选必修
		多传感器融合	40	2	
		传感网络专题	20	1	
专业选修课（4学分）	技术类选修课	计算机系统性能评价	40	2	学位要求不少于2学分
		人机交互界面理论与技术	40	2	
		现代数字信号处理	40	2	
		数字图像处理	40	2	
		生物医学信息	40	2	
		VHDL语言	40	2	
		云计算	40	2	
		创新工业设计	40	2	
		模式识别与机器学习	40	2	
		入侵检测技术	40	2	
		智能集成技术	40	2	
		人工智能	40	2	
	管理类选修课	现代企业管理	40	2	
		IT项目管理	40	2	
		知识产权保护	40	2	
		风险管理与IT治理	40	2	
		组织行为学	40	2	
		客户关系管理	40	2	
		ERP原理与应用	40	2	
		高级交流技巧	20	1	
		科技英语阅读与写作	40	2	

续表

属性		课程名称	学时	学分	备注
专业选修课 （4学分）	科学前沿讲座	先进计算机和软件技术系列讲座	20	1	学位要求不少 于1学分
		数字媒体专题系列讲座			
		通信工程与电子技术系列讲座			
		安全信息系统概论系列讲座			
		IT前沿技术系列讲座			
		IT&管理系列讲座			
		IT&人文系列讲座			
		计算机技术类讨论课			
公共选修课 （2学分）	体育		40	2	至少选一门
	艺术		40	2	
必修环节 （5学分）	开题报告		—	2	共5学分
	中期报告		—	1	
	工程实践与学术交流 （学术活动1学分、社会实践1学分）		—	2	

同时，先进院通过加大实践环节比例，使实践环节贯穿培养全过程。对于具有2年及以上企业工作经历的工程类硕士研究生，专业实践时间应不少于6个月；对于少于2年企业工作经历的工程类硕士研究生，专业实践时间应不少于1年。这些措施旨在确保学生能够将所学知识应用于实际场景，提升他们的实践能力和解决问题的能力。

（三）建立双导师队伍，发挥双导师的科研和实践育人能力

先进院对专业学位研究生的培养建立了"学术+企业"双导师队伍，学生需要选择2名导师，其中一位导师必须具有工程专业实践经验背景。先进院规范导师的资格认定及聘任工作，形成科学有序的竞争环境和激励机制。一方面要求学术导师参与产业合作，将产业合作任务列入导师的年度考核指标，鼓励学术导师"有故事"地教学，同时指定具有丰富教学经验的教师入驻企业进行技能锻炼，让教师在实践中强化自身的理论应用能力，从而向着"双师型"教师进步；另一方面健全企业导师管理制度，引进实践经验丰富、具有高级职称的企业骨干加入导师队伍，深度参与计算机专业硕士培养方案的制定，全程参与学生必修环节的培养，向学生教授专

业的计算机应用技能，从而使学生的理论学习与实际工作接轨，强化学生实践应用能力。

先进院计算机专业学位人才培养方案中明确规定学生需在校内导师指导下参加具有工程应用背景的科研项目，在校内实践基地参加专业实践的需同时接受企业导师的指导，而校外的专业实践则需进行主题明确、内容明确、计划明确的系统化实践训练，具体要求由校内导师和校外导师协商决定。学生在院学习期间，由专职教师对其进行系统化的理论辅导，挖掘学生自身潜力，培养学生的创新意识、灵活运用知识的能力，为后续的实践训练奠定基础。在基础知识技能教学过程中，先进院通过构建 ERP 实验室，由企业高级技术人员为学生讲解实训内容，以便学生得到更好的实践训练。通过入驻企业参与技术创新和项目研发，学生可成为科研导师和企业导师合作纽带，在科技和产业两端获得实践锻炼。

（四）搭建全方位的产学研协同育人实践平台

实习实践训练是专业学位研究生培养中非常重要的一环，实践基地创设和实训项目设计对学生的锻炼效果有直接影响。先进院产学研平台的建设旨在使学生实践培养达到"真题、真做、真境、真创、真效"，紧跟行业发展态势，引入热门的设计项目，不断更新实践内容，实现学生创新能力、实践能力培养与科学研究、工程实践的无缝对接。计算机学科专业学位研究生的实践基地可以包括以下几种类型，一是面向国家战略需求的应用型科研机构；二是其他企事业单位的国家级、省部级重点实验平台、大科学装置、工程实验室、工程研究中心；三是校企联合实验室、技术转化中心等。这些实践基地可以满足计算机学科专业学位研究生的多方位需求，帮助他们更好地将理论知识应用于实际场景中，提高实践能力和综合素质。

先进院凭借自身优质的科研平台，为计算机专业学位研究生培养提供一流的实验教学平台。一是依托丰富的科研项目及课题资源，学生可以参与到高水平科学研究中，锻炼自身的科研实践能力；二是依托先进院牵头组建的行业协会与产业联盟、孵化的企业以及产业合作资源，学生可以进入产业实践平台参与企业真实项目，锻炼工程实践能力；三是依托搭建的中科创客学院、育成中心，学生能够获得双创辅导、风投资金及运营支撑等保障，锻炼其创新创业能力（先进院科教产育人体系见图 10-4）。除了以上的校内实践，先进院还积极组织学生参加国内外计算机程序设计比赛（如 ACM 国际大学生程序设计竞赛、国际信息学奥林匹克竞赛等），激发学习兴趣，获得实际应用能力的提升，在参赛过程中检验学生专题实训的成果，获得实际应用能力的提升。

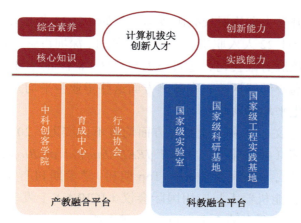

图 10-4　先进院科教产育人体系

（五）坚持科研导向和实践导向，制定有针对性的实践考核标准和学位授予标准

先进院对计算机专业学位研究生的实践考核由两门实践课程的考核和专业实践总结报告组成。学生需要完成一门创新创业类课程和一门专业实践类课程的学习并通过考核获得学分；撰写专业实践总结报告，由导师考核，全部考核合格者获得该环节学分。

在计算机专业学位人才培养方案中对毕业论文的要求作出明确规定：学生在广泛调查研究、阅读文献资料、掌握计算机领域研究方向前沿成果和发展动态的基础上，开展学位论文选题。选题应来源于工程实际或者具有明确的工程应用背景，可以是一个完整的计算机工程技术项目的设计或研究课题，也可以是技术攻关、技术改造专题，新工艺、新设备、新材料、新产品的研制与开发等，具有实践指导价值和一定的学术价值。论文需具备相应的计算机技术要求和较充足的工作量，体现综合运用科学理论、方法和技术手段解决工程技术问题的能力，具有先进性、实用性，并取得较好的成效。论文内容可包括产品研发、工程规划、工程设计、应用研究等。

先进院对申请专业硕士学位应取得的学术成果也作出明确规定：①在国内核心刊物、国际会议发表计算机学科相关的论文 1 篇，并以第一发明人申请 1 项计算机学科相关的发明专利；②以第一发明人申请 2 项计算机学科相关的发明专利并获得受理号。

这些规定旨在确保专业学位研究生具备扎实的理论基础和较强的实践能力的同时，鼓励他们在相关领域取得一定的学术成果和扩大影响力。

三、取得成效

截至 2023 年 7 月，先进院共培育计算机学科专业学位研究生 625 人，毕业生无论在就业去向还是升学去向均展现亮眼成绩。例如，2020 年毕业的 58 名计算机专业学位硕士生中，合计 22 人入职华为技术有限公司、深圳市腾讯计算机系统有限公司或阿里巴巴集团控股有限公司，超过总人数 1/3，8.4%的毕业生前往新加坡国立大学、澳门大学等高校继续深造；在薪酬方面这些毕业生平均月收入近 2 万元，远高于全国硕士应届生平均起薪。

同时，学生在论文、专利、竞赛等方面均有不俗实力，2020 级硕士谭敏在学期间以共同第一作者（排名第 1）身份于 *IEEE Journal of Biomedical and Health Informatics*（JCR 一区，中国科学院一区 Top 期刊）学术期刊上发表 SCI 论文 1 篇，以第一作者身份于智能机器人与应用国际会议（ICIRA）上发表 EI 论文 1 篇并作口头报告，参与发明专利申请 2 项、PCT 专利 2 项。2018 级硕士叶洁瑕在国际高水平期刊以第一作者身份发表 4 篇论文，以非第一作者身份发表 3 篇论文，参与智慧城市相关科研项目 4 个，并以第一发明人身份申请 4 个专利，其中 3 个为 PCT 专利。这些成果充分体现了先进院产学研协同培养计算机学科专业学位研究生的独特优势。

四、总结与规划

（一）产学研协同培养的路径反思

在过去几年的实践中，先进院在产学研协同培养计算机学科专业学位研究生方面取得了一些成果，但在这一过程中也发现了一些需要改进的地方。第一，产学研三方的目标和需求需要有效匹配衔接。高校的考核机制主要关注论文级别、专利申报和课题获奖，而企业的目标则是尽快获得利润和占领市场。为了解决这些问题，先进院在项目选择、课题攻关等方面给予学生充分选择权，并搭建了全方位的产学研育人实践平台，以帮助学生提升自己的实践能力和综合素质。第二，产学研协同培养需要注重科研导向和实践导向。在培养过程中，很多学生与企业、产业的合作成果并不能完全匹配培养方案的需求。为更好地反映科研导向和实践导向的需求，先进院制定有针对性的实践标准和学位授予标准，以多维度考核学生的能力以及取得的成果。第三，产学研协同要扩大合作的深度和广度。由于专业学位研究生的培养项目时长有限，产学研协同培养大多停留在短期、间接性的项目合作上，缺乏长期战略合作机制。先进院在协同培养计算机学科专业学位研究生时注重对研究生教育教学过程、学术技能应用过程和实际生产过程的紧密衔接，并突出合作的中心任务，以帮助学生更好地发挥自己的作用。这些措施有利于优化产学研协同培养的路径，提高计算机学科专业学位研究生的培养质量。

（二）产学研协同培养的未来规划

未来，先进院将紧紧抓住粤港澳大湾区和中国特色社会主义先行示范区"双区驱动"的建设机遇，积极融入国家战略，面向国际科学前沿，多方位促进科教融合和创新发展。先进院将以提升职业能力为导向，完善专业学位研究生培养模式，注重实践与研究，充分发挥纽带作用，通过共建实验平台、坚持双导师培养机制，引导和鼓励行业企业全方位参与计算机学科专业学位研究生培养。先进院将为企业持续输送高端人才，满足战略性新兴产业对高端紧缺人才的需求，为推动国家科技创新和经济发展作出更大贡献。

为实现上述目标，先进院将紧密结合计算机行业企业的需求和国际科学前沿的发展优势，不断优化计算机学科专业学位研究生的培养方案，注重培养学生的实践能力和创新思维能力。通过加强育人实践平台建设，与行业企业合作，共同建设实验平台，为学生提供真实的实践环境，帮助学生更好地理解和应用所学知识，提升解决实际问题的能力。此外，先进院将积极探索和推广产学研协同培养专业学位研究生的成功经验，为我国高校和科研机构提供可复制的路径。通过培养更多解决我国计算机学科"卡脖子"问题的关键核心技术人才，推动我国科技事业的快速发展。

【供稿人：杨帆、李育蕾】

第十一章　教　学　管　理

案例二十四：发挥制度建设"指挥棒"作用，提升科研院所研究生教育管理水平——中国林业科学研究院亚热带林业研究所

一、背景介绍

中国林业科学研究院亚热带林业研究所（简称亚林所）系国家林业和草原局所属中国林业科学研究院（简称中国林科院）下设的独立研究机构，位于浙江省杭州市富阳区，是面向中国亚热带地区，融科学研究、科技推广和人才培养于一体的区域性公益型林业科研机构。科学研究聚焦生态保护与恢复、森林资源培育和经济林等重点领域。截至 2023 年 11 月，亚林所有在职职工 168 人，其中 34 人有正高级职称；博士生导师 13 人，硕士生导师 31 人，在读研究生 210 人（含联合培养 75 人）。研究生招生专业涵盖理学、农学门类的生物化学与分子生物学、生态学、林木遗传育种、经济林学、森林保护学等 11 个二级学科以及林业和风景园林 2 个硕士专业学位。

科研院所研究生教育不同于大学研究生教育，有其独有的特点。主要体现在：①学科设置以应用研究和应用基础研究为主，紧密贴合国家重大需求，学生的专业学习和论文研究紧密结合导师的研究课题；②招生人数少，导师对学生的指导更为细致系统；③研究经费相对充足，实验仪器设备先进，实践基地较多，学生实践机会多，生活保障好；④招生专业较多，各专业招生人数较少，研究方向不尽相同，学生在完成理论课学习之后，分散在各个导师课题组开展学位论文研究，有较高的多样性。

基于上述特点，科研院所研究生在动手能力、科研素养方面能够得到很好的锻炼，但这给学生日常行为管理、思政教育等带来了很大的挑战，大部分学生分散在不同课题组，开展不同专业的课题研究，经常跟随导师出外业，组织集体活动较为困难，集中开展思想政治教育的便利性差，对学生的综合能力锻炼和提升影响较大。

为此，亚林所结合科研院所研究生教育的特点，不断探索制度建设在研究生教育管理中的作用，通过对制度的建立、试行、修改完善、再落实，充分发挥制度的引领作用，在研究生管理中取得了良好的效果。

二、具体内容

亚林所结合研究生教育管理实践，逐渐建立起综合管理、思政教育、教学管理、导师管理等相关的各类制度，截至2023年，亚林所发布和修订与研究生教育有关的制度合计约17个，其中包括《学术道德与学术行为规范》《研究生公寓管理暂行办法》《联合培养研究生管理暂行办法》《实验室安全管理办法》《研究生经费管理办法》《研究生学术报告活动管理办法》《研究生综合测评细则》《"研究生奖学金"和"研究生活动积极分子"评选办法》《导师遴选推荐办法》《招生指标分配办法》等。为让学生更好地了解制度、遵守制度，综合办将亚林所和上级管理部门的相关制度汇编成册，发给每位新来所的研究生，并且在每年8月底组织研究生入所教育，宣讲被浙江省党的机关工作委员会授予"十佳企事业单位精神"称号的"献身林业，严谨务实，自强不息，勇攀高峰"的"亚林精神"，以及"脚踏实地，勇攀高峰，科学树木，厚德树人"的"林科精神"，对研究生开展思想政治教育。同时，请亚林所计财处、实管办、科技处、综合办等有关部门开展相关制度培训，详细解读制度要点和关键点，以使制度落到实处。

制度的建立基于实际管理的需求，只有结合制度落实实践过程中的反馈并紧跟形势变化，不断修正和完善，才能更好地促进制度落实，提高管理成效。为此，亚林所不断结合实际动态修订和完善规章制度。下面以《研究生综合测评细则》和《"研究生奖学金"和"研究生活动积极分子"评选办法》的制定和修订为例，简述制度建设在科研院所研究生教育管理中的作用。

（一）主要举措

1. 《研究生综合测评细则》

自1988年第一次招收研究生以来，至2004年，亚林所每年招收研究生人数不足10人，每年在所研究生人数不足15人，大家主要以导师课题组为学习和活动范围，学生管理也几乎同职工一样。从2005年开始，硕士和博士招生人数有了较大幅度增加，至2012年，在所研究生人数已经超过50人。研究生已经成为一支充满活力的科研补充力量，对研究生的系统化管理也迫在眉睫。为鼓励研究生勤奋学习、刻苦钻研、品学兼优、全面发展，并促使各种评优工作的科学化、规范化，促进创新型人才培养，2013年，亚林所首次出台《研究生综合测评细则》（试行），将研究生的德智体美劳各方面的表现，分成德育、智育、文体、社会兼职四个要素，进行综合表现量化管理，设定研究生综合测评积分规则，具体如下。

（1）德育评分（D），社会责任感与集体观念、个人素养、遵纪守法等。

（2）智育评分（Z），包括：①课程学习成绩（Z_1）；②科研素质基本评分（Z_2），包括撰写综述、作公开学术报告、科研业务能力考核等；③科研成果（Z_3），包括论文、专利、专著、知识竞赛、公开学术报告、申请项目等，以及科研成果和学术获奖。

（3）文体评分（T），参加各类文体活动、演讲、竞赛、征文等。

（4）社会兼职评分（J），担任研会、班委、支部的学生干部。将学生的各种表现进行赋分，同时设定违纪违规等负面表现的扣分项，经过一系列的严格操作，将四个要素不同权重的比例积分作为不同奖励评优的重要依据。

2.《"研究生奖学金"和"研究生活动积极分子"评选办法》

为了加强研究生政治思想教育，提升道德品行，促进其刻苦学习，锐意创新，积极参加文体、公益活动，努力提高综合素质，在出台《研究生综合测评细则》的同时，制定出台了《"研究生奖学金"和"研究生活动积极分子"评选办法》，设立了"研究生奖学金""研究生活动积极分子"和两个所级奖励。

"研究生奖学金"评选总比例不超过全体研究生的 50%，其德智体综合测评积分为 $\sum = 0.25D + 0.6 \times (Z_1 + Z_2 + Z_3) + 0.15 \times T$，该奖项要求学生德才兼备，做好学生主业的同时，不忘社会责任，对于思想品德表现和文体活动表现欠佳，低于年级德育或文体平均分 1/3 的同学，限制参评一等"所奖学金"。

"研究生活动积极分子"评选比例不超过全体研究生的 20%，其综合测评积分为：$\sum = 0.4D + 0.45T + 0.15J$，该奖项要求学生重视思想品德修养，鼓励研究生热心集体活动和公益活动，培养社会责任心。对于思想品德表现和文体活动表现欠佳，低于年级德育或文体平均分 1/2 的同学，不能参评该奖项。此项制度从正反双向对研究生行为进行引导，对正向的行为予以扶持鼓励，对负向的行为进行警示教育，并作为案例在一定范围内公布，警醒学生遵章守纪，遵纪守法，既树公德，也养私德，力求培养出德才兼备、品学兼优的研究生。

两项制度实施后，每年评奖，均整理汇总反馈的新情况，2015 年结合制度试行情况，首次修订，简化了某些过于复杂的积分方式，删除一些人为因素较重的评分方式；近年来出现了较多新情况，如发表 SCI 论文数量与质量大幅提升，原积分方式已不能满足新形势的要求，网络学术活动频次日益增多，联合培养学生、专业硕士等研究生的构成亦发生较大变化，2020 年结合变化再次修订制度，如细化思想政治表现的评分，强调违纪违规的一票否决，以及修改积分标准等，以适应新的形势和要求。

（二）具体成效

10 年的实践表明，制度建设在研究生教育管理中起着非常重要的作用。例如，《研究生综合测评细则》能够保障奖励评选的相对公平公正。以最难评选的全体研究生参与的"院研究生学业奖学金"为例，该奖分为一等奖、二等奖、三等奖，每个等级之间相差 2000 元，学生非常重视该奖励评选。在没有应用综合测评细则之前，由于奖励等级指标限制，很难决断某些表现相近的学生的奖励等级，应用《研究生综合测评细则》，亚林所设定学业奖学金的综合测评积分为：$\sum=0.15D+0.65(Z_1+Z_2+Z_3)+0.15T+0.05J$，有些学生可能仅仅相差零点几分，就分属不同的奖励等级，因为有规范的积分规则，并完全公开，学生对评选结果未提出异议。"国家奖学金""梁希优秀学子奖""茅以升教育奖学金"等较为重要的奖励在评选时，以研究生综合测评积分为重要依据，对于学生发表论文，不是简单地以数量或者收录期刊分类为标准，而是结合影响因子、分区、是否一级核心等因素做对应的分值计算，相对客观地评价学生的科研成果，同时结合德育表现，进行评选推荐，提高了工作效率和评奖的相对公平性。

"研究生奖学金"和"研究生活动积极分子"评选自 2014 年实施至今，组织了 10 次评奖，累计获奖 600 余人次，合计发放奖金 120 余万元，奖励覆盖 50% 以上的学生，极大地调动了学生参与思想政治教育和社会公益活动、刻苦钻研科学知识、发展个人特长和服务社会的积极性，促进了研究生思想品德和培养质量的提升。

制度的生命力在于引领人们在制度框架下恪守社会主义核心价值观，刻苦学习，勤奋工作，为社会作出更大的贡献。通过实践，亚林所认为，加强制度建设，对研究生教育管理及培养效果可产生良好的影响，主要体现在以下几点。

1. 有利于管理工作更好组织与落实

由于学生比较分散，以前开展学习或者集体活动，学生较懒散，参加者较少，导师亦不太支持，活动很难组织。现在组织学习或活动，基本是全员参加，因故缺席者会主动请假。研会、党支部、班委及时记录统计参加各种学习和活动的情况，累计学生的各种德育或者文体活动积分。反之，无故不参加规定的思政教育学习活动者，将予以扣分。在规定时间节点要完成的学习环节更易落实，因为延迟会对学生产生不利影响，师生的配合度都有提升。

2. 有利于促进研究生自觉参加教育活动，提升个人综合素质

曾经苦口婆心地对学生开展思想政治教育，宣讲政策、制度，学生未必能听进去。现在研会、党支部、班委的学生干部作为活动组织者，要作兼职述职评分，因此他们会精心策划，组织各种形式的学习教育活动，比如主题党日、支委讲党课、

党史知识竞赛、红歌大赛等，活动内容紧密围绕教育主题，形式活泼有趣。研究生作为参与者，也有对应积分，愿意积极参与。同时，通过这些活动的组织实施，发现了研究生中重点培养的人才和一些先进典型，推进了亚林所的思想阵地建设，可谓一举多得。

3. 有利于引导学生行为规范

《研究生综合测评细则》详细罗列了研究生思想品德基本素质、科研素质科研成果、文体活动所涉略的内容，几乎成了研究生行为规范的指南，为了在各种奖励中有竞争优势，学生自觉对照细则规范自己的行动，尤其是在具有一票否决的事项上（包括挂科、不按期完成必修环节、违纪、发表不当言论、损害集体荣誉、弄虚作假等情况）特别注意，不轻易触碰底线，由此逐渐养成了良好的行为规范，如任何时候严守政治底线，不在网络跟风随意发表有违原则的话语，集体观念增强，积极参加公益活动，每年都有多位同学获得中国林业科学研究院研究生"优秀志愿者"称号，要求入党的学生数量大幅增长，2014～2017级平均每年有3名研究生申请入党，2018～2023级平均每年有10名研究生申请入党，制度的正向引导力由此可略窥一斑。

4. 有利于增强研究生的制度管理意识

《研究生综合测评细则》和《"研究生奖学金"和"研究生活动积极分子"评选办法》2013年初次制定，2015年修订，2020年再次修订，若干届研究生参与其中。从框架构建，到具体内容，都有学生干部参与讨论，反复征求各方意见，并进行模拟测试。制度实施后，多次征集反馈问题。学生通过参与制度的制定、实施和完善，建立了规则意识。例如，评奖中可能有些不太适应现实情况的规定，不是直接否定，而是先遵守规则，再提出修改意见，共同把制度落实落细做得更到位。学生常说"这就是法治和人治的区别，我们更应该遵守规则，促进法治社会建设"。

5. 研究生科研创新能力显著提升

对2014届和2023届研究生发表论文情况进行对比（表11-1），发现无论是博士研究生还是硕士研究生（学硕），发表SCI论文的数量和质量都显著提升，硕士研究生发表SCI论文的最高影响因子和平均影响因子分别提高了162.7%和140.1%；博士研究生发表SCI论文数量从0篇发展到2023年的23篇，最高影响因子和平均影响因子分别为14.224和5.97，质与量都有了很大的飞跃。这表明学生紧跟学科前沿动态，科研创新能力显著提升。

表 11-1　2014 届和 2023 届研究生发表论文情况比较

学生类型	毕业年份	毕业人数/人	发表论文数/篇	生均发表论文/篇	CSCD论文数/篇	SCI论文数/篇	SCI最高影响因子	累计影响因子	平均影响因子
学硕	2014	14	44	3.14	35	9	3.73	19.55	2.17
	2021	11	25	2.27	13	12	6.36	49.03	4.09
	2022	15	35	2.33	21	14	5.924	54.224	3.87
	2023	14	28	2.00	17	11	9.8	57.256	5.21
博士	2014	3	7	2.33	7	0	0	0	0
	2021	6	21	3.50	13	8	7.6	43.57	5.45
	2022	4	17	4.25	5	12	6.793	52.006	4.33
	2023	9	32	3.56	9	23	14.224	137.408	5.97

同时，研究生在专利、学术竞赛等方面也有了长足进步。在评选"国家奖学金""梁希优秀学子奖""茅以升教育奖学金"，以及林科十佳毕业生、中国林业科学研究院优秀博士学位论文等方面有了较强的竞争力。这里不再赘述。

三、案例总结

本案例只是针对科研院所研究生特点而建立的综合管理制度的一个小小缩影，通过制度的建设、实施与完善，调动了研究生内驱力，使其主动在德智体美劳各方面全面发展，取得了良好的效果。

研究生教育管理涉及的制度范围很广，每一个制度的建立与完善非朝夕之功，制度建设永远在路上。亚林所在研究生思想政治教育、研究生导师管理、研究生教学管理等方面的制度也在不断落实和完善当中。

作为研究生教育管理者，要时刻牢记习近平总书记在全国高校思想政治工作会议上的讲话要求，坚持把立德树人作为中心环节，把思想政治工作贯穿教育教学全过程，实现全程育人、全方位育人，努力开创我国高等教育事业发展新局面。为实现这一目标，研究生教育管理工作就要遵照党的方针政策，加强制度建设，在制度引领下做到有章可依，程序严谨，管理规范，提升管理效能；同时，在制度的引领下，使得研究生逐渐重视思想品德建设和综合素质的锻炼，积极参加各种集体活动和公益活动，踊跃参加各类学术活动，提升社会责任感，增强服务社会、奉献社会的本领，展现出积极向上、勇于攀登的当代研究生应有的精神风貌；同时通过制度建设，强化导师第一责任人的担当意识，因材施教，像习近平总书记教导的那样，加强研究生思想政治教育，围绕学生、关照学生、服务学生，不断提高学生思想水平、政治觉悟、道德品质、文化素养；教育者与被教育者为着共同的目标同向而行，同志而为，同力而发，为培养德才兼备、全面发展、符合中国特色社会主义新时代要求的人才共同努力。

【供稿人：欧阳彤、吕晓依】

案例二十五：研究生心理健康保障体系建设工作的初步实践与探析——中国科学院空间应用工程与技术中心

一、背景介绍

随着研究生教育规模不断扩大以及社会对高等教育人才的要求逐步提高，研究生压力源更加多样，心理亚健康状态更加普遍，由心理问题引发的研究生危机事件时有发生。中国科学院心理研究所科研团队曾对我国研究生群体的心理健康状况进行了调研，研究发现，35.5%的被调查研究生可能有一定程度的抑郁表现，60.1%的被调查研究生有不同程度的焦虑问题。这要求在研究生培养过程中要高度重视心理健康教育工作。

中国科学院空间应用工程与技术中心是我国载人航天工程空间应用系统总体单位，是中国载人航天工程运行与管理支持中心的依托单位，同时也承担着高层次航天科技人才自主培养的责任。中心在航空宇航科学与技术、计算机科学与技术、管理科学与工程、新一代电子信息技术（含量子技术等）、通信工程（含宽带网络、移动通信等）、集成电路工程、计算机技术、控制工程、人工智能、大数据技术与工程等方向招收硕士及博士研究生，旨在面向航天及其他高科技领域科技前沿及社会需求，培养全面发展、身心健康、人格健全、富有创新精神、创新能力的高层次学术型及应用型专门人才。2022年初，中心面向全体在读研究生进行了一项调研，调研显示，22.8%的被调查研究生有不同程度的心理问题，在与需要关注人群的进一步的心理访谈中发现，承受的压力主要集中在：学业压力、职业生涯规划、婚恋情感、经济压力和人际关系等方面。

为进一步推进研究生心理健康教育工作，服务研究生心理素质提升等方面的需求，实现研究生心理和人格健康发展，培养身心健康、人格健全的担当民族复兴大任的时代新人，中国科学院空间应用工程与技术中心构建了五个机制（组织架构、预警机制、解困模式、校园文化、保障机制），分级分层加强研究生心理健康服务保障力度，为研究生的心智成熟、人格健全提供支撑保障。

二、主要举措

（一）构建合力机制：心专结合，全程润心

专业教育是研究生培养的核心环节，也是进行心理健康教育的主渠道之一。为持续为研究生心理健康教育赋能，中心依托教研室深入探讨专业教育与心理健康教育的结合途径，通过研究生课程学习、课题实践、职业规划发展等培养阶段，有针对性地开展教育引导，将心理健康教育结合学科专业教育的内容和各阶段不同的特点来渗透，形成既有预设性目标又有及时性时效的有效引导，构建心理健康教育与专业教育全过程结合的合力机制。

心专结合的全过程合力机制的基础是全员参与。中心层面做好顶层设计，多部门协同，分层分级确定心理健康教育工作职责。中心成立研究生心理健康工作领导小组，由分管研究生工作的中心领导任领导小组组长，研究生部、综合办公室、人事教育处等职能部门负责人和各研究生培养单元负责人为成员，办公室设在研究生部，主要职责是研究制订研究生心理健康工作的规划、建设和制度，对各培养单元的工作开展情况进行评估和监督；研究生部是中心研究生心理健康工作的管理责任部门，全面落实领导小组的决策，统筹协调和推进中心研究生心理健康有关工作；各研究室等研究生所在培养单元是本部门研究生科研阶段心理健康工作的直接责任部门；研究生导师是研究生培养的第一责任人，既是研究生学术和学业上的指导者，也是研究生成长成才的引路人；各部门的教育辅导员（简称教辅员）负责日常管理，作为与学生接触最多的老师，关注学生心理问题，进行初步排查和疏导；各年级设立心理委员，发挥朋辈作用（图 11-1）。

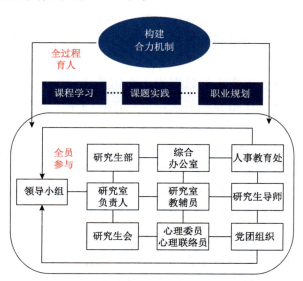

图 11-1　构建全员参与、全过程育人的合力机制

全过程合力机制的生命力是培养全过程的实施，包含课程学习、科研实践、职业规划等。首先在课程学习阶段，除了开设多种形式的心理课程外，还需将心理健康教育、思政教育的内容深入专业课程教学中，利用科学发展史、案例教学、翻转课堂等手段，增加师生之间的互动讨论，提升学生参与度，培养学生的批判性思维、审美能力、分析能力等，引导学生成长为自信开放、积极乐观和能适应多元文化的人。其次进入实验室的实践环节后，导师不仅要帮助学生发现其研究兴趣和志向，确定研究课题，更要结合不同学生个体特点，区分学生在基础知识和专业技能掌握程度、逻辑性思维成熟度、与组内成员的沟通合作能力等方面的个体差异，因材施教，循序渐进地培养学生的科研能力。通过学生的第一次科研组会报告、第一次文献调研分享、第一次实验结果分析、第一篇学术论文撰写等过程，不断关注每位学生的适应性与压力源，因时制宜开展及时性的引导。这个阶段同样提倡朋辈力量的加入，通过班级、课题组、宿舍内各种团队之间的讨论、分享和互帮互助，能够帮助学生扩充知识、提升技能、厘清思维，不同程度地缓解其科研和生活中的压力和负面情绪。最后，在职业规划阶段，适时开设职业生涯规划课程和心理调适讲座，帮助学生辨己明思，减少迷茫，导师、教辅员和毕业生可以现身说法，帮助学生分析其专业水平和优势，甄别合适的专业岗位，鼓励学生投身到国家战略需求领域中。

（二）构建预警体系：未雨绸缪，防微杜渐

中心成立研究生心理危机干预领导小组和心理危机干预专家组，制定相应工作机制，形成危机信息搜集—评估—反馈—防治的预警干预体系。

危机信息搜集通过入学心理普测、年度心理测试、中国科学院大学咨询室预约信息、教辅员每月情况报告、导师日常反馈、心理委员报告、本人求助等渠道全方位搜集，并及时上报领导小组和专家组，经评估后立即制定干预措施，在心理危机激化之前进行心理援助。

中心建立研究生重点关爱人员数据库，密切关注学生的科研进展情况、生活情况、人际关系交往情况，在培养环节关键节点加强与学生的沟通交流，提前预防。

中心2019级硕士研究生孙某（女，姓名为化名），在入学心理普测中并无异常结果，2019年9月起在中国科学院大学雁栖湖校区进行集中教学阶段的课程学习。学期后半段，有心理委员报告该生经常夜间哭泣。研究生部接到报告后，立即调出该生档案查阅，与集中教学学院的辅导员沟通，与该生所在班级的班长及心理委员沟通，与该生的舍友调查具体情况。据了解，该生从小父母离异，一直跟着母亲长大，10月该生母亲遭遇车祸离世，悲痛万分。在亲戚的帮助下处理了母亲后事后回到学校继续学习，但一时难以走出悲伤的心情，情绪低落，对学习、学生活动都提不起精神，夜里经常梦到母亲，哭着醒来，甚至有时候觉得自己活着也没有什么牵

挂，没有什么意义。

研究生部将调研情况上报中心心理危机干预领导小组，根据领导小组部署，一方面由同学最熟悉最信任的辅导员与其本人进行谈话，安抚她情绪，初步评估心理危机等级，同时建议她及时预约中国科学院大学心理咨询，进一步帮助自己进行心理调节；另一方面安排她最亲密的同学朋友陪伴左右，无论是上课还是在宿舍都尽量有朋友在附近，提供朋辈间的疏导和劝慰。谈话后，该生预约了中国科学院大学的心理咨询并持续咨询了数次。经过一段时间的调整，寒假前该生的心理状态已有改善，逐渐开朗起来，开始参与班级集体活动，不再思考涉及生死的问题。

寒假时及 2020 年年初，全体学生居家学习，为避免该生睹物思情深陷其中，中心安排辅导员定期与该生联络，沟通过年情况、身体状态、学习状态等，安排该生好友及心理委员经常性与其聊天，排遣心绪。

2020 年下半年回到中心进入实验室后，研究生部及时将该生集中教学阶段的状态与研究室的教辅员沟通交接，由导师和教辅员对学生进行经常性的关注和人文关怀，每逢母亲节、中秋节、春节等节日，中心安排辅导员主动找该生聊天或者特意安排她牵头组织或策划学生活动，分散其悲伤情绪。

该生已于 2022 年完成学业顺利就业。该案例表明，预警体系的构建有助于将问题解决在初期、将苗头消灭于萌芽，对于学生的心理健康问题，要早发现、早解决，助力学生健康成长与发展。

（三）构建解困模式：深入分析，抽薪止沸

研究生心理问题中有一部分是应激事件或外部环境造成的，对于这类问题，要进行深入分析，缓解或从根本上消除这些负面事件对研究生心理健康情况的影响。平时研究生导师加强与学生的课题进展沟通，进行细致指导，防止学生科研压力过大；研究生部关注就业辅导，及时提供多渠道就业信息，开展就业经验交流，进行职业生涯规划指导和应聘技能培训等，进一步提高就业质量；教辅员注重日常沟通，关心学生生活中遇到的困难和问题，及时排忧解难。

中心在 2022 年的调研中发现，心理压力最大、最需要关注的人群是毕业年级的研究生，在进一步的心理访谈中发现，其承受的压力主要集中在：学业压力和职业规划。对于超过基本学制尤其是临近最长就读学业年限的研究生而言，除了日益增加的学业压力和就业焦虑，由于中国科学院大学基本奖助学金的停发，经济问题也成为一座"大山"。

针对毕业生的心理问题，中心研究生心理健康工作领导小组深入分析调研结果，针对压力源设计多方面的"解困方案"，抽薪止沸，力图帮助研究生走出困境，缓解或消除对研究生心理健康情况的影响。

针对延期生的经济压力，与其导师沟通，告知中国科学院大学在基本学制外停发每月基本助学金的制度规定，请导师根据学生的具体科研贡献和工作量决定是否增加其科研助理津贴；查阅延期生的学生档案，对于家庭困难尤其以助学金作为唯一生活来源的学生，若导师无法增加其科研助理津贴，可动员其参与研究生部等部门的助管岗位，通过助管津贴帮助其解决经济压力。

针对临近最长年限的研究生，尤其是"学困生"，即临近最长年限前一年仍未完成开题及中期考核，或尚未取得学术研究文章或专利等创新性科研成果的学生，制定助学方案，提前一年到一年半组织临期学生座谈会，了解学生具体困难。对科研课题进展较慢的，请导师和导师团队重点关注，帮助学生厘清科研思路，进行科研攻关；对学术论文撰写有困难的，组织专门"写作分享会"，邀请期刊编辑及成果斐然的同学分享论文写作方法、审稿人意见回复等经验；对信心不足的，邀请曾是临期生但已顺利毕业的师兄师姐，回顾如何从"学困"变成"学顺"，如何合理安排时间、提高工作效率，最终顺利答辩的经历，给临期生打气助力。

针对就业困难的同学，一方面由研究生部组织就业经验交流会，讲授求职经验和心理调适方法；另一方面研究生部老师与导师一同帮助同学分析专业优势，优化简历，科学寻找并合理筛选工作岗位；更重要的是发动专业相关的校友寻求内推的可能，发动导师及研究所其他老师推荐工作机会，助其成功就业。

（四）营造健康文化：多措并举，以文育心

丰富多彩的校园文化活动作为"第二课堂"，具有以文化人、以文育人的功能，有利于研究生群体的沟通交流，有利于研究生培养兴趣、陶冶情操、释放压力。中心作为科研院所，其自然环境、学习设施、人文气息和生活氛围与高校存在较大差异，而学习生活环境的不同，很容易将学生带入由"研究生"到"研究人员"的假性身份转变。如何营造丰富多彩、充满能量的校园文化是科研院所研究生教育工作的通常性难题之一。

中心目前在读研究生 240 余人，去除集中教学阶段的学生外，在读学生 160 余人。为提高学生的参与度，在开展校园文化建设时，充分利用研究生会、各党支部的学生党小组作为工作抓手，深入学生团体，了解学生所需所想，为研究生提供自我发展的舞台，同时与中心党团委、中心工会及各类文体协会协同，共同组织开展各类文化体育等活动，为研究生提供充分的空间和条件。

具体组织实施时，精心策划，多措并举，开展运动、文艺、文创、公益、情感等多方面的学生活动，如空应运动（篮球赛、羽毛球赛、定向越野赛、中秋健步走、趣味运动会）、空应文艺（园区歌唱比赛、七一合唱、新年联欢会、新春春联征集、写春联剪春花活动）、空应文化（研究生自己设计的文化衫、工作记录本、3D 打印

的毕业纪念戒指、运动打卡本、空应专属学位服等）、空应公益（春分工程公益科普课、中国科技馆展厅讲解队、梦天论坛、问天讲坛）、空应有情（三七女生节庆祝活动、双十一交友活动、开学第一课、毕业典礼等），通过组织丰富多彩、积极向上的各类校园文化活动，让研究生走出实验室、走出宿舍，结识一批志同道合的伙伴，充分放松自己，以更加积极向上的心态回归学习和生活中。

中心每年开展专题心理讲座、主题心理报告、心理沙龙等多种形式的活动，普及心理健康知识，营造心理健康教育的良好氛围，增强研究生适应社会和心理自我调适的能力；同时注重利用新媒体、新技术使工作"活起来"，借助各种载体，比如充分利用研究生部公众号、研究生微信群、研究生教育网站、电梯间电视、电影放映等多种渠道，将适合研究生的内容精准推送到每位同学，强化研究生的参与度。

（五）加强保障机制：夯实基础，有效开展

中心研究生心理健康工作领导小组每学年召开研究生思想政治及心理健康教育会议，研究实际工作中遇到的问题，为心理健康教育工作顺利开展提供管理制度上的保障；中心在研究生教育经费中设立心理健康教育工作专项预算经费，为相关心理讲座、心理沙龙、学生活动、心理普测、心理调研等工作的顺利开展提供经费支持；中心建设了专门的学生活动室，可用于研究生心理咨询、研究生辅导员工作研讨等；加强心理健康教育队伍建设，加强研究生导师遴选和定期培训，在每个研究室配置研究生辅导员和心理委员，健全培训体系；丰富心理健康教育资源建设，加强学校与家长的联系，加强学校与中国科学院大学心理健康教育中心及社会心理咨询资源的联系沟通，推进心理健康教育资源共建共享。

三、总结展望

中国科学院空间应用工程与技术中心高度重视学生心理健康教育，通过组织建构、及早预警、排忧解难、文化营造、机制保障等方面措施，初步构建起学生心理健康保障体系，较有力地保障了中心学生成长、成才、立心、立志，为培养国家经济社会发展所需的高层次科技人才提供了体系保证。

中心将结合工作实际，进一步加强心理健康保障体系建设，围绕"立德树人、铸魂育人"的根本要求，将心理健康教育贯穿培养全过程，培养人格健全、朝气蓬勃、富有梦想、可堪大任的时代新人。

【供稿人：王筝】

案例二十六：研究生评优激励机制的构建
——中国科学院西安光学精密机械研究所

一、背景介绍

我国正处于科技大国向科技强国转变的重要历史阶段，人才是实现这一飞跃至关重要的因素。研究生作为高层次人才的蓄水池，提升研究生培养质量和个人素质是我们时刻努力的方向。研究生奖学金制度是缓解研究生求学经济压力、引导研究生潜心科研的重要手段，同时获得荣誉的自豪感引导学生向优、向强的道路发展，对研究生树立正确的价值理念和个人发展具有很强的引导作用。评奖评优机制中的激励效能对于提升研究生招生质量、培养质量发挥着重要的作用。

中国科学院西安光学精密机械研究所（简称西安光机所）是我国首批具有博士学位授予权的单位之一，设有物理学和光学工程 2 个博士后流动站，一级学科博士点 5 个，在读研究生 657 人，其中硕士研究生 302 人，博士研究生 355 人，在读研究生中非定向占 89.5%，累计在光电领域培养了 3000 余名研究生。按照教育部等部委的《关于完善研究生教育投入机制的意见》，以及中国科学院大学的《研究生奖助学金管理指导意见》《关于中国科学院大学研究生奖助学金的调整方案》等文件精神，结合研究所实际情况，以构建合理的奖助学金体系为抓手，构建了合理的评优激励机制，有力地保障了中国科学院西安光机所的研究生培养质量。

二、主要举措

自 1964 年开始招生以来，西安光机所一直致力于培养高素质、高质量人才，以奖励优秀、树立典范为导向，不断拓宽奖学金种类，提升奖学金额度，完善奖学金体系，初步形成了国家奖励、校级奖励、所级奖励三级奖励机制，覆盖范围广、资助额度大，吸引了众多优秀学生来所深造，同时，在培养过程中，也树立了正确的向优秀榜样看齐、积极努力争取成为优秀的价值导向。

（一）构建全面、完善的研究生奖助体系

以上述评优前期工作为基础，在广泛调研国内外兄弟院校奖助现状后，本着激励研究生在课程学习、科学研究、社会实践等方面全面发展的理念，研究所坚持以人为本、与时俱进，制定全面、完善的研究生奖助体系，涵盖财政拨款的国家助学金、国家奖学金，以及中国科学院设置的各类奖学金、学业奖学金和研究所奖助学

金五大部分。

其中，研究所奖助学金，由祖同奖学金、所长奖学金、等级奖学金、年度考核奖励和三助津贴五部分组成。

（1）祖同奖学金旨在弘扬我国著名光学专家龚祖同先生献身科技事业、无私奉献的精神，激励研究生勤奋学习、创新进取。

（2）所长奖学金旨在吸引优秀生源报考。

（3）等级奖学金旨在激励在学研究生刻苦学习，潜心科研。等级奖学金与研究生课程学习成绩、开题中期成绩、科研进展和竞赛获奖等息息相关，对研究生培养过程管理起到了良好的促进作用。

（4）年度考核奖励旨在年度考察，发掘奖励年度优秀典型。考核以研究生室为单位进行，考核优秀和良好各不超过10%。考核不通过人员，在半年内需二次考核，以确保及时发现科研进展缓慢、培养进展缓慢的研究生，对研究生培养过程管理起到监督、督促的作用。

（5）三助津贴是由导师、研究生室及研究所职能部门等根据工作需要，设置的"助研/助教/助管"岗位及相应津贴。助研津贴发放标准依据研究生工作内容、考核指标由导师课题组决定。助教及助管津贴由设岗部门筹措按实际工作时长发放。启动助教、助研、助管"三助"工作，拓宽学生奖助途径，为学生提供实践机会，积累工作经验，有效减轻家庭经济困难学生经济压力，为其顺利完成学业提供保障。

除此以外，非定向研究生均参加陕西省大学生医疗保险和研究所门诊医疗补助。研究所结合国家相关要求，不断完善研究生奖助政策体系，改善研究生学习、科研和生活条件，提高研究生待遇。

（二）探索合理、可行的评价机制

随着国家对研究生教育投入的增加，研究生的奖助体系也日趋饱满，制定合理可行，且能对研究生培养产生正向激励的评价机制也至关重要。西安光机所结合多年的研究生管理工作，摸索了一套适合科研院所的评价机制。

以国家奖学金评选为例，西安光机所制定了评选实施细则。为实现培养德才兼备的高素质人才的价值导向，从参选条件上，要求在学期间获得过中国科学院大学优秀学生，学习成绩优异，科研能力显著，发展潜力突出的学生方可申请国家奖学金。同时，也设置负面清单，在学期间受纪律处分，学位课考试有不及格者，或开题中期有不通过者，由于个人原因，在各种实验、实践环节中严重损坏仪器设备或出现安全责任事故者取消评奖资格。为激励直博生和硕博连读生，直博生二、三年级，硕博连读生博士一年级可按照硕士生身份申请国家奖学金。国家奖学金评选过程实施中，组织两级评审，首先由研究生部组织研究生代表进行差额初选；再由研究所国家奖学金评审委员会终选，自下而上评选出获奖人员。研究所坚持申请人的材料选前公示，初选和终选均公开答辩，每级评审结果均公示，运用大众监督的方式确保申请材料真实可靠，确保评审公开、公平、公正。获奖者的先进事迹也多渠道报道，在全体研究生中树立典范，发挥朋辈带动作用。经过多年的实践，西安光机所评选流程和评选结果均得到师生的一致认可。公开、公平、公正的评选过程，对研究生也是一次难得的朋辈教育、德育教育，对研究生树立正确的人生观、价值观起到了推动作用。

（三）评优奖励取得的成效

西安光机所科学合理的奖助体系培养了大批科技领域主力，帮助众多经济困难的学生实现了求学梦，为众多学生走上工作岗位提供了"敲门砖"，培养了优秀学生取得成果后回馈母校的良好效应，更加丰富了我所的冠名奖学金种类，这也进一步促进了我所奖学金范围的扩大和资助额度的增长。

三、工作总结

西安光机所构建的奖助学金体系，注重与研究生培养全过程、全链条结合，尤其是等级奖学金，不仅与可量化的课程成绩排名、发表高水平论文数量、申请专利数量、开题中期评分、参加高水平国际会议作报告并获奖、获高水平学术奖励、创新创业奖励、科普类竞赛奖励息息相关，而且对于不可量化的如对研究所作出突出贡献等也给予相应的奖励。西安光机所的奖助学金体系体现了分类引导、奖助分离、科学评价的特点，对研究生培养质量的提升具有重要的意义，对科研院所的研究生培养具有借鉴意义。

【供稿人：杨合宁、孙文】

第十二章 国际交流

案例二十七：请进来派出去，努力拓展研究生的国际视野
——中国林业科学研究院林产化学工业研究所

一、背景介绍

随着全球化的不断发展和进一步深入，国际化的交流与合作在科研领域及人才培养方面发挥着越来越重要的作用。不同国家和地区有不同的科技资源、科研优势及人才培养理念，国际交流合作有助于科研人员交换科研理念和经验、共享科技资源和成果，互补优势、思维碰撞，提升科技创新能力、促进科技成果的转化与推广，是人才培养的重要途径之一。

中国林业科学研究院林产化学工业研究所（简称林化所）在培养学生的国际化视野、创新性科研素养及前瞻性研究等方面进行了不断的探索。近年来，在人才培养、学术交流与合作等方面取得了丰硕的成果。从这里走出去的学生，怀揣"家国情怀、忘我奉献、报效祖国"的壮志，在自己从事的领域，辛勤耕耘、孜孜不倦、默默奉献、不断进取，大多数已经成为生物质转化、林产化工、制浆造纸等行业的领军人才和科技骨干。

林化所是我国生物质能源与材料、林产化学加工等领域科技创新的国家队；拥有中国工程院院士 2 人、国际木材科学院院士 4 人，形成了 14 个各具特色的科技创新团队，承担国家、省部级课题 943 项，获得国家级奖励 31 项、省部级奖励 89 项，并与国际上 20 多个国家的 50 多个机构建立了紧密的技术交流与合作联系，中外专家互访频繁。瑞典皇家理工学院（Kungliga Tekniska Högskolan，KTH），位于瑞典首都斯德哥尔摩，是瑞典最大、最古老的也是最国际化的理工类大学，是瑞典科技创新的发源地，也是欧洲顶尖的理工科大学之一，为北欧五校联盟成员之一。在可持续能源、材料科学、机械工程、计算机科学与信息系统、建筑学、电子电气工程、土木与结构工程等领域处于世界领先水平。

二、主要举措

（一）选派学生海外交流，拓宽国际视野、提升科研能力

结合双方研究领域与方向，定期选派具有一定科研基础和科研技能的优秀学生前往瑞典皇家理工学院进行学习交流。同时，接收瑞典皇家理工学院学生来访林化所开展学习交流。通过双向交流，增进了友谊，对接了学科发展趋势，开阔了学生的国际视野。学生了解了瑞典高校以及欧洲地区的科研热点以及今后的科研重点和趋势，拓宽了科研视野、提升了科研能力，对于其科研生涯的发展起到积极的作用。同时，也有助于提升学生的英语水平，提高他们的国际学术交流能力。

（二）建立双向交流渠道，提升师资队伍学术水平

通过不同途径和渠道派遣青年教师和科研人员赴瑞典皇家理工学院进行短期、中长期和长期的访学交流，让青年教师和科研人员能更全面、更深入地体验国外先进的学术思维、创新的教育理念等。通过访学交流，老师普遍提升了国际视野，可以更好地把握本领域的研究热点和发展趋势，构建前瞻性的科研方向。

（三）开展多种形式"引智"，积极邀请外方教师交流研讨

在开展学生和教师互访互学的基础上，结合自身专业特色和研究方向，开展多种形式"引智"，以线下和线上学术论坛、学术研讨、学术汇报等形式，广泛邀请国外本领域资深教师、教授来华交流，了解本领域的学术前沿、行业动态及发展趋势，进而通过思想的启迪与碰撞，开拓科研思路、激发灵感、提升学术水平、优化学术体系。通过"引智"，让学生与国外优秀学者进行直接、深入的交流与对话。

三、具体成效

（一）建立了紧密深入的学术交流与合作关系

通过互访互学及多形式"引智"，双方建立起紧密深入的学术交流机制，搭建了顺畅高效的国际合作平台，对双方的学生培养及科研发展产生了积极良好的影响。迄今为止，林化所累计派出 20 余人次赴瑞典皇家理工学院进行学术交流，其中包括短期访问交流 4 批次共计 20 人次、中长期访学交流 2 人次、1 年的长期访学交流 1 人次；同时，瑞典皇家理工学院派出 7 人次到林化所进行学术交流，其中包括访问交流 5 批次共计 5 人次、为期 3 个月的访学交流 2 批次共计 2 人次。双方交流人员主要有权威专家、青年教师和科研工作者以及在读研究生。

（二）促进师生提高科研素养

在瑞典皇家理工学院访学交流期间，积极参加所在研究室举办的学术研讨会、毕业答辩等学术活动，对丰富和开拓自身的学术思维具有重要意义；同时，对瑞典高校以及欧洲地区目前的科研热点以及今后科研重点和发展趋势有进一步的了解，这对于规划今后的科研方向、把握世界科研发展趋势能够提供借鉴和启发。通过不同思维的碰撞，会产生不一样的火花，不仅有助于加深对知识的理解，也可以丰富自身的认知。独立完成实验研究的过程中，培养了自己良好的科研实践能力和全面的科研技能。此外，英语听、说、读、写能力是新时代科研素养的重要方面。瑞典是一个多语种国家，主要语言是瑞典语和英语，在学习、科研以及日常交流中主要采用英语进行交流。在访学交流期间，通过与导师、研究室其他国际友人在科研和生活中的交流与沟通，使自己的英语口语表达能力以及听力有了显著提高；大量英文文献的阅读，也使自己的英语阅读水平有所提高；在论文撰写和完善过程中，科技文献的英文写作能力得到了提升。因此，国际合作交流能够显著促进个人综合科研素养的提高。

（三）取得了丰硕的科研成果

围绕林木生物质资源高效、综合、高值利用，林化所与瑞典皇家理工学院开展了深入的国际合作和学术交流，取得了一批丰硕的成果。

1. 生物质热解气化联产炭材料技术与发展

双方交流了各自在生物质热解制备气固产物方面的技术、高密度高吸附性能活性炭制备和应用技术、热能自给型活性炭生产以及高附加值活性炭开发技术、高性能生物基活性炭的研发及应用、磁性生物基活性炭的研制及应用、木质素制备磁性活性炭及其吸附特性等方面的最新研究成果，探讨了生物质热解气化联产炭材料的研究趋势和市场应用前景。林化所访问人员考察了瑞典 Nordkalk 公司及生物质热解气化联产炭材料中试车间，瑞典皇家理工学院访问人员考察了林化所已经建成的生物质气化热解联产炭材料的示范工程。通过考察和交流，双方进一步深入探讨了生物质热解气化联产炭材料关键技术和工程化工艺，对双方在该领域的科研与发展产生了积极作用。

2. 生物质能源与材料加工利用

双方围绕生物质能源与材料加工利用领域开展了学术交流与合作，主要包括生物质催化热裂解制备生物油及其应用、生物基特种高分子材料的制备及应用、生物质生物技术转化及综合利用、生物油脂裂解加氢异构制备航空燃油及应用、裂解油烃类异构化技术及应用、生物油的中模型化合物糠醛加氢技术、第一代脂肪酸甲酯生物柴油的推广应用及油脂加氢脱氧制备第二代生物柴油、木醋液炼制及活性组分分离和富集技术、木醋液组成及抗氧化特性的影响机制、木醋液植物生长调节作用及机制，以及木焦油制备及防腐性能等方面。此外，在木醋液应用于可持续农业、土壤改良等领域的发展趋势和研究热点方面，双方保持着紧密的合作交流。

3. 生物质成型燃料制备与应用

双方围绕生物质成型燃料，重点开展了在生物质成型燃料制备过程中成型设备、成型工艺等研究以及产物利用的交流合作。针对目前生物质成型燃料研究和应用中存在的问题，如成型设备普遍存在原料适用性差、运行不稳定的问题，高湿低玻璃化点自胶黏压缩生物质成型技术与装备等问题，双方进行了深入交流和合作，尤其是在生物质成型燃料多元化应用方面。

4. 生物质热解气化基础研究与工业化应用

针对生物质热解气化过程及其工业化应用领域中重点关注的问题，双方围绕气化炉密封、气固产物产率、不同生物质原料预处理技术以及原料与工艺匹配性、热解设备的优化和定向热解、生物质热解气化示范线建设等方面问题，进行了深入的探讨和交流。此外，双方重点围绕生物质热解气化在发电、供热等领域的应用开展了深入和广泛的合作与交流，通过实地考察中试示范工程和成果转化基地，为双方在生物质热解气化工业化应用方面提供了助力。

综上所述，通过多形式的"请进来与派出去"，与瑞典皇家理工学院、英国思克莱德大学、美国田纳西大学、新西兰奥克兰大学等国外知名高校建立了良好、紧密的学术交流与互访互学体系，不仅提升了青年科研工作者和学生的国际视野与科研素养，为林业、生物质材料等行业培养了人才，也极大地促进了科技创新能力的提升和科研成果的推广，助力林业行业高质量发展。

【供稿人：中国林业科学研究院林产化学工业研究所】

案例二十八：基于趋同培养的来华留学生质量保障体系探索与实践——中国农业科学院研究生院

一、背景介绍

中国农业科学院是国家综合性农业科研机构，是我国首批博士学位与硕士学位授予单位和国家级科研机构举办研究生教育的先行院所之一。中国农业科学院研究生院成立于 1979 年，1981 年经国务院批准开始实施硕士、博士学位教育，2007 年获得中国政府奖学金生招生资格，2019年通过《高等学校来华留学质量认证规则》（CEAIEQA-EIS-R-201901）[①]。2022年在校来华留学生373人（不含当年毕业生），其中博士生占87.7%、硕士生占10.4%、进修生占1.9%，博士留学生规模位于国内高校前列。依托中国农业科学院教育、科技、人才和国际合作资源，研究生院积极服务党和国家科教外交大局，认真贯彻落实新时代教育对外开放方针政策，坚持服务需求、质量为本、适度规模、协调发展，持续推进来华留学生教育高质量内涵式发展，有力提升服务国家"一带一路"倡议和农业"走出去"的能力，打造以农业和生命科学为优势，以研究生学历教育为主体，以博士留学生教育为特色的"留学农科"教育品牌，培养了一大批知华友华和具有农科情怀的创新型、复合型、应用型、国际型高层次农业科技人才。

二、主要举措

（一）坚持党的全面领导，建立完善国际化人才培养管理机制

中国农业科学院研究生院以习近平新时代中国特色社会主义思想为指导，坚持党对教育工作的全面领导，全面落实研究生院党委领导下的行政领导人负责制，深入学习贯彻习近平总书记关于教育对外开放的系列重要指示批示精神，认真落实意识形态工作责任制，全面完善"三重一大"决策制度，根据新时代教育对外开放的新形势和新要求，实行研究生院统一领导、国际教育处归口管理、各职能部门分工协作、研究生院和研究所协同管理的工作机制，建立健全了来华留学管理与服务工作督查和考核机制，成立中国农业科学院研究生教育工作领导小组和研究生院国际教育学院管理委员会，实体化建设国际教育学院，将留学生意识形态工作纳入研究生院党委工作的重要内容，严格教师教材审核和课堂教学管理，严把国外课程引进和教师意识形态关，建立完善来华留学生教育管理和质量保证体系，来华留学生教育已成为中国农业科学院研究生教育的重要组成部分和国际化水平的显著标志。

（二）科学定位培养目标，创新国际化人才培养方式

根据国家对来华留学生教育的基本要求和中国农业科学院研究生教育的目标定位，研究生院坚持创新办学、开放办学、特色办学，构建了基于科教融汇的"项目+平台+团队"三位一体国际化人才培养模式，培养知华友华和具有农科情怀的高层次国际化人才的目标定位，明确来华留学生对中国的认知理解、语言能力、学风道德、专业理论、实践能力、创新能力、身心健康等方面的要求，突出来华留学生的学术特色和综合素质培养的要求，强调培养热爱中国、知华友华、遵纪守法、品行

[①] 2020年已废止，由《来华留学生高等教育质量认证规则》（CEAIEQR-HEAIS-R-202001）替代。

端正，具有基本的汉语交流能力和良好的英语交流能力，并在理论知识、创新能力和全球胜任力上体现博士留学生和硕士留学生的层次性，要求博士留学生具备坚实宽广的基础理论和系统深入的专门知识，能够独立从事科学研究、教学和技术管理，要求硕士留学生掌握本学科的基础理论和系统的专业知识与技能，了解本学科现代理论技术发展水平和本人研究方向的发展动态，具备从事科学研究和独立承担专门技术工作的能力。学生培养采取全日制培养模式，实行导师负责和研究生指导小组相结合的办法，鼓励基于国际合作项目及联合实验室组建立跨国别、跨单位、跨学科的研究生培养指导小组，通过课程学习、科学研究、学术交流、社会实践等方式，培养留学生的中国文化素养、优良学风、独立从事科学研究的工作能力和创新能力。

（三）优化课程体系，规范培养过程管理

在借鉴国内外高校留学生培养管理经验的基础上，基于"趋同培养"的原则，制定中国农业科学院研究生院留学生培养方案，包括培养目标、学科研究方向、培养年限、培养方式、培养环节（课程学习、论文研究计划、开题报告、中期考核、学术活动、语言能力、发表论文）、学位论文、毕业与学位授予的要求。课程设置包括中国文化类课程、专业学位课和选修课，强调研究方法类课程、研讨性课程、前沿性课程和中国文化课程的学习。博士留学生课程学习要求 20 学分，硕士留学生课程学习要求 28 学分，课程教学采用全英文授课。近年来，研究生院制（修）定了一系列涵盖来华留学生培养的管理制度和工作程序，在招生管理、课程学习、中期考核、学术活动、论文发表、社会文化实践、语言能力、学位授予等方面形成了一套规范的制度。在培养环节管理中，明确了来华留学生参加社会实践活动、语言能力和发表学术论文的要求。以中文为专业教学语言的留学生，毕业时中文能力应当达到《国际汉语能力标准》五级水平，以外语为专业教学语言的博士研究生，毕业时中文能力应当至少达到《国际汉语能力标准》三级水平。博士留学生在申请学位论文答辩前须以第一作者、第一单位发表至少一篇与学位论文内容有关的 SCI/EI/SSCI 源刊物的学术论文，硕士留学生在申请学位论文答辩前须以第一作者、第一单位发表至少一篇与学位论文内容有关的期刊论文。同时。我院属各研究所可根据本单位的情况，制定不低于研究生院的论文发表标准。来华留学生在完成培养方案规定的培养环节并通过毕业资格审查后，可申请论文答辩。研究生院制定了学位论文答辩资格审查、学位授予的相关规定和优秀学位论文评选办法，通过建设学位管理制度和规范管理过程，把好研究生培养质量控制的出口关。

（四）丰富社会文化实践活动，培养知华友华国际化人才

社会文化实践活动是培养留学生知华友华情结的有效途径，也是打造"留学中

国"品牌的重要内涵及必然要求。中共中央总书记、国家主席、中央军委主席习近平给北京科技大学、中国石油大学（北京）、北京大学和南京审计大学的来华留学生系列回信精神，为讲好"中国故事"和"中国共产党故事"提供了根本指引。研究生院将中国文化和留学生社会文化实践活动列入来华留学生培养的重要内容，组织留学生参观国家农业图书馆、中国农业博物馆、深圳改革开放展览馆、现代农业创新园和北京园博园等，打造了国家作物种质库、现代农业创新园、牡丹研究与文化示范园等具有农科特色的社会文化实践基地。组织"学术名家"讲堂、"留学生博士论坛"、中外学生"友好班级"交流等活动。加强中外学生友好交流，推进留学生与中国师生互动交流，中外课程互选互通，中外文化互学互鉴，课堂学习与课外参观交互融通。通过组织留学生参加中国文化体验活动和留学生社会文化实践活动，展现中国改革发展、科技创新和文化软实力，增强留学生对中国历史文化的了解，培养知华友华的高层次农业专门人才。近年来，研究生院来华留学生先后在国家留学基金管理委员会、北京市人民政府外事办公室和北京国际交流协会等部门组织的留学生社会实践活动中获得各类奖项 5 项。

（五）建立完善质量保障机制，打造"留学农科"教育品牌

研究生院树立来华留学生培养的大质量观，充分发挥研究生院在研究生培养管理中的中枢作用，建立和规范研究生培养管理制度，实施研究生培养全程质量控制，重点抓好关键环节的管理，同时注重发挥研究所在培养管理中的组织协调作用，充分发挥导师和指导小组的作用，构建全方位的研究生培养质量控制体系。依托中国农业科学院充足的科研经费、高水平的导师队伍、先进的科研设施和广泛的国际合作交流，为来华留学生开展论文科研提供高水平的研究平台。制定中国农业科学院学位授予标准，建立三级（研究所、学科评议组、中国农业科学院）学位评定制度，组织优秀毕业生评选，建立以培养质量为导向的奖励激励机制，打造"留学农科"教育品牌，培养知华友华的国际化高层次农业专门人才。

三、工作成效

研究生院来华留学工作在服务国家需求、培养高层次国际化人才、服务"双一流"建设、提升国际化办学水平和助力产业合作方面产生了良好的综合效益。

一是服务"一带一路"倡议，培养了一大批知华友华和具有农科情怀的高层次国际化人才，截至 2022 年 12 月，共计毕业留学生 751 人，分布在 68 个国家，他们当中已成长出联合国粮食及农业组织和国际原子能机构"卓越成就奖"获得者、中国农业科学院院长、中国养蜂学会主席和大学校长等杰出校友代表，有力促进了农业科技创新和国际教育水平的持续提高。

二是有力提升了学校国际合作交流水平，促成中国农业科学院及相关研究所与"一带一路"共建国家的大学、科研机构和政府部门签订合作协议/备忘录 30 余份，近年来建立了中国-哈萨克斯坦农业科学"一带一路"联合实验室（科学技术部）等 9 个联合实验室/研究中心。

三是持续促进了中国农业科学院"双一流"建设，学生参加了一大批科学技术部、商务部、联合国粮食及农业组织、比尔及梅琳达·盖茨基金会等部门和机构支持的项目。据 2023 年 9 月统计，在校留学生中 59.1%的留学生承担国家级研究项目，20.6%的留学生承担省部级研究项目，14.7%的留学生开展自由探索项目、4.4%的留学生承担国际合作项目，承担企业委托项目及其他项目的占 1.2%。近三年，毕业留学生人均以第一作者（含共同第一作者）发表 SCI 论文 1.56 篇，留学生参加的研究项目获得国家科学技术进步奖 3 项。

四是促进了中国农业科学院与国外机构和产业部门的合作，促成中国农业科学院农业技术和产品"走出去"，推动了水稻、棉花、生物农药、动物疫苗等技术和产品"走出去"，扩大了中国农业科技和产品的国际影响力。

中国农业科学院来华留学生教学培养、科技创新、国际合作、抗疫志愿者、社会实践和校友活动等工作，得到了多家国内外媒体的关注，《人民日报》、中国国际电视台新闻频道（CGTN）、北京电视台、北京外语广播电台、《北京日报》、新浪微博、"学习强国"学习平台、《天津教育报》，以及巴基斯坦《国际新闻报》等 30 余家媒体正面报道了中国农业科学院来华留学生工作，彰显了来华留学生教育在服务党和国家工作大局、助力农业科技和产品"走出去"、培植国际化人才和高端人脉资源、促进国际合作交流和讲好留学中国故事方面取得了良好的政治和社会效益。

【供稿人：汪勋清、王垚、张艳华、秦艺蕾、刘妍录、叶天琦】

参 考 文 献

刁丽颖, 苗海霞, 王颖. 2021. 国外科研机构研究生培养模式研究[J]. 科技促进发展, 17(2): 221-227.

丁建洋. 2015. 日本大学共同利用组织制度的历史演进与运行机理——日本大学协同创新的一项重要制度设计[J]. 外国教育研究, 42(2): 46-55.

董军社. 2022. 科教融合: 中国科学院大学的特色办学路[J]. 中国新闻发布(实务版), (1): 3.

国家统计局社会科技和文化产业统计司, 科学技术部战略规划司. 2023. 2023 中国科技统计年鉴[R]. 北京: 中国统计出版社.

姜红. 2006. 日本的综合研究生院大学[J]. 中国研究生, (6): 48-49.

蒋文娟. 2018. 我国科教结合协同育人机制研究[D]. 合肥: 中国科学技术大学.

李雨晨, 陈凯华, 于凯本. 2018. 国际一流国家实验室的管理运行机制启示——以美国劳伦斯伯克利国家实验室为例[J]. 全球科技经济瞭望, 33(10): 47-54.

万卫星, 魏勇, 郭正堂, 等. 2020. 从深空探测大国迈向行星科学强国[J]. 中国科学院院刊, (18): 32-33.

王顶明, 谢梦. 2021. 科研机构研究生教育的现实困境与可能路径——基于历史变迁与国际比较的视角[J]. 学位与研究生教育, (2): 15-22.

王颖. 2011. 从中外研究生院大学看创新人才培养[J]. 学位与研究生教育, (11): 67-72.

王颖, 刁丽颖, 苗海霞. 2020. 科研机构研究生教育管理模式演变剖析——以中国科学院所属研究所为例[J]. 研究生教育研究, (6): 1-6.

魏勇, 朱日祥. 2019. 行星科学:科学前沿与国家战略[J]. 中国科学院院刊, 34(7):4.

吴福元, 魏勇, 宋玉环, 等. 2019. 从科教融合到科学引领——中国特色的行星科学建设思路[J]. 中国科学院院刊, 34(7):741-747.

夏清泉. 2013. 科研机构与高等院校联合培养研究生的机制研究[D]. 合肥: 中国科学技术大学.

许硕, 李靖. 2015. 国外科教协同创新模式对我国研究生教育的启示[J]. 华东经济管理, 29(12): 176-179.

杨明, 韩龙祥, 张学博, 等. 2023. 2001—2020 年我国研究生教育发展状况分析[J]. 高教学刊, 9(14): 21-25.

殷朝晖. 2005. 论国家科研体制建设与研究型大学发展[D]. 武汉：华中科技大学.

张菊. 2003. 法国高校与政府研究机构的合作及对中国的启示[J]. 科技进步与对策, 20(4): 130-132.

赵英伟, 吴伟, 王省书, 等. 2017. 德国精英大学计划建设成效分析及启示[J]. 高等教育研究学报, 40(1): 46-52, 75.

Geiger R L. 1986. To Advance Knowledge: The Growth of American Research Universities, 1900-1940[M]. New York: Oxford University Press.

Newman J H. 1853. The Idea of A University[M]. Garden City, NY: Doubleday.